Management consulting

経営コンサルティングの基本

コンサルティングのメニューとその進め方

内山 力 著

同友館

まえがき

　2003年，私は『コンサルティングセオリー』（同友館）という本を上梓した。この本はコンサルタント向けに経営コンサルティング（以降，単にコンサルティングと表現する）の定石集を書いたのだが，経営スタッフ，セールスマン，システムエンジニアなどコンサルタント的な仕事をしている人，さらにはコンサルティングを依頼する人などさまざまな方に読んでいただいた。
　そして多くのコンサルタントから「買いました。実効性，即効性があって重宝しています」という意見をいただいた。しかし，一部のコンサルタントからは「なぜこういう"やり方"をするんですか？」「もう少し基本的な"やり方"も書いてあるとうれしいのですが…」という意見も寄せられた。
　『コンサルティングセオリー』に書いてあるセオリーは，私がそれまでの十数年間でやってきたコンサルティングの"やり方"であるが，コンサルティングのキレを出すことを狙い，意外性（普通ではないやり方）を意識して書いたのも事実である。（クライアントからの"受け"といってもよい。『さすがプロのコンサルタントですね』。）

　『コンサルティングセオリー』の出版から5年後，同友館の鈴木氏から「コンサルティングの"やり方"について"基本からまとめた本"を書いてもらえないか」と言われた。ちょうどその時期は『コンサルタント論』（同友館）の執筆中だった。『コンサルタント論』は私なりのコンサルタント像を描いたものであるが，その中で「コンサルタントはプロとしてのやり方を持ち，それを皆で共有すべきだ」と書いた。
　本書はこの「プロとしてのやり方」を書いたものであり，タイトルの「基本」とは「皆で共有する」という意味である。

　ふり返れば私は『コンサルティングセオリー』を上梓してから，コンサルティングの"やり方"に関するさまざまな本を書いてきた。コンサルティングセオリーをシリーズ化した『ソリューションビジネスのセオリー』，『ビジネスリーダーのセオ

リー』,『計数分析のセオリー』,『セールスのセオリー』,『人材育成のセオリー』をはじめとして,『企業の見方』,『マネジャーのためのケーススタディブック』,『まわりから「仕事ができるね」と言われたい』（以上，すべて同友館）,『数字を使える営業マンは仕事ができる』,『IT活用の基本』（以上，日本経済新聞出版社）,『誰でもできる！マーケティングリサーチ』,『人事マネジメントの基本』（以上，PHP研究所）,『コーポレート・イノベーション』,『「あなたの会社選び」をコンサルティングします』（以上，産業能率大学出版部）…。これらの本はさまざまなコンサルティングシーンにおける"やり方"を詳細に記述したものだ。

　本書はこれまで私が考え，実践し，本として書いてきた「コンサルティングのやり方」を,「基本」をキーワードとして体系化し，理論化したものである。だから私のコンサルティングに関する出版物の集大成といってよい。

　本書は，私がかつて書いた数十冊の本に比べ極めて長い時間を費やして書き上げたものであり，結果として私の20年間のコンサルタント人生で得たコンサルティングノウハウをすべて出し切ったものになったと自負している。

　書き上げた今，当たり前の話ではあるが，多くのコンサルタント，コンサルタントを目指す人たちに本書を読んでいただきたいと切に願っている。さらにはコンサルティングを依頼しようかどうか悩んでいる方にも「コンサルティングのメニューブック」として読み，世の中にこういうコンサルティングを業としているプロフェッショナルがいることを知っていただきたい。

　コンサルタント，そのクライアントの方々が本書の「基本」を使ってコンサルティングを行い，使い勝手の悪い点，改良すべき点などを指摘していただきたい。それが新しいコンサルティングの基本を生むと思う。

　最後に本書の企画を提供していただいた同友館出版部長鈴木良二氏に深く感謝の念を表したい。

2009年7月

㈱MCシステム研究所
内山　力

目次

序章　コンサルティングを考える　1

- **1.** コンサルティングの本質　2
- **2.** コンサルティングの構造　4
- 2−1　フローとしてのコンサルティング　4
- 2−2　ストックとしてのコンサルティング　5

第1章　経営戦略コンサルティング　11

- **1.** 経営者との確認・合意フェーズ　12
- 1−1　コーポレートガバナンスの確認　12
- 1−2　ＣＳＲの合意　19
- **2.** 経営戦略立案サポートフェーズ　24
- 2−1　ミッション作成サポート　24
- 2−2　ビジョン作成サポート　33
- 2−3　戦略ベクトルのサポート　41
- 2−4　経営計画サポート　48
- **3.** 経営者養成コンサルティング　58
- 3−1　経営者養成コンサルティングのコンセプト　58
- 3−2　経営塾のフレームワーク　60
- 3−3　経営塾の実施項目　62

第2章　財務コンサルティング　79

- **1.** 財務診断　80
- 1−1　財務診断のフレームワーク　80
- 1−2　ライフサイクル診断　81
- 1−3　体力診断　90
- **2.** 財務シミュレーション　96
- 2−1　利益シミュレーション　96
- 2−2　投資シミュレーション　99
- 2−3　企業価値シミュレーション　106
- **3.** 経理システム　110
- 3−1　経理部門の変革　111
- 3−2　アカウンティングシステム　116

第3章 組織コンサルティング 123

- 1． 組織構造コンサルティング 124
- 1－1 階層構造コンサルティング 124
- 1－2 部門構造コンサルティング 132
- 1－3 チーム内構造コンサルティング 136
- 2． 人事評価コンサルティング 141
- 2－1 人事評価コンサルティングのベクトル 141
- 2－2 人事評価のフレームワークの確認 142
- 2－3 給与と人事評価の関係 144
- 2－4 給与コンサルティング 145
- 2－5 人事評価モデルの前提 148
- 2－6 人事評価モデルの開発 149
- 3． 教育コンサルティング 153
- 3－1 教育コンサルティングの領域 153
- 3－2 教育に対する考え方 153
- 3－3 教育計画サポート 155
- 4． 採用・退職コンサルティング 157
- 4－1 採用コンサルティング 157
- 4－2 退職コンサルティング 165

第4章 オペレーションコンサルティング 169

- 1． 合理化コンサルティング 170
- 1－1 同期化とは 170
- 1－2 ＬＳＰの流れ 170
- 1－3 ＩＥ 172
- 2． オペレーションチェンジ 175
- 2－1 働く人からのアプローチ 176
- 2－2 仕事のやり方からのアプローチ 183
- 3． オペレーション評価 189
- 3－1 評価指標の設計 189
- 3－2 品質と顧客満足度 191

第5章　マーケティングコンサルティング　193

- 1. マーケティングとマネジメント　194
- 2. マーケティング戦略コンサルティング　194
- 2-1 マーケット環境の認識　194
- 2-2 戦略ベクトルの作成　198
- 3. マーケティングモデルコンサルティング　200
- 3-1 商品開発コンサルティング　201
- 3-2 プロモーションコンサルティング　214
- 4. マーケティング評価コンサルティング　219

第6章　ITコンサルティング　225

- 1. ITと経営者　226
- 2. IT投資コンサルティング　228
- 2-1 投資する対象　228
- 2-2 耐用年数　229
- 2-3 投資額　230
- 3. IT組織コンサルティング　233
- 3-1 ITベンダーとのつき合い方　234
- 3-2 IT内部組織　244
- 4. IT利用コンサルティング　249
- 4-1 予測システム　250
- 4-2 顧客データベース志向　252

第7章　アライアンスコンサルティング　261

- 1. アライアンスの課題　262
- 2. ITによるアライアンス課題の解消　265
- 3. アライアンスモデルごとのコンサルティングテーマ　268
- 4. アライアンスコンサルティングのポイント　274

序章

コンサルティングを考える

1 コンサルティングの本質

　コンサルティングに必要な要素は2つある。1つはコンサルティングの"やり方"であり，もう1つはこれを実行するコンサルタントの"能力"である。この2つが重なり合ってコンサルティングの"結果"が生まれる。

　コンサルティングはスポーツとよく似ている。

● **自己流でやると下手になる**

　コンサルティングをまったくの自己流でやるコンサルタントがいる。そしてそれがプロとしての誇りだと思っている。もちろんそれでも良い結果を生むこともあるが，長い目で見るとやればやるほど下手になっていく。スポーツでもその"基本"を知らずに自己流でやり続ければ，やればやるほど下手になる。

● **"基本"は人類の知恵である**

　スポーツ，コンサルティングにおいてだけでなく，すべての"やり方"は，多くの人がその"やり方"で実行し結果が出て，その結果を見て"やり方"が変わり…という形で社会全体として学習し，しだいに1つの方向に収斂していく。それが本書のタイトルにある"基本"である。"基本"はまさに人類の知恵であり，知らない人は愚者である。スポーツのコーチが教えるときの最初の言葉は「基本を反復して練習しなさい。基本どおりやれば必ず上達する」である。

● **"やり方"はマニュアル化できない**

　スポーツやコンサルティングの"やり方"はマニュアル化ができない。マニュアル化できる仕事はいわゆる単純作業であり，"やり方"が同じならどんな人がやってもだいたい同じ結果を生むものである。しかし，スポーツやコンサルティングは"やり方"が同じでも結果はまったく異なる。同じゴルフの"やり方"をしても「上手な人」と「下手な人」がいる。それは"やり方"の差ではなく，能力の差である。

● **"やり方"の原理・原則を知る**

　スポーツ，コンサルティングの"やり方"を習得する局面では，その原理・原則を知ることが大切である。「ゴルフのクラブの握り方」をただ覚えるだけでは意味がない。「なぜそう握るのか」が大切であり，それが原理・原則である。基本は，

皆が使い議論していく中で生まれる"やり方"であり，その議論の過程で生まれた理論が原理・原則である。原理・原則を知り，知ったうえでその"やり方"でやれば，結果として仮にうまくいかなくても，なぜうまくいかなかったのかがわかり，次からはうまくできるようになる。つまり能力が上がる。

● プロは"基本"を提案しなくてはならない

"やり方"が同じでも人よりもうまくでき（つまり能力が高く），それによって対価を得る人がプロのプレイヤーであり，プロのコンサルタントである。プロのプレイヤー，プロのコンサルタントは先人たちが考え作り上げた"基本"を習得するだけでなく，明日のために"より良い基本"を社会へ提案するという使命を持つ。こうしてスポーツもコンサルティングも発展していく。「親の恩は子に返す」，それが人間社会の摂理である。

本書は「コンサルティングの基本」を記述したものであり，その特徴は次の3点である。

第1は，本書がコンサルティングのマニュアルではないことだ。コンサルティングの原理・原則をきちんと記し，「なぜそのやり方をとるのか」ということに多くのページを割いている。決して原理・原則を理解せずに，この「基本」をマニュアルチックに使うことだけはやめてほしい。

第2は，本書が人類の知恵といえる「基本」をベースとして，プロのコンサルタントである"私のやり方"を，社会へ提案したものである。ここに書かれている"やり方"は私が20年間コンサルタントをやっていく中で学び，使い，改良したものや，自ら発案して使い込んだものであり，「新しい基本」として採用してほしいものである。

第3は，基本の意味である。本書でいう「基本」は「易しい」という難易度のことではなく，「多くのケースで使うことができる」という汎用性を意味している。「基本」は使うチャンスが多いため，しだいにその使い方がうまくなっていく，つまりコンサルタントの能力を高めるやり方である。

なお，コンサルタントの能力などコンサルタント自身に関することは，前著『コンサルタント論』を参照してほしい。

「コンサルティングはスポーツのように，やらなければうまくならないが，原理・原則や基本を知らないでやれば下手になる。基本という同じやり方で続けてやっていけば能力は必ず上がっていく。そしてその能力が新しい基本を作る」

2 コンサルティングの構造

2―1　フローとしてのコンサルティング

　コンサルティングにはさまざまなパターンがあるが（詳細は『コンサルタント論』参照），本書ではその"基本"としてテーマコンサルティング*1を対象としている。

　クライアント企業*2をコンサルティングの対象として見たときの構造は以下のとおりである。

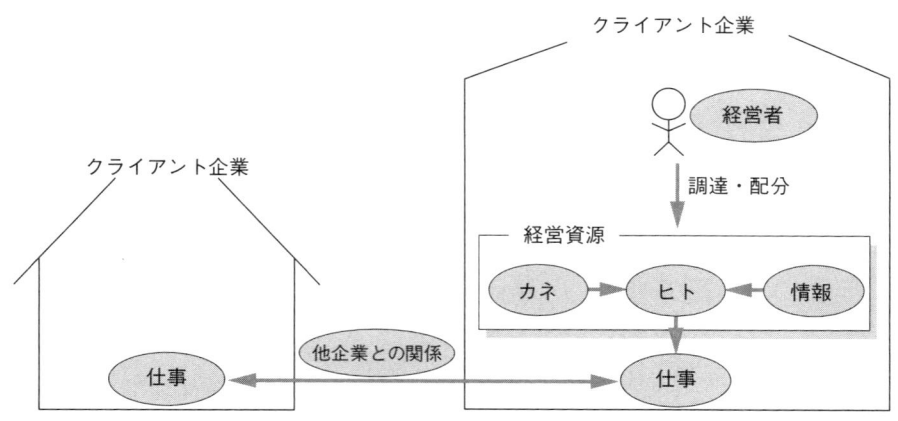

図表 0-1　コンサルティングの対象

　この対象をベースに考えるとき，テーマコンサルティングは次のようなフローになる。

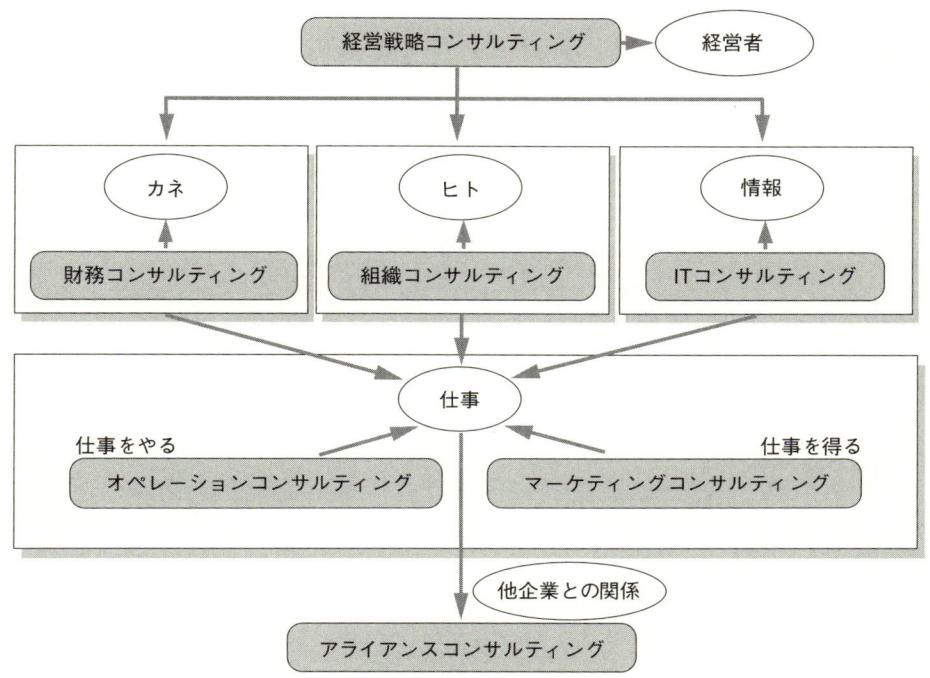

図表 0-2　テーマコンサルティングのフロー

　本書はこの7つのテーマコンサルティングを対象としている。

*1　クライアントから特定のテーマを受けて行うコンサルティング。
*2　コンサルティングを発注する企業のこと。本書のコンサルティング対象は個人を含まず企業のみである。以降これを単にクライアントと表現する。

2-2　ストックとしてのコンサルティング

　本書では各テーマコンサルティングについて、そのフロー（進め方）をベースとして、"やり方"を述べている。しかし、その"やり方"はいくつかのコンサルティング局面で使うことができるものも多い。むろんこれを重複して説明していない。

　やり方に着目して、コンサルティングの各フロー（本書の目次）との関係を記すと次のようになる。◎はそのやり方の記載場所、○はそのやり方がそこで使われることを意味している。

章	コンサルティングフロー（本書の目次）	コーポレートガバナンス	CSR	付加価値会計	ミッション	システム	経営戦略委員会	ビジョン	変革型アプローチ	SWOT分析	戦略ベクトル	ポートフォリオ	ポジショニンググラフ	そもそも論	競争システム	戦争から顧客へ	顧客満足度	数量化	限界利益	予算システム	マネジメント/PDCA
第1章	1-1 コーポレートガバナンスの確認	◎				○															○
	1-2 CSRの合意	○	◎	◎	○																
	2-1 ミッション作成サポート				◎	◎	◎														
	2-2 ビジョン作成サポート						○	◎	◎	○					○						
	2-3 戦略ベクトルのサポート					○	○	○	○		◎	◎	◎	◎	◎						
	2-4 経営計画サポート	○			○		○				○	○					○	◎	◎	◎	○
	3-1 経営者養成コンサルティングのコンセプト						○														
	3-2 経営塾のフレームワーク																				
	3-3 経営塾の実施項目					○	○	○	○												
第2章	1-1 財務診断のフレームワーク																				
	1-2 ライフサイクル診断																				
	1-3 体力診断	○		○																	
	2-1 利益シミュレーション																		○	○	
	2-2 投資シミュレーション										○										
	2-3 企業価値シミュレーション	○																			
	3-1 経理部門の変革			○														○	○	○	
	3-2 アカウンティングシステム										○							○	○	○	
第3章	1-1 階層構造コンサルティング	○			○	○															
	1-2 部門構造コンサルティング					○		○		○	○										
	1-3 チーム内構造コンサルティング																				
	2-1 人事評価コンサルティングのベクトル						○														
	2-2 人事評価のフレームワークの確認			○							○										
	2-3 給与と人事評価の関係			○	○																
	2-4 給与コンサルティング																				
	2-5 人事評価モデルの前提																			○	
	2-6 人事評価モデルの開発																			○	
	3-1 教育コンサルティングの領域																				○
	3-2 教育に対する考え方					○															
	3-3 教育計画サポート				○																
	4-1 採用コンサルティング				○	○							○								
	4-2 退職コンサルティング	○	○																		
第4章	1-1 同期化とは																				
	1-2 LSPの流れ																				○
	1-3 IE												○								
	2-1 働く人からのアプローチ	○		○	○	○															○
	2-2 仕事のやり方からのアプローチ								○												○
	3-1 評価指標の設計			○																	
	3-2 品質と顧客満足度																○	○			
第5章	1 マーケティングとマネジメント																				○
	2-1 マーケット環境の認識										○				○	○					
	2-2 戦略ベクトルの作成					○					○				◎	○	○				
	3-1 商品開発コンサルティング																○	○			
	3-2 プロモーションコンサルティング										○	○			○	○					
	4 マーケティング評価コンサルティング																				
第6章	1 ITと経営者												○								○
	2-1 投資する対象																				
	2-2 耐用年数																				
	2-3 投資額			○																○	
	3-1 ITベンダーとのつき合い方	○																			
	3-2 IT内部組織																				○
	4-1 予測システム																				○
	4-2 顧客データベース志向																				
第7章	1 アライアンスの課題												○								
	2 ITによるアライアンス課題の解消																				
	3 アライアンスモデルごとのコンサルティングテーマ												○								
	4 アライアンスコンサルティングのポイント																				

図表0-3　コンサルティング

のマトリクス

コンサルティングフロー（本書の目次）	同期化・LSP	IE	ムード	カウンセリング	改善シンドローム	変える戦略	リーダートライアル学習会	品質	マーケティングマネジメント	マーケット環境	カスタマーマーケティング	ニーズ仮説・ニーズ検証	シーズ仮説・シーズ検証	SNS	アイデア出し	新商品開発委員	商品化センター	CPO	プロモーションモデル	3M
第1章 1-1 コーポレートガバナンスの確認																				
1-2 CSRの合意																				
2-1 ミッション作成サポート																				
2-2 ビジョン作成サポート				○																
2-3 戦略ベクトルのサポート						○				○	○									
2-4 経営計画サポート								○												
3-1 経営者養成コンサルティングのコンセプト																				
3-2 経営塾のフレームワーク																				
3-3 経営塾の実施項目				○										○						
第2章 1-1 財務診断のフレームワーク																				
1-2 ライフサイクル診断																				
1-3 体力診断																				
2-1 利益シミュレーション																				
2-2 投資シミュレーション																				
2-3 企業価値シミュレーション																				
3-1 経理部門の変革																				
3-2 アカウンティングシステム	○	○																		
第3章 1-1 階層構造コンサルティング			○																	
1-2 部門構造コンサルティング					○															
1-3 チーム内構造コンサルティング			○																	
2-1 人事評価コンサルティングのベクトル																				
2-2 人事評価のフレームワークの確認																				
2-3 給与と人事評価の関係																				
2-4 給与コンサルティング																				
2-5 人事評価モデルの前提																				
2-6 人事評価モデルの開発			○																	
3-1 教育コンサルティングの領域																				
3-2 教育に対する考え方																				
3-3 教育計画サポート																				
4-1 採用コンサルティング																				
4-2 退職コンサルティング																				
第4章 1-1 同期化とは	◎	○																		
1-2 LSPの流れ	◎	○																		
1-3 IE	○	◎	○		○															
2-1 働く人からのアプローチ	○	○	◎	◎																
2-2 仕事のやり方からのアプローチ	○	○	○		◎	◎	◎													
3-1 評価指標の設計								◎												
3-2 品質と顧客満足度				○				◎												
第5章 1 マーケティングとマネジメント									◎											
2-1 マーケット環境の認識										◎										
2-2 戦略ベクトルの作成											◎									
3-1 商品開発コンサルティング										○	○	◎	◎	◎	◎	◎	◎	◎		
3-2 プロモーションコンサルティング											○		○						◎	◎
4 マーケティング評価コンサルティング										○	○									
第6章 1 ITと経営者																				
2-1 投資する対象											○									
2-2 耐用年数																				
2-3 投資額																				
3-1 ITベンダーとのつき合い方											○									
3-2 IT内部組織																				
4-1 予測システム																				
4-2 顧客データベース志向																			○	
第7章 1 アライアンスの課題																				
2 ITによるアライアンス課題の解消																				
3 アライアンスモデルごとのコンサルティングテーマ																				
4 アライアンスコンサルティングのポイント																				

図表0-3　コンサルティング

のマトリクス（つづき）

第1章

経営戦略コンサルティング

経営者から企業経営全般について、そのベクトルを相談されたときに行うのが経営戦略コンサルティングである。他のテーマコンサルティングの前提として行ったり、それと組み合わせて行うことも多い。まさにコンサルティングの基幹商品である。

経営戦略コンサルティングでは2つのフェーズに分けて進めていく。

1 経営者との確認・合意フェーズ

経営戦略を話し合う前に、「クライアントの経営者」[*1]との間で次の2つの点についての確認を行い、合意する。

[*1] 以降、単に経営者と表現する。なお、経営者は取締役、執行役員など経営の意思決定に携わるメンバーを指す。経営者の中のリーダー（会長、社長…）はトップと表現する。

1―1　コーポレートガバナンスの確認

まずはクライアントがどういう支配構造となっているか（これを本書ではコーポレートガバナンスと表現する）を確認する。これがクライアントの意思決定メカニズムを決める。

コーポレートガバナンスは次の3つのタイプに分けて考える。トップがどのような人かを見ればすぐにわかる。

（1）　オーナーガバナンス型

トップが創業者またはその親族のときである。これはさらに次の3つのタイプに分かれる。

① オーナーワンマン型

トップ（親族も含めて）がほぼすべての株を保有し、絶対的な権限を握っている企業。いわゆるオーナー経営者である。人事権、投資決定などの重要意思決定権をすべてこのオーナーが持っており、絶対的な支配権を持っている。

しかし、資金面では銀行に頼ることも多い。このケースでは投資などカネを伴う意思決定には銀行の了承が必要となり、メインバンク[*2]がガバナンスの一部を担っている。これを嫌い、営業キャッシュフロー（101ページ参照）による返済を図

っていくことを経営テーマ（「無借金経営を目指す」）としている企業も多い。

　さらにはこの銀行ガバナンスからの脱皮を目的として上場することもある（上場で得たカネで借入金を返済する）。上場してもオーナーが50％程度の株を保有（確保）しており，その他の株主は投資家で数が多いため，銀行の支配が消えていく中でオーナーのガバナンス度は高まり，さらなるワンマン経営を行う。

　コンサルタントから見れば，オーナー以外の従業員と話をしてもコンサルティングはほとんど進まない。ここでの会話は常に「オーナーはそれについてどう思うか」という推測である。そしてその推測ははずれることが多い。

＊2　企業の取引銀行の中で最大の融資（借金）を受けている銀行。

② 　創業者複数型

　2名以上の人間が共同で企業を立ち上げたもの。大企業からの"独立"がその典型である。大企業にいた従業員が同一業界内にベンチャー企業を設立し，新しい商品・ビジネスモデルを作っていくものである。まれに創業者の1人が学生など勤務経験がないこともあるが，その相方は大企業勤務経験者であることがほとんどである。

　多くの場合ガバナンスシステムは，創業者のうちの1人がトップとなって全体の取りまとめ役（または調整役），残りの創業メンバーは各部門の責任者（経理，マーケティング，オペレーション…）というスタイルである。

　ここでの経営戦略コンサルティングは「各部門責任者の意見を聞きながら，トップと最終調整を行う」という"感じ"である。そのためトップの支配力が弱いと，各部門の利害調整がうまくいかず，なかなかコンサルティングの結論が出ないことも多い。一方，各部門のテーマコンサルティング（財務，組織，オペレーション，マーケティング，IT…）は比較的スムーズにいくことが多い。

③ 　象徴型

　創業者やジュニア[3]がトップにいるが，実質的にはそのNo.2にガバナンスがあるというタイプ。さまざまなバリエーションがあるが，典型的なものは次のパターンである。

- **銀行ガバナンス**　副社長，専務，常務といった肩書き（トップの次のNo.2）で，メインバンクから転籍してきた人がガバナンスを執っている企業。職務分掌としては経理面を主に任されているが，実質的には人事以外の重要決定事項はすべて

このNo.2が行っている。

　多くの場合コンサルティングの依頼者はトップであり，あらゆる面で難しいコンサルティングを強いられる。経営戦略コンサルティングでは，できる限りこのトップとNo.2が同席のうえで進めていきたい。個々のテーマコンサルティング（といっても財務コンサルティングをこのタイプが求めることはない。No.2がその役割を担っている）では担当部門の責任者[*4]との打ち合わせをベースとして，重要ポイントではトップだけでなくNo.2にも参加してもらうようにしたい。

- **買収された直後**　買収などによってガバナンスを取得した企業から，No.2が派遣されている企業。当面トップは元の創業者かジュニアがそのままの役職でいる。しばらくして創業側から買収側へガバナンスを譲渡することが多く，やがてNo.2がトップに就く。そういう意味ではすでに（2）の株主ガバナンス型へと移行していると考えてよい。

- **象徴ジュニア**　実質的にはすでに（3）の従業員ガバナンス型となっているが（従業員からキャリアアップ[*5]したNo.2が実質的なガバナンスを執っている），まさに"象徴"としてジュニアが残っているもの。

　コンサルタントから見ると，その依頼主によってコンサルティングスタイルが2つに分かれる。ジュニアかそれ以外かである。後者については通常の経営戦略コンサルティングと変わらないが，前者はやや異なり，さらに2つのタイプに分かれる。

　1つは経営戦略コンサルティングというよりも企業コンサルティングと表現すべきものである。企業としてのカラー，文化，CI[*6]，PR[*7]といった対外的なイメージを高めることが目的のものである。これについては創業当時の話，創業者の話したこと，社訓などを集め，まずは社内の従業員に遺伝子として引き継ぐようにする。そのうえでこの企業文化を社外にアピールする手段を考える。それがジュニアの象徴としての仕事であり，コンサルティングとしての成果を生む。

　2つ目はガバナンスの奪還（ジュニアが名実ともにガバナンスを取り戻すこと）である。ジュニアは若手で，No.2（実質的なトップ）のほうがベテラン従業員からのキャリアアップであることがほとんどである。依頼者であるジュニアがNo.2に企業の固有業務（オペレーション，セールスを含めたマーケティングなど）で追いつくことはあり得ない。ここでのコンサルティングはジュニアにMBA[*8]的な経営者教育を施し，併せて社内に彼のファンを作るようにする。これに適しているのが

59ページで述べる経営塾である。若手部門長クラスを中心として企業内に塾を作り，ジュニアを塾長とする。塾生を教育する形をとりながら，ジュニアも経営，財務，組織，マネジメント，オペレーション，マーケティング，ITについて塾生と一緒に学び，その改革についてディスカッションしていく。ここでのテーマは改革であり，クライアントを今とはまったく異なるビジネスモデルへチェンジしていくことにある。

＊3　創業者から世襲を受けたタイプ（3代目以降も含む）を本書ではジュニアと表現する。
＊4　以降，本書では部門長と表現する。
＊5　本書では昇格，昇進，出世といった「企業内で上位層に上がること」をキャリアアップと表現する。
＊6　Corporate Identity：企業の社会における位置づけをはっきりさせようという考え方。実際には企業イメージ，ブランドイメージの統一といったことを行うことが多い。
＊7　Public Relations：広報と訳す。企業が社会との関係を考えること。
＊8　Master of Business Administration 経営学修士。

（2）　株主ガバナンス型

　外部の株主がその企業の実質的なガバナンスを握っているタイプである。大きく次の3つに分けることができる。

① スピンアウト型

　ある企業が行っていた仕事の一部を，別の企業（子会社）として分離させるもので，スピンアウトと表現される。当然のこととして子会社は親会社（株主）のガバナンス下に入る。これには次の3つのタイプがある。

● **垂直スピンアウト**　仕事の流れを上流と下流で垂直に切るもの。メーカーが生産部門と販売部門に分けて別会社にするという形が典型的。その会社のコア＊9部門のほうが親会社となる。生産技術がコアであれば生産部門が親会社，販売部門が子会社，マーケティングがコアであれば販売部門が親会社，生産部門が子会社である。

　　コンサルタントから見ると子会社側からの依頼が多い。子会社側に経営者が育っておらず，親会社からトップが下りてくることがほとんどである。しかし，このトップは子会社の事業（生産が親会社であれば販売）ではなく，親会社の事業のプロ（生産のプロ）であり，どうやって子会社の事業を強くしてよいかがわからない。

ここでのコンサルティングは比較的順調に進む。コンサルティング対象が企業グループ全体としては"弱み"なので、それを"強み"としている企業をベンチマーキング（74ページ参照）し、そのモデルを素直に取り入れる。併せて経営塾などを使って、子会社側からトップを出すことを考える。つまり、子会社を親会社ガバナンスから（3）の従業員ガバナンスへ変身させる。これが親子ともに望むところである。

＊9　その企業の中核となっているもの。25ページで述べるミッションを見ればわかる。

● **水平スピンアウト**　複数の事業をやっている企業が、事業ごとに会社を分けるものであり、親子関係をとることが普通である。（近年では持株会社方式をとることも多いが、このケースは子会社も（3）の従業員ガバナンスと考えてよい。）親側が伝統ある本業、子側がいつの間にかやっていた別事業である。垂直スピンアウト同様、子会社に人材が育っておらず、親会社からトップが派遣されることが多い。

　やはり子会社からのコンサルティング依頼が多く、比較的順調に進んでいく。子会社はビジネスモデルなどあらゆる面で異業種である親会社のものを用いており、自らの事業とのギャップが大きい。ここでも子会社にジャストフィットしたビジネスモデルを持っている企業をベンチマーキングし、それを取り入れ、かつ経営塾で経営者を育成していく。

　ただ1つここで問題になるのは、子会社が弱みを補うべく「本業の外部プロフェッショナル」を経営陣の一角に取り込んだ場合である（よく見られるケースである）。このプロはコンサルタントから見れば同業者といえる。同業者がコンサルティングを依頼することはなく、その子会社へ親会社から派遣されたトップの依頼がほとんどである。このケースではそのスタンスを守り、株主（親会社）から見た監査的なコンサルティングを行うべきである。つまり新しいモデルの提案ではなく、経営陣が考えたビジネスモデルやコントロール（113ページ参照）の妥当性、正当性を評価していくことである。

● **スタッフスピンアウト**　会社のスタッフ部門（人事、財務、経理、IT、物流…）を子会社化し、自社のみならず他企業へもこのサービスを販売していくもの。IT、教育、配送などがその代表である。ここでは元の部門長（たとえば情報システム部長）がトップ（情報システム子会社の社長）に就くことが多い。そのた

め経営陣の力が脆弱であり，経営戦略コンサルティングのニーズは極めて高い。コンサルタントから見れば経営戦略コンサルティングを実施して，これをベースにマーケティングコンサルティング（事業拡大）を行い，組織コンサルティング（事業遂行）へと順調に展開していくことが多い。

② 新規事業開発型

まさに株式会社の原型のようなパターンであり，新規事業の創業にスポンサーが付くというものである。次のようなタイプが代表的である。

- **親会社スポンサー型**　従業員などが自らの手で新規事業をやりたいときに，その勤務先の企業がスポンサーになるというもの。一時期老舗大企業の中高年層がだぶついた際に流行したが，今はやや下火である。近年では大企業が新規事業を立ち上げるときにはその企業自身の手，または上述のスピンアウト型をとることが多い。これらいずれのケースでもコンサルタントの腕の見せ所であり，経営戦略コンサルティングを突破口として，財務，組織，オペレーション，マーケティング…と各テーマコンサルティングを着実に実行していけばよい。

- **ベンチャーキャピタル型**　投資ファンド[10]などの金融機関がいわゆるベンチャーキャピタルとして資金を提供し，上場などによるエクイティリターン[11]を期待するもの。ベンチャーキャピタル側は即効性（すぐに業績が出る）を求めており，逆にいえば長期的な企業体力の増強はあまり期待していない。コンサルタントから見れば，このベンチャーキャピタル側に乗ったコンサルティングは，フィーは高いことも多いがもっとも困難，さらにいえば危険なタイプといえる。「コンサルティングの基本」は彼らが求める即効ではなく，長期的な体力増強にある。これを踏みはずせば長い目で見たときコンサルタントに幸せはない。だからといって，この状態ではベンチャーキャピタルを無視してコンサルティングはできない。

*10　投資家から資金を集め，株などに投資して売却益を還元する機関のこと。
*11　株式売却によって益を得ること。

- **個人スポンサー型**　個人の投資家が資金提供するものであり，いわゆる「オーナー株主と雇われ社長」というスタイルである。この場合，上のベンチャーキャピタルとは異なり，オーナーは企業を長期的な視点から見ていることが多く，コンサルティングはやりやすい環境にある。コンサルティングフィーはオーナーから

出されることも多く，コンサルタントは"雇われ社長"と一緒に考えていく形となる。多くの場合，この"雇われ社長"は本業（オペレーション）のプロであり，コンサルタントは経営，マネジメント，スタッフの機能をサポートしていくことになる。

③　買収型

"すでにある会社"の株を獲得することで，ガバナンスを手に入れたもの。買収スタイル（背景）によって次の3つのパターンに分かれる。

- **救済**　資金的に問題を抱える企業（ほとんどが創業者型）を救済するというスタイルで買収されたもの。買収側から経営陣が乗り込んでいき，企業を抜本的に変革していくことが多い。コンサルティングはもちろん買収側からのニーズで行うことがほとんどであり，この抜本的改革にコンサルタントの腕が生きることも多い。
- **グループ入り**　独立企業が何らかの事情（販売拡大，シナジー…）で巨大企業に資本参加してもらい，その企業グループに入るというもの。多くの場合，企業グループからトップが派遣され，その巨大企業の文化，組織を含めた経営モデルに変わっていく。ここでコンサルタントを必要とすることは極めて少ない。
- **敵対的買収**　いわゆる"乗っ取り"というもので日本ではほとんど見られない。ただこれを"経営者の意に反して"という広い意味でとらえれば（たとえば従来の大株主が他企業へ株を譲渡するケース），もちろん多く見られる。旧経営者は総退陣というケースも多く，新経営陣の下で抜本的改革が求められる。救済と同様にコンサルタントの力が生きるケースが多い。

(3)　従業員ガバナンス型

その企業に新卒[*12]で入社した従業員（よくプロパーと表現される）がキャリアアップしていき，ついにその企業のトップにまで登りつめるものである。このとき実質的な経営陣（取締役，執行役員で実質的な経営を担当する人）はすべてプロパー（それ以外は社外取締役といわれ，経営監視が使命）というケースが多い。多くの上場大企業（筆頭株主が数％しか保有していない），創業者が引退した老舗企業などがこれにあたる。言ってみれば企業の最終形であり，すべての企業はこのガバナンスへと向かうベクトルを持っている。

従業員がトップにまで登りつめる企業を，外から見ると不思議なことが1つある。このトップを誰が決めるかである。大株主が決めるのではないとすれば，誰がどうやって決めるのか。現在の社長の引退を誰が決め，後継者を誰が決めるのか。取締役会の多数決で決め，株主総会へ提案するのが普通ではあるが…（まあいずれにしても現在の経営者の意思が強いのであろう…）。

　これに代表されるように，このガバナンススタイルは企業の意思決定メカニズムが極めてわかりにくく，コンサルタントを悩ませる。（1），（2）の各タイプであればガバナンスがはっきりしているので，そのキーマンを考えればそのメカニズムがわかるが，このタイプは不透明である。ここでは従業員の「総意」がキーワードであり，全従業員（これが無理であればマジョリティ）の合意が意思決定には求められる。感覚的には「その役職で加重平均した多数決」のようなものである。「多数決の票を社長が100票，部長が10票，課長が5票，平社員が1票持っている」といった"感じ"である。

　もっとも難しいコンサルティング対象企業であり，もっとも能力の高いコンサルタントが担当すべきクライアントである。以降，本書では，このもっとも難しいシーンでのコンサルティングを主な対象として考えていく。これができればその他のコンサルティングは問題なく可能なはずである。

*12　その年に学校を卒業した人を採用することを新卒採用，それ以外を中途採用という。

1-2　CSRの合意

　コンサルタントが経営戦略コンサルティングを依頼されたら，コーポレートガバナンスのチェックをしたうえで，そのトップと会談を行うべきである。ここでトップにインタビューすべきテーマはCSR[*13]についてである。

　CSRを次の3つの責任に分けて考える。
- **存在責任**　企業は何のために社会に存在しているのか
- **公益責任**　企業が社会利益に貢献する責任
- **公共責任**　社会においてやってはいけないことはやらない

　この3つの責任についてトップがどう思っているか，さらにはそれをどれくらい重く感じているかをインタビューする。

*13　Corporate Social Responsibility：企業の社会的責任。

(1) 存在責任

「トップが自社の存在責任についてどう思っているか」がCSRにおける最大のポイントである。トップが経営に対して持っている価値観といってもよい。後で述べるミッションと重なるところであるが、創業者であれば創業理念であり、サラリーマン経営者では自らの会社への"想い"(イメージ)である。質問の仕方はケースバイケースであるが、次のようなものが一般的である。

「あなたは今の会社をどう思っていますか? どう変えたいですか?」
「あなたは自社を社会からどのように見られたいですか。自社への最大のほめ言葉は何ですか」
「自社においてもっとも大切にしているものは何ですか」
「この会社は誰のものだと思いますか」

その"答え"から「自社が社会においてどんな存在価値があると思っているのか」をとらえ、そのうえで「その思いの強さ」を測ってみる。前者はその"答え"にあるキーワードでわかる。商品[*14]、顧客、従業員、能力、社会…といったもののうち、何を大切にしているかである。後者はこういった話に対する興味、関心の高さであり、熱意である。もっといえば「経営へのプライドのようなものを感じるか」ということである。

トップと話をじっくりできればその存在責任への"想い"は極めてよくわかる。かつ、その話す順番(商品→顧客→従業員)でプライオリティもわかる。

コンサルタントはこれを聞き、この経営者の"想い"を理解し、これを前提としてすべてのことを考えていく。

[*14] 本書では企業が販売している商品、製品、サービスなどをすべて商品と表現する。

(2) 公益責任

公益責任は企業が生む"利益"に対する考え方がポイントである。コンサルタントとしては、トップに一般論として"ある考え方"に合意してもらいたい。

企業会計では「入ってくるカネ」を収益、「出ていくカネ」を費用、「手元に残るカネ」を利益として「収益-費用=利益」で計算している。そのうえでこの「残ったカネ」である利益を株主(配当)、社会(税金)、企業(内部留保して自らのために使う)が分け合う。

ここで次のような「付加価値会計」という考え方を説明する。ここでのポイントは給与が「企業から出て行くカネか」ということである。企業の構成要素を従業員と考えれば、給与は明らかに「手元に残るカネ」となる。

付加価値会計の考え方

「収入（入ってくるカネ）－支出（出ていくカネ）＝付加価値（手元に残るカネ）」と考え、企業会計上の費用から給与総額（この企業から給与を受ける人全員が対象。経営者の給与も含む）を取り除いたものを支出（出て行くカネ）と考える。

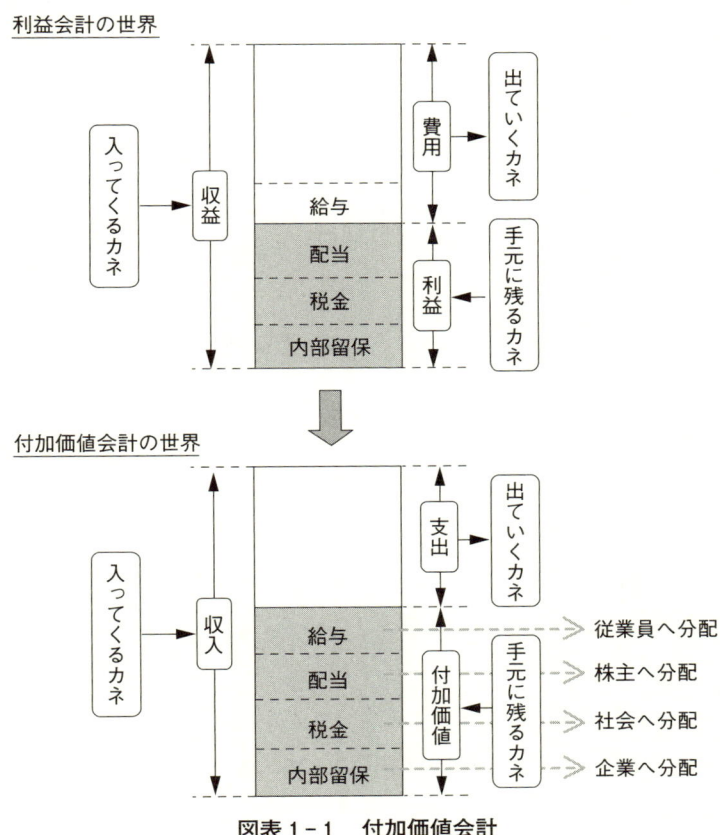

図表1-1　付加価値会計

この付加価値を従業員、株主、社会、企業というステークホルダー*15が分け合うと考える。そのうえで「給与総額を付加価値の一定比率とする」と決め、この比率（労働分配率という。wで表す）を株主と経営者（給与を受ける従業員の代表とし

> て）で合意する。
>
> $$\frac{給与総額}{付加価値} = \frac{給与総額}{給与総額 + 利益} = w = 一定$$
>
> これを給与総額について解くと次のようになり，給与総額は利益の一定比率（$\frac{w}{1-w}$）となる。また利益も付加価値（給与総額＋利益）の一定比率となる。
>
> $$給与総額 = 利益 \times \frac{w}{1-w}$$
>
> 付加価値，利益を上げれば従業員，経営者，株主，企業のすべてがハッピーとなり，かつ税金で社会貢献ができる。つまり，自らが生み出す付加価値を上げれば社会へ貢献できるということである。
>
> ラーメン屋は「おいしいラーメンを食べたい」と思っている社会に，付加価値の高い（おいしい）ラーメンを提供することが公益責任を果たすことになる。

＊15　企業の利害関係者。

　この考え方にトップが反対する理由は見あたらず，最終的なゴールとしてはこれに合意するはずである。

　こうしておかないと「利益＝付加価値－給与総額」となり「給与総額を下げて利益を出す」というインセンティブが経営者に働く。そしてそのパラダイムを従業員が察知して，経営と現場の戦いが生まれる。こうなるとコンサルタントはどこにコンサルティングの成果を求めてよいかわからなくなり，経営側につくか，現場側につくかを迫られ，その対立構造の中でコンサルティングをせざるを得なくなる。これはすべての人たちにとって不幸なことである。

　公益責任とは社会を含めたすべてのステークホルダーへの利益分配でもあり，コンサルタントはこの考え方を付加価値会計でトップと一致させる。

(3)　公共責任

　公共責任はそれをどれだけ重く感じるかということがすべてであり，トップ，そしてその企業の「格」といってもよい。ここでいう「格」とは人格の格と同じ意味である。

人格は年収（企業でいう業績）で決まるものではなく，その人が持っているインテグリティ*16によって自然と生まれてくるものである。人間にとって年収よりも人格が大切なことは皆が納得できることである。

　公共責任は「してはならないことはしない」が原点である。そして"最低"から"最高"までの段階がある。最低の公共責任は「法に反する行為であっても社会に見つからなければ問題ない」であろう。では最高の公共責任とは何だろうか。私はプライドだと思う。トップが「我が社は社会に貢献する企業である」と自らの企業の格に胸を張り，「我が社は社会から尊敬される企業だ」というプライドを持った状態である。

　公共責任はトップに他企業の事例を話してみればわかる。たとえば「食品偽装事件」などを話したときの反応である。「内部告発だろう。従業員の躾が悪いなあ」「こんなことやって，見つからないと思ったのかなあ」と反応するか，「この経営者は美しくないね」「『恥を知れ』と言いたいね」と反応するかである。

　コンサルタントはまずトップの公共責任の強さを感じることである。そしてあまりにも低い公共責任を持ったトップの企業とはつき合わないことである。コンサルタントにとって，その企業からカネはもらえても"幸せ"をもらえるとはとても思えないし，そのカネが長い目で見ると自らに不幸をもたらすに決まっている。

　中間くらいの公共責任（「悪いことはやったらいけないよなあ。ルールは守るのが当然」）のトップとはこの公共責任の意味を伝え，企業の格，プライドについて話し合い，それを何とか高めていくことに合意したい。そしてこの合意をコンサルティングを行うための最低条件としたい。

　高い公共責任（想像以上にこういうトップは多い。というよりも外部のコンサルタントに意見を聞こうというトップには多い）を持ったクライアントとは，何としてもコンサルティングを続けるよう努力したい。

　クライアントの格を高め，従業員が「働いていてよかった」「うちはいい会社だ」と思い，その従業員が自らの息子や娘に「私の会社はいい会社だ。お前も入れ」と言えるような企業を目指すことを，経営戦略コンサルティングの最大テーマにしていきたい。

*16　integrity：高潔，誠実などと訳されるが，本書ではこれを「格を生み出すもの」という意味でそのまま使う。

2 経営戦略立案サポートフェーズ

　経営戦略は当然のことながら，クライアントが企画立案し，自ら実行し，その成果である業績に責任を負う。ここでのコンサルタントの役割は経営戦略立案をサポートすることである。

　経営戦略立案サポートの方法には2つある。1つはクライアントの経営戦略立案を直接的にサポートするものである。もう1つは経営戦略を立案できる人を育成し，間接的にサポートするものである。後者については次項で述べることとする。

　前者の経営戦略立案サポートは，下図のような戦略フローに基づいて順に進めていく。

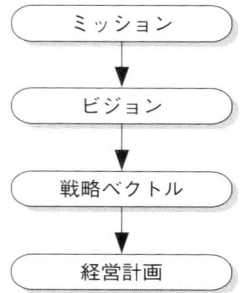

図表1-2　経営戦略立案フロー

　クライアント側にこれらに関するものがすでに存在していることも多いが，一部分だけのサポート（「経営計画作成のサポートのみ」など）は行わず，すべてゼロから，またはスクラップ＆ビルドで作り上げていくようにコンサルティングする。

2-1　ミッション作成サポート

　ミッションとは「その企業のあるべき姿」ということであり，企業理念，社是，経営理念などといった形ですでにクライアントに存在していることも多い。もちろんこれを念頭に置きながらも，次のようなステップでミッションの定義（再定義）を進めていく。

(1)　ミッションの意味

　まずはコンサルタントからクライアントへ，ミッションの持つ意味を次のように

説明する。

① 社会との関係

　ミッションの第一の意味は，その企業と社会との関係を定義づけるものである。この社会関係はさらに次の2つに分けることができる。

ⅰ）機能分担

　人間が生きていくためには1人ですべてのことを行うわけにはいかず，自然に機能を分担していくようになり，社会という組織が生まれる。ある人は魚を捕り，ある人は魚を運び，ある人はそのために船を造り，ある人は魚を切り…というものである。これらの分担作業は同一作業をやっている人がチームを組んだほうが合理的ということで，ここに企業が誕生する。

　この企業の「分担作業」がミッションの第一の意味であり，「使命」という日本語訳がぴったりのものである。見方を変えれば，19ページのCSRの存在責任と同じともいえ，使命を社会における"責任"と考えてもよい。

　社会における分担作業は，分担しているメンバーが1人でも欠けると成り立たない。社会はそれぞれの企業が存在していることを前提に各メンバーが活動しており，消滅すれば社会に対する最大の責任放棄となる。これがゴーイング・コンサーン（企業は社会に存在し続けなければならない）ということである。

　社会の中の特定機能を分担するのだから，その機能に関してはプロフェッショナルな存在となるべきである。そしてまわりの他機能を分担している企業やその中で働く人たちをプロとして認めることが必要である。その信頼関係が社会を成立させている。"魚を捕るプロ"は"魚を切るプロ"を信頼しているから「魚を捕る」という仕事に専念できる。

　ミッションは各企業が自らのプロとしての領域を社会に対して宣言するものであり，企業として自らのビジネス領域を限定するものである。

ⅱ）フラグ

　ミッションの2つ目の意味はフラグ（旗）となることである。そのミッションに賛同してカネを出してくれる株主などの出資者や，その企業で一緒に働く従業員を募集するフラグである。この企業は何のために何をやる企業か，何を目指しているのかというフラグを作り，それに賛同する人やカネがそのフラグの下に集まるということである。

このミッションというフラグには先ほどの社会分担作業（事業領域）に加え，事業の特徴（「速い船を造る」「楽しい船をつくる」「安全な船を造る」…），社会への約束事（「社会的弱者のために尽くす」「社会に明るさをもたらす」…），ビジネスの限定（「九州地方に存在してこの地方のために貢献する」「儲かる仕事より楽しい仕事」…）などの要素が取り入れられる。

これはどれが良くて，どれが卑しいというものでなく，企業，そしてそこで働く従業員全体の仕事への使命感，価値観であり，個人でいう人生観（「楽しく生きる」「誠実に生きる」…）のようなものである。

② 企業内

ミッションは企業内では次の2つの意味を持つ。

ⅰ）ベクトル

企業はシステムとして活動すべきであり，経営戦略コンサルティングのテーマもそこにあるといってよい。システムとは「複数の要素からなり，共通のベクトルに従う複合体」と定義される。企業をシステムとして考えれば，この定義にある「複数の要素」が経営者を含めた従業員という企業の構成要素であり，「共通のベクトル」にあたるものがミッションである。つまり，ミッションは企業が全体として目指す方向をあらかじめ定めておくことであり，企業が「右へ行くか，左へ行くか」と悩んだときなどにその基本的方向として用いられるものである。

ライバルが大ヒット商品を出したとしよう。ここで「創造」がその企業のミッションのキーワードなら「類似商品を出して追随する」という戦略をとるべきだろうか。この戦略が「悪い」と言っているのではなく，ミッションというベクトルに反しているということである。

そういう意味で，ミッションは戦略の"禁じ手"（どんなに儲かるとしてもミッションに反することはしない）を定めているものである。したがって，企業全体としての事前合意が必要であり，それがミッションを定めておく理由の1つといえる。またそれをフラグとして掲げることで従業員，そして株主，社会へ約束するものといえる。

ⅱ）文化

こう考えていくと，ミッションはいわゆる企業文化とよばれるものと同意となる。全従業員が合意できるのは，自分たちが働いていくうちに自然にできてしまった文

化である。企業が存在していく中でそこに文化が生まれ，文化になじまない人が去り，新たに入ってくる人に仕事を通して文化が伝承され…という形で醸成されるもので，その企業のDNA，遺伝子などとも表現される。

ミッションは自分たちの仕事ぶりを表現したものであり，自らを見つめ直すものである（特にその長所を）。「アットホームなムード」「緊張感を持った仕事ぶり」を，「社員は家族」「いつも真剣勝負」とミッションに表す。

（2） 洗い出し

ミッションは以上のような意味を持つものであり，すでに企業に存在しているものを確認，集大成し，合意していくものである。ミッションにあたる（近い）ものとしては次のようなものがある。

① 理念

理念とは考え方であり，次のような名前のものがある。

- **創業理念** 創業したときの"想い"を文章にしたもの。どんなに時代が変わっても「変えてはならないもの」という形で存在しており，コンサルタントが評価すべきものではなく，合意すべきものである。
- **企業理念** 企業の存在価値を表したものが多く，「5つの愛」など極めて抽象的なものが多い。ミッションを考えるうえでの大枠のようなものである。
- **経営理念** 経営に対する基本的考え方を表したもので，ミッションというよりも次項に述べるビジョンにあたるものが多い。ただし「経営理念」という名称でありながら上の企業理念を表しているものもある。

② 社訓，社是

社訓とは辞書によれば「その会社で働く従業員の指針として表された理念，心構え」と書いてあり，英語ではmotto（モットー）という訳となる。経営者が従業員に伝える「我が社のモットー」というものである。創業理念，企業理念と同様のものであり，ミッションを考えるときの制約事項のようなものである。

社是とは辞書によれば「会社の経営上の方針」と書いてあり，経営理念と同意と考えられる。

これらは社訓，社是という言葉でわかるとおり，企業においてかなり以前から存在しているものであり，"筆で書かれたもの"が企業のあちらこちらに額にして飾

られていることも多い。場合によっては社内で毎日唱和している。

③ 行動指針，行動規程

従業員としての行動を制約するマナー的なもの（その企業に限らず誰しもが社会人として守るべきもの）が中心であり，ミッションからはやや遠いものである。しかし，ここには社会に対する行動，顧客に対する行動，取引先への行動，社内での行動の"あるべき姿"という形で，一部ミッション的な内容が入っていることも多い。またその書かれている順番（「顧客に対する行動」が一番最初など）でミッションの対象を読み取ることもできる。

④ 社内メッセージ

トップが社内報や企業内サイトで，従業員向けに自らの考えを書いていることも多い。ほとんどがミッション，ビジョンについてのトップの詳細な考え方であり，わかりやすい表現で書いてある。コンサルタントから見ると，ミッションというよりもコンサルティングの事前情報として使うのに適していることが多い。

⑤ 社外メッセージ

自社のWebサイトや会社パンフレットなどにトップのメッセージを載せていることが多い。内容はミッションの解説からビジョンへという形で書いてある。

上場企業はIR[*1]向けとリクルート向けに分かれる。前者がビジョンとそれに対する経営計画的なものなのに対して，後者はミッションを学生にわかりやすく説明するというタイプのものが多い。どちらも外部向けのものであり，外部コンサルタントにとっては使い勝手のよいものである。

[*1] Investors Relations：投資家との関係を考えること。

（3） 経営戦略委員会

企業が一定規模以上であれば，経営企画室のような経営スタッフ部門を持っていることが多い。しかしこの経営スタッフは経営戦略立案ではなく，予算などの期間経営計画の策定，その進捗フォロー（予実算管理など）を主な任務としていることが多い。

経営戦略の対象期間は長期であり，戦略立案という仕事は日常業務ではなく散発の仕事である（戦略遂行は日常業務だが）。散発の仕事に適した組織はプロジェクトチームであり，コンサルタントはここでそのチームを編成することを提案する。

これが経営戦略委員会である。

経営戦略委員会のポイントを整理しておこう。

① 組織としての位置づけ

経営戦略委員会は決してボランティア活動でも，勉強会でもない。経営戦略立案という"仕事"を行うオフィシャルな組織である。したがって，この委員会は勤務時間中に開催すべきであり（というよりも委員会に出席したり，その資料を作るときは勤務中と定義する），仕事としてきちんと人事評価すべきである。

またプロジェクトチームであるので，その性格からして期限（半年，1年）があり，一定のアウトプット（経営戦略提案書…）を要求される。しかし経営戦略の決定（承認といってもよい）は経営者の仕事である。この委員会では戦略を決定するのではなく，その"元となる案"を提案する。

コンサルタントはこれらのことをはっきりとトップに伝え，経営戦略委員会の組織化を促す。

② 委員長

この組織のキーマンは委員長である。委員長は先ほどの"提案"というスタンスを考えると，トップではなく，もちろんコンサルタントでもない。以下のような要件に合う人をトップが指名するという形をとる。

・経営者の1人，またはコア部門の部門長
・若くして経営者になった人，または次代の経営を担うと皆が思っている人
・プロパーでコア部門から順調にキャリアアップしてきた人
・考え方が前向きで人の話をよく聞く人。自分の意見を押しつけない人

③ 委員

各職種（メーカーであれば開発者，生産ライン，セールス，スタッフ…）ごとに次の3階層から委員を選定する。複数の事業を持っている企業では各事業，各職種ごとに選定する。各委員は委員長を含め，現在の仕事を抱えながらの兼務となるのが原則である。選定は委員長が人事部と相談のうえで行い，組織として正式な人事発令を行う。決して現在の直属の上司に選定させない。

・今はプレイヤー[*2]で次期リーダー[*3]候補
・今はリーダーで次期部門長候補
・今は部門長で次期経営者候補

つまり当該経営戦略が花開き実を結ぶ頃に，リーダー，部門長，経営者にキャリアアップしていそうな人を委員とする。委員長は自らが委員を選んだこと，その選定理由，戦略立案を仕事としてやることをメンバーへはっきりと伝える。
　このほか，委員会には事務局を設置する。この事務局は委員の一部が担当しても，経営計画作成などを担当する経営スタッフ部門がなってもよい。

＊2，3　プレイヤー，リーダーの定義は124ページ図表3-1参照。

④　コンサルタントの位置づけ
　経営戦略コンサルティングを請けたコンサルタントも，正式にその委員会のメンバーとなる。その役割は主に企業外部情報の提供である。他社の経営戦略，その戦略がもたらした結果，さらにはマーケット情報，ライバル情報，そしてもっとも大切なのは「外部から見た冷静なコンサルタントの意見」というオリジナル情報である。

(4)　ミッション設定
　(2)で収集，確認できた"ミッションらしきもの"をコンサルタントが経営戦略委員会へ提示する。そのうえで各委員が合意できる最終的なミッションへとまとめていく。その手段として適しているものはケースワーク（68ページ参照）である。コンサルタントが他企業の事例を提示し，各委員にディスカッションさせる。テーマは「その企業のとった行動に同意するか，しないか」「自社が同じ立場ならどうしただろうか」といったことである。
　以前「愛と創造と貢献」を企業理念とする大手電気メーカーの子会社のコンサルティングを請け負った。このとき，ミッション設定（企業理念への合意といったほうがよい）に用いたケースは次のようなものである。

ケース名：アパレルメーカーの中国進出

ハナコ

㈱ハナコは，売上高100億円，従業員150人のアパレルメーカーであり，婦人向け衣料を3つのブランド（ハナコ，ロワール，ファーストレーベル）で企画販売している。3つのブランドは，各々40代以上，30代，20代以下という形でセグメント化している。当社は昭和の初めに池浦商会という名前で池浦太郎が創立した衣料問屋がその母体である。昭和30年代に入って，太郎の次女である池浦花子がフランスでデザインを学び，2名のファッションデザイナーをフランスのアパレル会社からよび，ハナコというブランドを確立した。ハナコは，パーティなどのフォーマルユースを中心とした限定化されたニーズに対応し，着実に売上を伸ばしていった。

昭和40年代には社長が花子にバトンタッチされ，これを機に社名をハナコと変更した。その後の約10年間でロワール，ファーストレーベルという新しいブランドの開発を行い，バブル期には売上が200億円を超えるまでに成長した。本社は東京銀座の一等地に構え，直営店舗も20店を数えるまでになった。

ハナコのビジネスモデル

花子社長はこれとあわせ，約20年かけて当社のビジネスモデルを開発した。㈱ハナコは池浦一族が100％の株を持っている同族会社であり，子会社として㈱ハナコデザインオフィス，㈱ポラールを抱えている。ハナコはハナコデザインオフィスに対し，デザイン企画を委託する。ハナコデザインオフィスは自社デザイナー10名と，世界各地にいる契約デザイナーを抱えている。デザイン企画が終了すると，ハナコは縫製を北九州にある㈱中村衣料へすべて外注する。中村衣料は従業員200人（パートを含む）であり，ハナコとの取引比率は約80％となっている。（ハナコと中村衣料に資本関係はない。）中村衣料は北九州にある取手製工，博多服地へも下請に出している。両社とも中村衣料との取引が70～80％前後あり，手作業中心の縫製を行っている。

縫製が終わるとハナコに納入され，ハナコからポラールへすべて販売される。

ポラールは卸売業および直営店20店を抱える小売業であり，セールスマンが40名，店員はパートを含め80人いる。

中国へ

　バブルの崩壊はハナコグループの経営に大きなダメージを与えた。本社および直営店舗の土地担保価格の下落は，すぐに資金繰りを悪化させた。そのうえ主力顧客である百貨店の不振，低価格化要望，および価格破壊型専門店の登場で売上・利益とも急速に減少していった。

　しかし，花子社長は直営店の売却，デザイナーの完全内製化，取引先専門店であるナショナルリテールからの資本受入れなどを行い，なんとか経営を立て直した。（現在の持株比率は池浦一族40％，ナショナルリテール35％，銀行およびその関連会社が25％。）ブランドイメージの再構築も効を奏し，経営は安定に向かっていった。

　2年前，メインバンクであるA銀行からの強い要望により，花子は代表権のない会長へ退き，代わって長男の池浦正利が社長へ就任した。併せて資本を受け入れたナショナルリテールからの出向で来ていた山村が副社長へ，新たにA銀行から田村が専務として就任した。この3人がトロイカ体制でハナコの経営を担当することとなった。正利は35歳であり，大学卒業後大手小売店へ就職し，ハナコへは5年前に入社した。

　新経営陣はまず，ハナコ，ハナコデザインオフィス，ポラールの3社を合併し，経営職の削減を図った。併せてデザイナー，セールス，中高年管理職などの大幅なリストラに踏み切った。そして山村がベトナム，タイ，中国へ現地労働力調査に出かけ，縫製をすべて中国で行うことを決断した。しかし，取締役会では花子会長を中心に「中村衣料，取手製工，博多服地の従業員を路頭に迷わす気か。当社のリストラでは社員に特別退職金を出し，取引先への再就職もあっせんした。しかし，この人たちには何もしない。こんなことが許されるのか」という意見が出た。

　現経営陣の返答は「企業は利益を目指している。それ以外の目的で当社を考えるのはナンセンスだ。北九州と海外ではコストがまったく違う。どうすればいいかは明白だ」というものであった。

　ケース作成の具体的やり方は68ページ以降で解説するが，ケース対象企業はクライアントとは少し距離があったほうがよい。委員会のメンバーが冷静にディスカッ

ションすることができる。自社と環境が近すぎるとどうしても冷静さを失って、ミッションよりも現実的な経営に着目して「良い結果」を求めてしまう。

　まずはこのシーンで自社ならどういう行動をとるべきかを話し合う。その行動と「愛と創造と貢献」という自社の企業理念との一致度を冷静に考える。ここでのキーワードは冷静である。

　皆が「一致している」と思えば、これがミッションである。一致していないと思えば企業理念を変えるか、行動を変えるかである。企業理念を「グローバル」と変えるか、行動を「愛あるもの」へと変えるかである。

　こうして行動と一致した企業理念がミッションであり、これを機にミッションとよぶように指導する。

2−2　ビジョン作成サポート

　ビジョンは経営戦略委員会で案を策定し、経営者へ提案する。ここでのコンサルティングの段取りは次のようなものである。

(1)　ビジョンのフレームワーク
①　位置づけ
　ビジョンはミッションをベースとした企業としての将来展望であり、その責任者はむろん経営者である。

　経営戦略委員会の主力メンバーは経営者ではない。ここでは「経営者にこのような展望を持ってほしい」というスタンスで考える。したがって、ここで作り上げるビジョンは「当社はかくあるべし」といったものではなく、「自分たちがどんな会社で働きたいか」という"夢"である。

②　外部との関係
　ビジョンは公開を前提としている。従業員はむろんのこと、株主、社会、取引先などのステークホルダーに広く公開していくものである。だから従業員一人ひとりが胸を張って「うちの会社はこんな姿を目指しています」というものでなくてはならない。従業員のプライドを表すものといってもよい。そしてそれを外部ステークホルダーが受け入れられるものでなくてはならない。

③　アプローチ法

夢を実現するのは，現状の問題点を分析し，その解決策を探っていくという問題解決型アプローチではない。夢を原点とし，現状とのギャップを見つめ，大胆に現状を変えていくという変革型アプローチをとる。
　「そんな夢はうちの会社の力ではとても実現できない…」と考えるのではない。「うちの会社の力」が弱いのであれば，ビジョン（夢）をあきらめて変えるのではなく，その力を高める方法を次項に述べる"戦略ベクトル"にする。夢は「できるか，できないか」「かなうか，かなわないか」よりも「どういう夢を持てば皆が納得し，一致団結してそれを目指すだろうか」ということがポイントである。

④　期間

　ビジョンを計画する期間（夢の実現までの期間）はむろん企業によってケースバイケースであり，経営戦略コンサルティング開始時に経営者から制約条件として提示されることも多い。これはトップ・経営者の任期，株主との関係，従来からの経営計画の期間…といったものが決定要件であり，一般的には3～5年である。
　ここでコンサルタントは2段階で進めることを提案する。3年が対象期間と指示されたなら，2倍の6年でビジョンを考えるよう提案し，長期ビジョン（6年）と求められた中期ビジョン（3年）に分ける。
　委員会のメンバーは，前半期間（3年）では新しいポジション（今のプレイヤーはリーダー，今のリーダーは部門長，今の部門長は経営者）として，後半（3年）はそのポジションのリーダー（リーダーのリーダー，部門長のリーダー，トップ）として自らが働くことを夢見て，ビジョンを作っていきたい。
　委員会では"最後の夢"から話し合う。そうすれば「そんな夢は実現できない」と発言することはなくなり，そのムードは高まっていく。"夢づくり"にムードは極めて大切な要素であり，このムードが夢に対する従業員のワクワク度，ドキドキ度，そしてプライドをもたらし，委員会のムードが組織全体へと自然に伝播し，活性化させる。

（2）　ビジョンのケースワーク
　次にコンサルタントは外部情報を提供する。これは他企業がどんなビジョンを持っているかを伝えることも必要だが，もっと大切なことは，ビジョンが策定された後の企業の姿である。ここにもケースワークを用いるとよい。先ほどの電気メーカ

ーの子会社では次のようなケースを用いた。

ケース名：兄弟の経営

トイボックスの歴史

　トイボックスはおもちゃの天才中村太郎が東京の下町につくった有限会社中村ビニールがその母体である。「ビニール人形」の大ヒットで急成長し，社名をトイボックスと変更した。その後，創業者中村太郎のアイデアをベースとして「少女向け人形，新しいスタイルのすごろくゲーム，ミニチュア自動車」と次々とヒットを飛ばしていく。1970年代には日本でも有数の玩具メーカーとなり，売上も200億円を超えた。1980年代には株式を公開し，一流企業の仲間入りを果たした。

　しかし，この頃からテレビゲームの影響で業績は悪化し始め，ついに90年代に入って創業以来初めての赤字決算となった。これを機に金融機関からの圧力で1994年，長男の一郎が社長へ昇格し，創業者中村太郎は代表権のない会長へ退いた。

2代目社長

　中村一郎は1979年に東京の一流大学を卒業し，トイボックスへ入社した。入社後，勤務のかたわら今でいうMBAスタイルのマネジメントスクールに通い，経営学を学んだ。社長就任当時はトイボックスの子会社の卸の社長を務めていた。子会社の業績回復に大きく貢献し，その経営者としての手腕は期待されていた。

　一郎は社長就任後，思い切った中高年のリストラを実施した。そのうえで全社員に1人1台のパソコンを導入し，報連相をやめ，グループウェア・メールを用いた新しいコミュニケーションスタイルをとった。社内の連絡はすべてグループウェアで行い，上司へのメールは同報で社長へも送るよう義務づけた。社長の元へは毎日数百通のメールが届き，それを毎朝4時に起きて見るというハードな仕事をこなしていた。こういった経営の激変に退職者も続出したが，業績はゆっくりと回復していった。

　1998年の決算では経常利益は25億円を超え，売上も過去最高の500億円に届かん勢いであった。しかし，先代社長の創業者は変わっていく会社の姿にさびしさだけでなく，憤りさえも感じていた。「おもちゃ屋がコンピュータでメールなんて信じられない。何てギスギスした会社なんだ。もっと楽しい会社を作ったはずなのに」

— 1 —

長男更迭

　1999年,「父親が長男更迭」と新聞をにぎわした。大株主である創業者は他株主と相談のうえ,株主総会において一郎社長を解任し,その後の取締役会で自らが代表取締役会長兼社長へと就任した。そして1996年に長男一郎と「兄弟がけんか別れ」する形で退社していた次男二郎を顧問として呼び戻し,2000年に社長へと昇格させた。

　二郎はトイボックス退職後,社員わずか2人のインターネットビジネスの会社を立ち上げていた。しかし資金繰りがうまくいかず,会社は倒産寸前の状態であった。

　二郎が1999年トイボックスに戻ってきて様子を見ているうちに,急速に業績は悪化し,ついに2000年は赤字決算へと戻ってしまった。

　社長に就任した二郎は次々と新しい手を打っていく。まず一郎が作った組織経営をすべてこわすことから着手した。商品カテゴリーごとに11あった玩具のSBUを2つに集約した。商品開発部門のマネジャーは年令を無視して指名し,商品化の決定権をすべて委譲した。長男が重視してきたルール,PDS,権限と責任,会議の進め方などをすべてご破算にした。ラインの社員はまず自社商品で「遊ぶ」ことを義務づけ,その中でもっとも楽しんでいる,そしてうまく遊んでいる社員を重用した。新入社員の採用試験は当社のヒット商品のゲームの勝者とした。

　経営会議は長男の時代には計画・予算の立案,実績チェックであったものを,個別商品ごとにその関係者を集め,アイデアを出す場とした。

　38歳の取締役を作り,マーケティング部門の長も40代前半を抜擢した。人事評価も業績中心からチャレンジ中心,つまり昨日と違うことをやっている人に良い評価をするよう指示した。報酬はこの評価をベースとし,会社の経常利益が目標を上回っている場合は,その1/3を社員へ還元するようにした。

　二郎の社長就任時の社員への話は以下のようなものであった。

　「おもちゃを子供だけでなく大人にも楽しんでもらう。40代以下はアニメを見て育っている。昔の大人とは違う。そのためには子供と大人の生活シーンを意識しろ。自らのアイデアとセンスを生かせ。アニメキャラクターのように他人のふんどしで相撲を取ることは許さない。楽しいおもちゃは自らが楽しいはずで,若き力を生かせ,年寄りは若き力に頼れ」

> **業績回復**
>
> 　トイボックスは2000年からさまざまな大人向けアイデア商品を開発し，次々とヒットを連発，2001年には黒字へと転換した。
> 　この間，二郎は2004年3月期の目標を売上1,000億円と現在の2倍強とし，そのために他社とのアライアンスを進めることとした。
> 　まずは映画会社と共同でアニメ製作会社を設立し，さらにライバル企業との戦略的資本提携を行う。その後，携帯電話コンテンツ会社，コンピュータグラフィック製作会社へ出資，大手玩具小売業との資本提携と次々と手を打っていった。
> 　ラジコン版のミニチュア自動車を開発し，これも大ヒットした。これをラジコン飛行機に，そしてさらにはミニチュア自動車を実際の電気自動車にして公道を走るといったマスコミ受けする商品を拡大していく。
>
> —3—

　このケースで兄弟の経営スタイルについて経営戦略委員会でディスカッションしてもらう。テーマは「自分ならどちらの会社で働きたいか」である。

　そのうえで自社のビジョンという夢の原点をどこに置くかを考える。それはケースで話し合った「どういう会社で働きたいか」と同意である。ミッションに合意さえしていれば，これがバラバラになることはほとんどない。コンサルタントは"夢の議論"がミッションから離れてしまわないよう注意すればよい。

(3)　SWOT分析

　ビジョン作成のツールとしてはさまざまなものがあるが，使い勝手のよいものは，オーソドックス，かつ単純なSWOT分析であろう。単純なだけに委員会のメンバー全員が使いこなせる。

　SWOT分析は競争優位性を保つための戦略策定ツールのイメージがあるが，これをビジョンという"夢づくり"に使用する。

　まずは次のように説明する。

> **SWOT分析の説明**

　企業は出資者が出した"元手"というカネが出発点である。このカネでさまざまなものを調達して事業を開始する。調達するものは小売業でいえば従業員，店舗，商品，運転資金…など。これら調達したものを経営資源という。経営資源はヒト，モノ（商品，設備…），カネ（借入金，資本金，営業キャッシュフロー），情報（ノウハウ，データ，ブランド…）などの形態別に分類することができる。

　調達した経営資源をベースとして事業の仕組みを作り上げる。これをビジネスモデルという。このビジネスモデルに経営資源を投入して事業を行い，新たな経営資源を生み出していく。この事業によって増えた経営資源が付加価値である。

　そう考えると経営資源は次の2つに分けることができる。

・外部調達資源⇒カネで買った経営資源

・内部生産資源⇒自らが生み出した付加価値

　外部調達資源は他社もカネさえあれば同じように買える。しかし内部生産資源は，他社は同じ事業を同じ経営資源でやらない限り生み出せないものであり，カネでは買えないものである。

　SWOT分析では，まず自社の経営資源の強み（Strength）と弱み（Weakness）を，次のような形で挙げ，これを表にまとめていく。

・ヒト，モノ，カネ，情報の形態別に自社が持っている経営資源を挙げる。

・それらを外部調達，内部生産の2つに分ける。

・内部生産を中心に外部調達も含めて（高すぎて他社は買えないようなもの），自社の「強み」となる経営資源を抽出し，「S」の欄に記入する。

・顧客，ライバルなどを考えながら，自社に欠けている経営資源，あったほうがよいもの（特にカネで調達できないものを中心に）を挙げ，「W」の欄に記入する。

　このうち内部生産の強みのことをコアコンピタンス（Core Competence）とよぶ。コアコンピタンスには独自技術，ノウハウ，ブランドなどさまざまなものがあり，「他社にはまねのできない経営資源」である。

　次に経営環境について分析する。これもプラス要因としての「機会」（Opportunity，ビジネスチャンス）と，マイナス要因としての「脅威」（Threat，ビジネスリスク）に分けてそれぞれ「O」，「T」欄に記入する。要素としては顧客，ライバルといったマーケットのほか，景気，規制，税制などの法律，技術動向などさま

ざまなものを対象とする。この機会の中で、もっとも重要なものをコアチャンス（Core Chance）という。

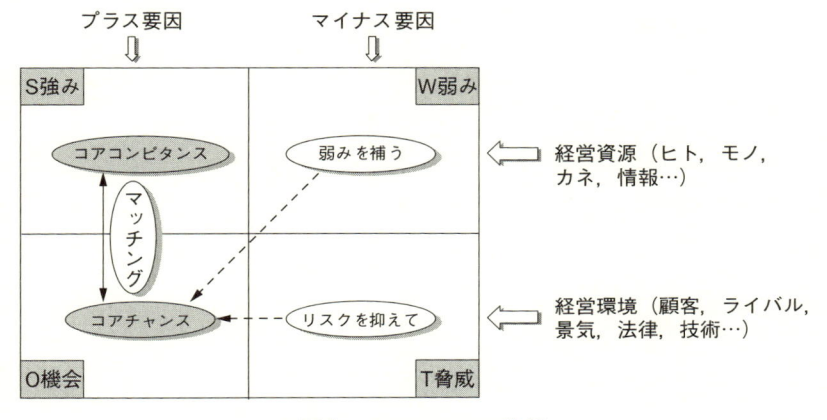

```
         プラス要因      マイナス要因
            ⇩              ⇩
   ┌─────────────────┬─────────────────┐
   │ S強み            │ W弱み            │
   │                  │                  │
   │  ╱コアコンピタンス╲ │  ╱弱みを補う╲     │  ⇐ 経営資源（ヒト，モノ，
   │  ╲              ╱ │  ╲          ╱   │    カネ，情報…）
   │     ↕ マッチング  │                  │
   │  ╱          ╲     │                  │
   │  ╲コアチャンス╱    ←--╱リスクを抑えて╲ │  ⇐ 経営環境（顧客，ライバル，
   │                  │  ╲            ╱  │    景気，法律，技術…）
   │ O機会            │ T脅威            │
   └─────────────────┴─────────────────┘
```

図表 1-3　SWOT 分析

このSWOT分析の表を見て，コアコンピタンスとコアチャンスがマッチングして自社が成功するシーン（Critical Success Factor：主要成功要因：CSFと略す）を考える。

このCSFと先ほどの従業員が考える"夢"を重ね合わせる。これがビジョンである。

このビジョンを実現するためにコアコンピタンスを充実させ，コアチャンスをとらえ，さらには弱みを補い，リスクを抑えていくことが，次の戦略ベクトルの出発点となる。

このSWOT分析～ビジョン作成を委員会のメンバーにやってもらう。コンサルタントとしては次の点が進めるうえでの留意点となる。

● **強みと機会を挙げる**　SWOTではどうしても弱み，脅威が数多く挙がる。コンサルタントは，求めるものがコアコンピタンスとコアチャンスのマッチングのCSFであることをはっきりと示し，強みと機会を挙げることが目的だと言う。場合によっては，強み→機会→コアコンピタンス＆コアチャンス→CSFと進め，それが終わってから弱み，脅威を挙げさせる。

● **顧客から見る**　ライバルに対する強みを考えるのではなく，顧客が自社商品を購入している理由を考えさせる。「なぜ自社商品を買っているのだろうか」。これが

強みの原点である。機会は「買ってもよさそうなのに買っていない顧客を見つけること」と「新たな顧客づくり」を中心に考える。

- **強み，弱みは経営資源** 強み，弱みではどうしても"その結果"を考えてしまう。たとえば「シェアNo.1」といったものである。シェアNo.1を生み出した経営資源を考えさせる。ブランド，販売力，商品性能…。
- **強み，機会に入れる** 強みを挙げていくと，見る角度によって強みとも弱みとも考えられるものがある。これは無条件に強みに入れておく。同様に機会とも脅威とも考えられるのは機会に入れておく。

(4) ビジョンの表示

ビジョンが描けたら，このシーンに到達するためになすべきことを委員会でディ

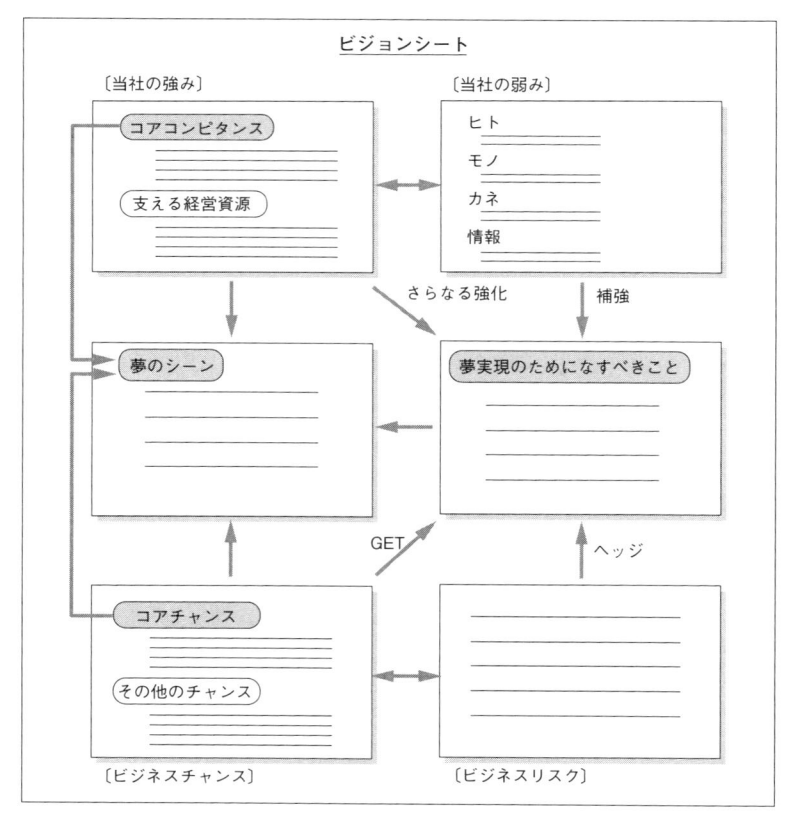

図表1-4　ビジョンシート

スカッションする。コンサルタントはここまでのディスカッション結果を左図のようなシートにまとめる。

2―3　戦略ベクトルのサポート

　ビジョン作成終了後は，これを具体化する経営計画へと進んでいくのだが，ここで「戦略ベクトル作り」というステップを入れる。
　ここでのコンサルティングは次の2つのことを行う。

（1）　投資バランス

①　ポートフォリオ分析とポジショニンググラフ

　戦略ベクトルの"基本"は「企業が持っている経営資源をどこに投入していくか」という資源配分，つまり投資バランスにある。この投資バランスにはポートフォリオ分析という手法が最適である。

　ポートフォリオ（Portfolio）という英語は「紙ばさみ」という意味である（「数多くある要素を『紙ばさみ』で綴じる」という意味）。金融業界で「金融資産の組み合わせを考えてバランスをとる」という意味で広く使われるようになった。その後ボストン・コンサルティング・グループが「商品への投資バランス手法」を考え，これにPPM（Product Portfolio Management）というネーミングをしてブームとなった。これをきっかけとしてポートフォリオ分析は投資バランスという意味で広く使われるようになった。

　ポートフォリオ分析では「綴じられたもの」（「セグメント」と表現する）を「2つの指標で4つに分ける」という形が一般的であるが，近年ではパソコンの表計算ソフトの普及でここにポジショニンググラフというものが広く使われている。これはx軸，y軸，円の大きさを使って3つの指標を同時に表すもので，説得力が高く，コンサルティングにおいてはさまざまなステージで幅広く使われている。

　まずはコンサルタントがポートフォリオ分析およびポジショニンググラフの考え方を，PPMなどを使って説明する。

> **PPMの説明**
> 　PPMにおけるセグメント対象は商品である。PPMではセグメント化された自社商品グループ（事業と表現してもよい）を，次図のようにマーケット成長率と自社シェ

アで4つ（花形商品，金のなる木，問題児，負け犬）に分け，次のようなポジショニンググラフ（横軸が自社シェア，縦軸はマーケット成長率，円の大きさは売上）を書く。

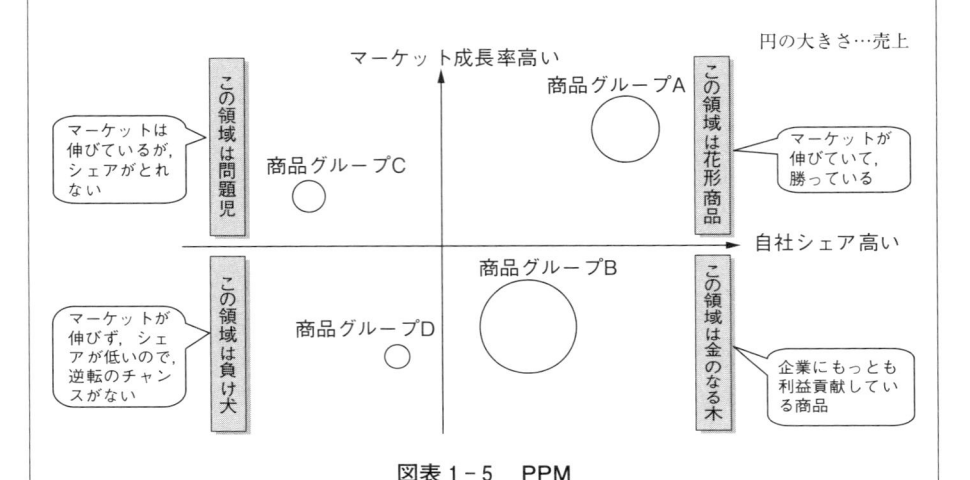

図表1-5　PPM

ポジショニンググラフの"ポジション"という意味は，商品グループAが"花形商品"という"領域"にいることを意味している。

このポジションには"時の経過"とともに自然に働く「重力」というものがあり，この力の"方向"を重力ベクトル（自然ベクトルともいう）という。縦軸のマーケット成長率は，商品が次のようなライフサイクルをとることが多いので，"時の経過"とともにプラスからゼロ，マイナスへと変わっていく。

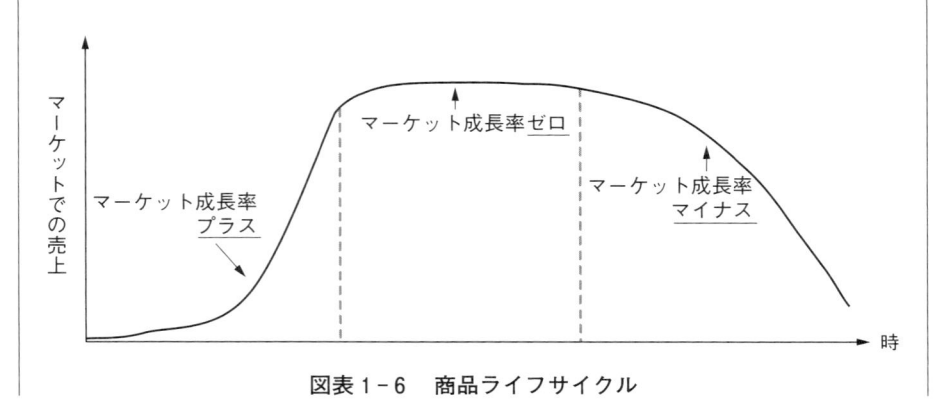

図表1-6　商品ライフサイクル

つまり，重力ベクトルは上のPPMのグラフでは下向き（成長率の低いほうへ向かう）である。

自社シェアは"今が大きい"ほど強い力を持っているので，"時の経過"とともに自然とシェアを伸ばすことができる。つまり横軸（シェア）の重力ベクトルはグラフの右側（花形商品，金のなる木）では右向き，左側（問題児，負け犬）では左向きである。

図表1-5の商品グループAには次のような重力ベクトルが働く。

戦略ベクトルとは「この商品をどちらに動かしたいか」という企業の意思を表している。この意思に経営資源が投入される。

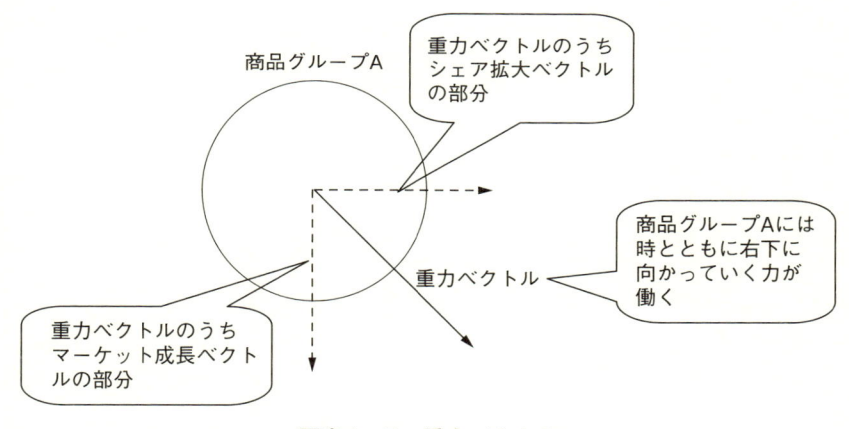

図表1-7　重力ベクトル

（図：商品グループA／重力ベクトルのうちシェア拡大ベクトルの部分／重力ベクトルのうちマーケット成長ベクトルの部分／重力ベクトル／商品グループAには時とともに右下に向かっていく力が働く）

戦略ベクトルを重力ベクトルの方向と合わせれば両ベクトルのシナジー（相乗効果）が生まれる。つまり，商品グループAのシェア拡大と市場飽和（商品が行き渡る＝成長が止まる）という重力ベクトルに，「スピードを上げて一気に売りまくる」という戦略ベクトルを合わせるというものである。

一方，商品グループCのシェア拡大ベクトルはマイナス（シェア縮小）なので，これをプラス（右方向）にしようとしても苦しい。そして時とともに市場の成長は止まり，負け犬の領域へと向かう。だったら「早期撤退もやむなし」というものである。

コンサルタントが説明後，経営戦略委員会のメンバーに自社商品（事業）を対象

にポジショニンググラフを作り，ポートフォリオ分析をやってもらう。

　そのうえでコンサルタントはその対象を"顧客"に変えるようにコンサルティングしていく。

（2） 競争から顧客へ

　戦略ベクトルを競争から顧客へとシフトさせることが"基本"である。

　そのために以下のような説明を経営戦略委員会に行い，これをトップを含めたクライアント全体へ浸透させていく。

① 競争戦略の問題点

　従来の経営戦略のベースとなっているのは競争という考え方である。

　先ほど述べた PPM も競争がそのベースである。縦軸のマーケット成長率はマーケットの「競争度」（伸びているマーケットは競争が激しい），横軸のシェアは当該商品の「競争力」（シェアが高いほど競争力がある）を表している。

　この競争戦略にはいくつかの問題点がある。大きくは次の２点である。

ｉ）一貫性

　コンサルティングにおいて「そもそも論」は大切である。常識と思って使っている言葉や考え方をふり返り，なぜこのようなものが生まれてきたかを知り，よく考え直してみることである。これを私は「そもそも論」と言っている。

　そもそも"戦略"とは"戦争用語"である。戦争大国アメリカでは戦争をシステム（26ページ参照）としてとらえている。戦争システムの構成要素は軍隊，軍事本部，基地の３つであり，そのベクトルを合わせたものである。

　戦争においてもっとも恐ろしいのは軍隊の独走である。人間には本能的に戦闘意欲があり，かつ戦いを始めると冷静さを失う。戦争には目的（大義名分）があり，決して人を殺したり，敵を倒したりすることが目的ではない。しかし，戦っていくうちに軍隊は仲間を敵に殺され，しだいに敵が憎くなり，いつの間にか戦争目的を見失ってしまう。「何のために戦っているのかを忘れ，ただ相手をひたすら倒す」ことを避けるために戦争の戦い方（ベクトル）は軍隊で考えず，戦いをしない，戦っている相手が見えない軍事本部がこれを考える。この冷静な軍事本部が発案する「戦い方」が戦略である。基地は軍事資源である武器，火薬，食糧などを備蓄し，必要に応じて軍隊へ提供する。これをロジスティクスという（このロジスティクス

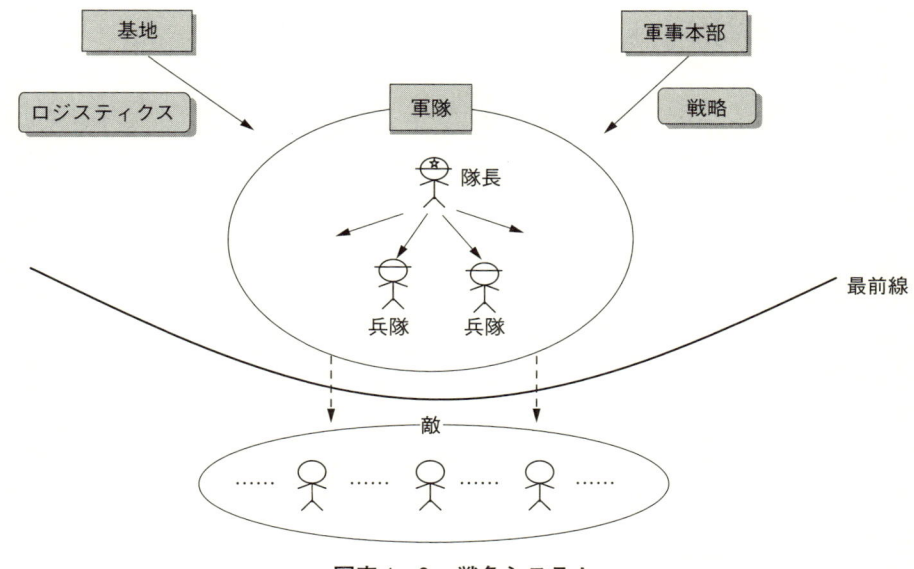

図表1-8　戦争システム

の考え方も在庫管理をはじめとする物流などで広く使われている）。

　アメリカはこの戦争システムを経営に活用してきた。経営（軍事本部）と現場（軍隊）の分離である。

　これが日本へと伝わってきた。しかし日本企業ではいつの間にか軍隊（現場）と軍事本部（経営者）が一体化し，軍隊自身が戦略を考えるようになってしまう。

　経営戦略コンサルティングの対象は軍事本部（経営者）であり，戦略ベクトルは戦争目的（経営目的）との一貫性を保つものである。この経営目的はミッションであり，軍隊（現場）と一体化した日本の軍事本部（経営者）がどうしても見失いがちのものである。ミッションが「ライバル企業に勝つこと」のはずがない。だから戦略ベクトルが「ライバルに勝つ」ことや競争優位性のはずはない。

　コンサルティングにおいて一貫性は大切である。自分が行動するわけではないのに，人の行動をサポートするのである。だから説明能力が強く求められる。ミッション→ビジョン→戦略ベクトル→経営計画という「経営戦略フローの一貫性」が経営戦略コンサルティングの命であり，これを指摘することでコンサルタントの価値は高まる。

ⅱ) 競争戦略の矛盾

競争戦略は，コンサルティングから見ると次のような矛盾を抱えている。
- 業界に数社あるとき「勝つ」のは1社である。残りの数社はすべて「負け」となる。つまり勝つことを経営目標としてしまうと，多くの企業は経営目標を達成できない。
- 仮に「勝った」という結果を生んでも，それが自社の努力の成果だけとはいえない。相手のミス，相手との相対的な力関係に依存している。夢（ビジョン）は自分の努力によって「達成できる」と実感できることが大切である。
- 勝ってしまった後はどうするかである。「勝つ」という夢は「負け」から「勝ち」に変わったときに喜びを感じるもので（「シェア2位から1位になった！」），「勝ち続けなくてはならない」ことは夢ではなく，むしろ苦痛である。

こう考えれば仮にクライアントのミッション，ビジョンが"日本一"，"世界一"という競争志向の戦略ベクトルを持っていたとしても，コンサルタントはその再考を促すべきである。

② 顧客から考える

競争，ライバルに代わって戦略ベクトルの核に置くべきものは顧客である。顧客は企業がもたらす商品によって便益を受ける主体であり，見方を変えれば企業に売上，利益をもたらしてくれる源である。したがって，ミッション，ビジョンも顧客をそのベースとしているものがほとんどである。経営戦略委員会のように冷静に経営戦略を考える場では，自然にここへベクトルを合わせられるはずである。

ライバル企業は敵として，戦う相手として見るのではなく，ライバル企業の商品を購入している顧客はどんなタイプか，なぜ自社商品ではなくライバル商品を購入したのかと考える。価格競争や商品差別化を行うのではなく，顧客の受ける便益と価格は釣り合っているのかと考える。

顧客を戦略ベクトルの核に置くことで，販売，仕入，生産，運営などのライン組織のみならず，経理部門，情報システム部門，人事部門などのスタッフが同一のベクトルで考えていくことができる。この社内ベクトルが経営戦略であり，これによって企業は26ページで述べたシステムとなる。

（3） 顧客ポートフォリオ分析の例

したがって，経営戦略委員会では戦略ベクトルを考えるために，（1）で述べたポートフォリオ分析を顧客対象に行う。

下図は消費財メーカーでポジショニンググラフを作成したものである。顧客をチャイルド，ヤング，主婦，中年サラリーマン，シルバーとセグメント化（これがポートフォリオ。紙ばさみで複数顧客を"シルバー"として綴じる）し，縦軸，横軸をそれぞれ売上，リピート率，円の大きさを潜在的顧客数（当社商品を買う可能性のある顧客の総数。257ページのポテンシャルパイ）として作成している。ポジションはロイヤルカスタマー，ファン，マジョリティ，ゲストという4領域に区分している。

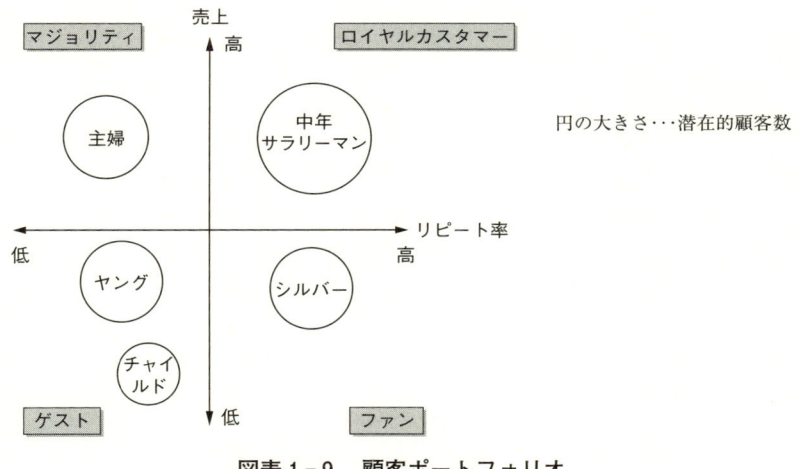

図表1-9　顧客ポートフォリオ

そのうえで重力ベクトル（シルバーは円の大きさが大きなっていく…）をとらえ，戦略ベクトル（新しいシルバー客を獲得して売上を伸ばす…）を考える。

この戦略ベクトルを具体化するために，必要に応じて商品，組織などについてもポートフォリオ分析を行う。

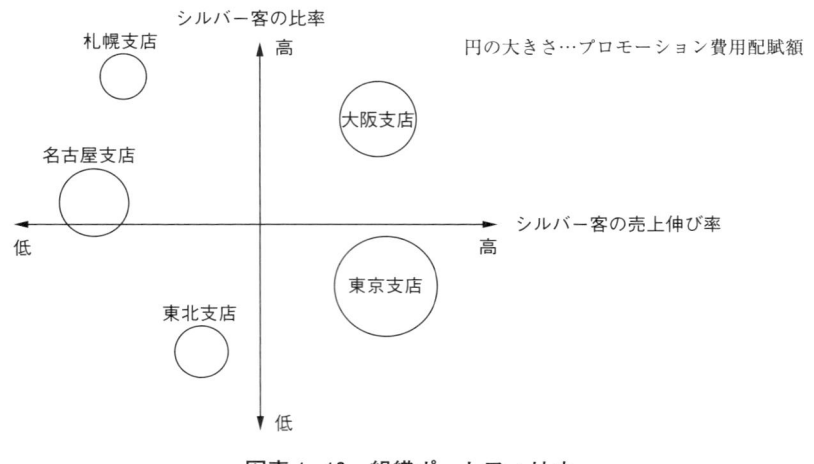

```
        シルバー客の比率
札幌支店      ↑
  ○         高       円の大きさ…プロモーション費用配賦額

              大阪支店
名古屋支店      ○
  ○
─────────────────→ シルバー客の売上伸び率
  低                        高
              東京支店
    東北支店    ○
      ○
              ↓
              低
```

図表1-10　組織ポートフォリオ

2―4　経営計画サポート

　戦略ベクトルが確定すると，最終的には経営計画としてまとめられる。経営計画作成は経営戦略委員会のようなテンポラリー組織ではなく，その後の計画フォローもあるので固定組織にて行う。経営企画室などの経営スタッフである。これに該当する組織がクライアントになければ，兼任でも構わないのでコンサルタントはこれを要求する。

　この計画書作成においてコンサルティングすべきポイントは経営目標の設定，目標の配賦，評価方法の3点である。

(1)　経営目標の設定

　「何を経営目標とするか」が経営計画の最大テーマといってよい。戦略ベクトルの対象は顧客であるので，コンサルタントは当然のこととして，いわゆる"顧客満足度"をその経営目標として提案する。

　一般に考えられている顧客満足度の論理は，顧客満足度を上げることで競争力が高まり，自社の収益が向上するというものである。しかしこれでは"収益"が経営目標となってしまう。顧客満足度を収益向上の手段ではなく，それ自体を経営目標とする。短期的に収益を上げても，顧客満足度が低ければその収益自体に意味がないということである。

まずこれをトップを含めたクライアントの全員に合意してもらう。特に従来収益ゲットを目標にしてきた販売部門，セールスマネジャーの合意は必須である。

経営目標（顧客満足度）は2つの意味を持っている。1つは企業内部のための目標である。仕事をするうえでの"目的"を数字で表したものといってもよい。

もう1つは外部のための目標である。企業としての目標を株主，社会などの外部ステークホルダーに約束し，その結果を測定するというものである。

この2つに分けてコンサルティングを進めていく。

① 内部目標

顧客満足度を目標として考えたとき，大きな課題がある。それは満足度という人間の"気持ち"をどうやって表現するかである。

この課題は「顧客満足度を目標（内部目標）とする」とトップが意思決定さえすれば，後で述べる外部目標とは異なり，それほど解決が困難なものではない。コンサルタントが元となる顧客満足度の表現モデルを提案し，それをクライアントとともに加工すればよい。そのうえでそのモデルをクライアントが使い，その結果「納得がいかない」「実態に合っていない」という意見が出れば，「ではどう変えればよいのか」という議論をすればよい。「やらなければ始まらないし，やれば前へ進む」。これがコンサルティングの基本である。

顧客満足度の表現モデルは企業が提供する商品によって異なるが，ここでは消費財メーカーを例として考えてみる。他の企業についても原理・原則は同じである。

ⅰ）商品価値を定義する

$$商品価値 = \frac{商品機能}{販売価格}$$

商品機能とは商品から顧客が受ける便益，効用，メリットを表すものである。同じ商品機能であれば，価格が安いほど商品価値が高い。

ⅱ）商品機能を分解する

$$商品機能 = 設計仕様 \times 品質$$

設計仕様とはこの商品を「このように作ろう」とメーカーが設計したものであり，おいしさ，成分，重さ，健康寄与度…といった複数の設計項目からなる。これらは数字で表す必要がある。

「数字に表せないものがある」という人がいるが，数字に表せないものはない。

「おいしさ」という"気持ち"も「すごくおいしい⇒5」「おいしい⇒4」「ふつう⇒3」「あまりおいしくない⇒2」「まずい⇒1」とすれば「数字」となる（これを数量化という）。むろん「実態」（「おいしさ」）を，その数字が的確に表現しているかは別である。しかし何とか数字に表して，その数字が実態に合うように数字を調整していくしか方法はない。

品質とは「商品がどれくらい設計仕様どおりに作られているか」というもので，これも数字で表す。この数字は品質検査をしていれば，統計学で数字に表される。これを統計的品質管理という。

iii）顧客満足度を定義する

$$各顧客の満足度 = \frac{商品価値}{絶対満足} = \frac{設計仕様}{絶対満足} \times \frac{品質}{販売価格}$$

$$各商品の顧客満足度 = \Sigma 各顧客の満足度 / 顧客数 = 各顧客の満足度の平均値$$

満足「度」というくらいなので，一人ひとりの顧客に絶対満足（商品に100点満点をつける状態）というものがあるはずだ。

絶対満足を構成する項目は，設計仕様がこれに合わせているはずであり，先ほどの「おいしさ，成分，重さ，健康寄与度…」と同じになる。この項目設定については第5章マーケティングコンサルティングで述べる。

商品価値を絶対満足で割ったものが，その顧客の満足度である。各商品の顧客満足度は対象顧客の平均値として表される。

iv）顧客満足度の予測

上記の手続きから経営計画対象期間の自社商品の顧客満足度を予測する（まだ売っていないので満足度は生まれていない）。予測の考え方については251ページで述べる。

v）顧客満足度を高めるには

そのうえで，どうやったら顧客満足度が高まるかを皆で考える。マーケティング部門は絶対満足の項目を調査し，商品開発部門は設計仕様を絶対満足に近づける方策を，生産部門は品質を高め，コストを下げ，販売サイドはこれによって販売価格を下げることを考える。これが戦略であり，それを具体的に表したものが経営計画である。こうすることでその戦略をとる意味をマーケティング，開発，生産，販売といった各部門が合意し，クライアントは企業全体として顧客満足度という1つの

ベクトルに向かうことになる。すなわち経営のシステム化である。

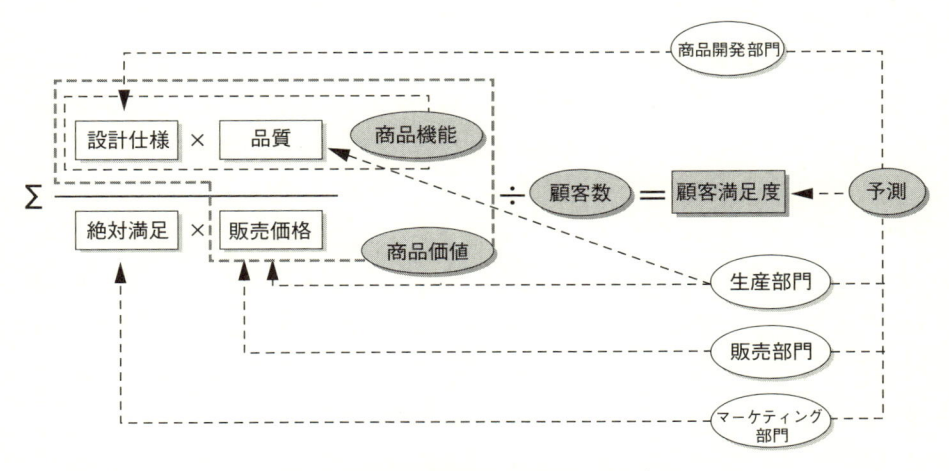

図表 1-11　顧客満足度を高めるパラダイム

この顧客満足度の定義は，この後で述べるテーマコンサルティングのさまざまな局面で指標として利用する。

② 外部に約束する目標

経営計画の目標には，もう1つ株主などの外部ステークホルダーに対して「約束する」という意味がある。この約束目標として上記の顧客満足度を直接的に使うのは不適切といえる。

経営計画の約束目標（外部目標）には次のような要件が求められる。

(a) 結果の測り方が他企業と同じであり，誰が測っても同じ結果になること
(b) 約束する外部（株主，社会など）にこの目標が達成されることでリターンがあること
(c) 内部目標と整合性がとれていること
(d) 経営者を含む従業員がその目標に合意できること

ここでコンサルタントは外部目標に「利益」という計算値を選択する。

(a) の要件は，①で定義した顧客満足度（測り方が世の中で標準化されていない）とは異なり，利益は社会的に決められた企業会計ルールに則って計算するものである。

(b) の要件は，利益は配当（株主へ），税金（社会へ）に連動している。

（ｃ）の要件から「内部目標としての顧客満足度」と「外部約束目標としての利益」の整合性がとれていることが求められる。これに関しては，昨日の自社の商品に満足してくれた顧客が，もう一度顧客になってくれることで今日の自社に利益をもたらすと考える。顧客満足度が明日のもの，つまり先行指標なら，顧客満足度の遅行指標（結果が一定時間おいて現れる指標のこと）として利益をとらえる。利益は過去の顧客満足度である。企業内部から見れば顧客満足度を上げるために"打った手"を"利益"という結果で検証すると考える。

　（ｄ）の要件は（ｃ）の「顧客満足度を高めれば利益が上がること」を全従業員が合意することであり，かつ「利益を上げれば経営者を含めた従業員の給与も上がる仕組み」づくりをすればよい。こうすれば利益という目標を自らの給与として実感できる。この仕組みが21ページで述べた付加価値会計である。

　顧客満足度と利益の関係をはっきりさせることで「戦略ベクトルの顧客志向＝利益志向」となることが理論的に裏づけされる。そして「企業が儲けるのは悪。それは社会から益を搾取するものだ」という古典的経済学の時代から言われてきた「利益志向に対する反論」を封じ，経営者，従業員がプライドを持って，堂々と「利益目標」を達成していく努力ができる。

（2）　目標の配賦

①　予算システム

　外部に約束する経営目標である利益は，各部門，各従業員へ配賦される。ここにはそれぞれが自らの配賦目標を達成したとき，企業が自ずと経営目標を達成する仕組みづくりが必要である。これが予算（budget）という「システム」である。

　多くの企業はこの予算システムを取り入れながら，その意味が従業員に（場合によっては経営者にさえも）よく理解されず，むしろ弊害をもたらしていることが多い。

　予算とは「予め計算する」という意味であり，ノルマ（必達）や単純な希望目標（何とかがんばります）とは異なり，目標を計画し，コントロールし，評価していく完成されたマネジメントシステムである。この予算システムの意味をコンサルタントはきちんと説明する必要がある。

②　限界利益の意味

利益を約束目標とした予算システムを考えるとき，どうしても理解しなくてはならないのが限界利益という考え方である。

　そもそも限界とは経済学で生まれた言葉で，「1単位増えると」という意味である。だから限界利益とは「今の状態から販売が1単位増えたときに，"増える利益"」となる。たとえば魚屋であれば，「イワシが今もう1匹売れたら，いくら利益が増えるか」というもので，多くの場合1単位（1匹）当たりの粗利（「販売価格－原価」。商品を80円で買って100円で売れば20円の粗利）と一致する。

　しかし，多くの企業ではいろいろな商品を売っており，商品によって限界利益は異なる。そのため1単位という概念はとらえづらい。そこで「1円売上が増えたら，いくら利益が増えるか」（これを限界利益率という）を考える。先ほどの魚屋でいえば100円売って20円儲かるので，限界利益率は0.2円である。1円売上が増えれば0.2円利益が増える。

　この魚屋で1ヵ月の経費（商品原価以外にかかるカネ。家賃，人件費，水道光熱費など）が40万円かかるときに，月にいくら売れれば収支トントンになるだろう。

　1円売ると0.2円利益が出るので，40万円÷0.2＝200万円となる。月200万円の売上で収支トントンである。

　来月の目標利益を20万円とすると，さらに20万円÷0.2＝100万円の売上が必要となる。つまり計300万円の売上が上がれば利益は20万円となる。

　これを式で表すと次のようになる。

（目標利益＋経費）÷限界利益率＝目標売上

　この式は目標利益を目標売上に変えている。これを使えば企業が外部と約束する目標利益を，現場でコントロールしやすい目標売上に変えることができる。現場では20万円の利益を目指すといっても実感がない。しかし300万円の売上を目指すとなれば，日々目標達成の進捗度がわかる。

　クライアントが限界利益の意味を理解できれば，目標配賦，つまり予算立案のステップが理解できる。

③　目標配賦のステップ

　次のようなステップで，目標利益を目標売上として現場へ配賦していくようコンサルティングする。

ⅰ）目標利益の設定

　経営者が株主など外部と約束する目標利益を設定し，その合意を得る。

ⅱ）経費見積

　予算立案期間（1年や半年単位で考えることが多い）に発生する経費（正確には固定費*4という表現になるが，企業会計でいう販売費・一般管理費と考えてあまり問題はない）を見積る。

ⅲ）限界利益率の設定

　商品別，部門別などの原価（正確には変動費*4だが，これも企業会計でいう売上原価と考えて問題ない）を見積り，販売価格ラインを想定して，限界利益率を設定する。

　　　限界利益率＝（平均販売価格－平均原価）÷平均販売価格

　限界利益率が大きく異なる商品を持っている企業は，近い商品をセグメント化して（41ページ参照）予算システムを適用する。つまりセグメントごとに"別企業"として目標利益，経費見積をして以降の設定を進めていく。この"別企業"を一般にSBU*5，事業部，こうした仕組みを独立採算制，カンパニー制などというが，本書ではこれをユニットと表現する。ユニット別予算システムの進め方については116ページで述べる。

*4　売上に関係なく発生する費用を固定費，売上と比例して発生する費用を変動費という。
*5　Strategic Business Unit：戦略事業単位

ⅳ）目標売上

　「（目標利益＋経費）÷限界利益率」で企業全体としての目標売上を計算する。

ⅴ）売上配賦

　目標売上を販売部門の各アカウント*6に配賦する。これには2つの基準がある。1つはそのアカウントに配賦された経営資源（ヒト，モノ，カネ）に応じて行うものである。販売会社などではセールスマンの人数比を使うことが多い（このときパーヘッド配賦という）。2つ目はアカウントが地域のとき（支店など）に行われるもので，その地域が持っているポテンシャルパイ（256ページのエリアマーケティング参照）の大きさで配賦するものである。

*6　収益単位ともいう。売上を集計していく単位のこと。支店，営業所，部，課，グループなどがこれにあたる。このアカウントの責任者をアカウントマネジャーという。

vi）売上予測

しかしこのままでは，現場から見ると「天から降ってきた」ような目標となってしまう。

一方で販売部門の各アカウントがセールスマン別，商品別，顧客別といった単位で，どれくらいの売上になりそうか，つまり販売予測を行う。このとき，限界利益率や経費は固定のものとして予測する。そのうえで各アカウントの予測を積み上げ，企業全体としての売上予測を出す。

vii）予算調整

多くの場合，目標売上＞売上予測となり，これがイコールとなるように経営者，アカウントマネジャーおよび各部門のリーダーが調整を行う。価格を変えたら，原価を変えたら，経費を変えたら，担当顧客を変えたら…。ここに使われるのが96ページで述べる利益シミュレーションである。

viii）予算確定

目標売上＝売上予測となると予算は確定され，その結果として売上予算，原価予算，経費予算などがアウトプットされ，これが各部門の目標となる。

販売部門（アカウント）は約束された販売価格とプロモーション経費予算のもとで目標売上を達成し，生産部門（サービス業ならオペレーション部門，流通業なら購買部門…）は原価予算内で生産（オペレーション，購買）し，スタッフは経費を予算内に抑えるコントロールをする。全従業員がそれぞれ自らの予算を達成することで，目標利益が達成される。これが予算とよばれるシステム（各要素のベクトルが合った状態）である。

これをフローで表すと次図のようになる。

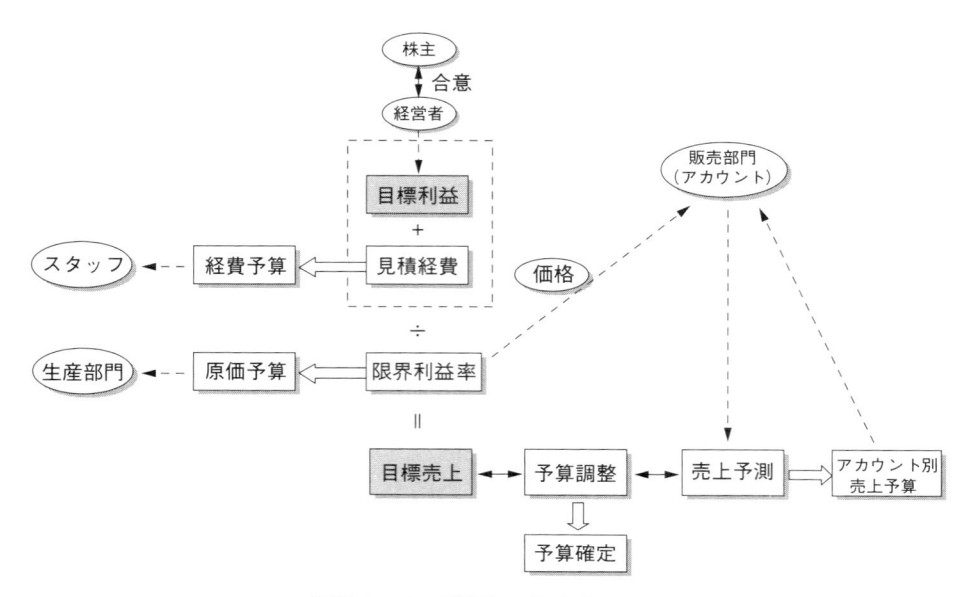

図表 1-12　予算システムのフロー

(3) 目標の評価
① 評価の意味

　経営計画でコンサルティングすべき3つ目のポイントは"目標に対する評価"である。多くの企業では，評価のやり方を誤解している。これを理解してもらうのがコンサルティングの基本である。

　評価とは予算を立て，その結果（実算という）が生まれてからの行動である。

　たとえば，ある企業の営業一課で，当期の売上予算が10億円（前期実算9億円）で，期末が近づいているのに実算が未だ9億円のときを考える。予算を理解していない企業では，この営業一課長ががんばって何とか10億円に仕上げようとする。極端にいえば，来期の売上を先食いして（いわゆる「期末駆け込み」とよばれるもの）でも，10億円に仕上げてしまう。これで企業全体の目標利益を達成させてしまう。利益で昨日の顧客満足度を測っているはずなのに，それを粉飾してしまう。51ページで述べた，利益の「結果を誰が測っても同じ数字になること」という要件を損ねてしまう。

　経営者としてはうすうすそれに気づきながらも，「株主との約束」を今期果たし

てしまうので，来期の目標利益をさらに上げざるを得ない。そのためこの営業一課の来期の売上予算は11億円にせざるを得ない。実際は前期9億円，今期9億円の実算なので来期も9億円がその実力（顧客満足度）であり，今期1億円先食いしてしまったので，目標としては8億円が妥当なのかもしれない。それでも来期この営業一課は無理して，がんばって11億円の実算にし，再来期の売上を先食いしてしまう。

こんなことをやっていれば，破綻してしまうのが普通である。しかし企業の成長期では，「予想以上の成長」という追い風がすべてを消してしまうこともある。そしていつの日かこの風が来ることを期待するようになり，風がいつまでも来なければ企業は破綻する。

企業にいて，毎日目標達成を目指して仕事をしていると気がつかないことがある。これを外部にいるコンサルタントが指摘する。これがコンサルティングの基本である。

② 評価のやり方

マネジメントは PDS（PLAN-DO-SEE。計画—実行—評価）で表現され，評価は SEE にあたる。SEE は次の2つに分かれ，前者は CHECK，後者は ACTION と表現される。このとき PDS は PDCA とよばれる。

予算システムにおける評価では，この CHECK&ACTION を冷静に行うだけのことである。

- **差異分析（CHECK）** 予算（PLAN）と実算（DO）の差異を冷静に分析し，その違いを上位権限者（経営者でいえば株主，リーダーでいえば経営者）へ報告すること（これをアカウンタビリティという。詳細は127ページ参照）。

   差異分析では予算と実算に違いがあったとき，実算だけでなく予算も併せて見る。もし結果が出た今でも，「計画時点に戻ってもう一度予算を立てろといわれても同じ予算を立てる」と思うのであれば，実算の問題点を分析する。「予算を変えたほうがよかった」（売上予測だけでなく，そのバックボーンとなる経費見積，販売価格設定，原価見積…）と思う点があれば，予算の問題点を分析する。

- **次の計画に生かす（ACTION）** 差異分析が終わったら，「うまくいかなかったことをよく反省する」のではなく，次の予算（計画）に生かすことを考える。

   先ほどの予算10億円で実算9億円のとき，実算ばかりを見つめ「どうしてがん

ばらなかったんだ。どうして達成できなかったんだ」とリーダーやセールスマンを犯罪者のように追い詰めていかない。

このとき，「予算10億円」を反省し，「予算を立てるときにどうして9億円と考えなかったのか」「何が見込み違いか」「来期はいくらと考えるべきか」「売上が伸びなくても利益を生む方法はないか」…と考えていく。

これが予算システムの意味であり，コンサルティングを通して企業全体に浸透させていく。

3 経営者養成コンサルティング

3−1　経営者養成コンサルティングのコンセプト

経営戦略立案サポートのもう1つのパターンは，戦略立案そのものではなく，それを担いうる人材を養成する「経営者養成コンサルティング」である。

経営戦略コンサルティングに対しては，クライアントの心の中に「自社の大切な経営戦略を外部に作らせるのか」という"ためらい"，もっといえば反発がある。それに比べ人材育成に対する社内の反発（「教育は自社でやるべき」）は少ない。コンサルタントから見れば直接的な経営戦略立案サポートよりも受注しやすい案件といえる。

ただし，一般に行われている経営者養成セミナーとは以下の点で異なる。

① 経営者選定

企業内ですでに次期の経営者が決まっていることはあまりない。あるタイミングで経営者を選定し，彼がすぐにその任にあたることがほとんどである。

ここには2つの問題がある。

・経営という仕事をやらずに，経営者としての適性を評価することが難しい。現状の仕事（経営という仕事ではなく）でそれを評価するのは危険であり，フェアではない。

・そもそも経営者としての適性を誰が評価するのか。現在の上司（経営者の1人のことが多い）が評価するのでは問題があり，だからといって他の経営者には評価できない。

これを解決するために，経営者養成コンサルティングではポテンシャル能力評価

（経営者としての潜在的能力を見るという意味）を行う。1次評価の主体はこのコンサルティングの実施者であるコンサルタントであり，これを参考にして現経営者たちが最終評価を行う。つまりこのコンサルティングに「経営者候補（これは決まっていることが多い）の中から経営者を選定する」というテーマを入れる。

　そう考えると個人のキャリアアップともいえるので，この経営者養成コンサルティングを勤務時間外に自己啓発（155ページ参照）としてやるのも1つの考え方である。この場合，経営塾，経営者養成塾という名前をつけることが多い。勤務時間内に行うものは経営カレッジ，ビジネススクールといった名前が多い。以降，本書は経営塾という名前で統一する。

② 外部情報の収集

　経営戦略を考えるには顧客，取引先，同業者などに関する外部情報が不可欠である。経営戦略コンサルティングを請け負ったコンサルタントに，これらの外部情報を提供することが求められる。しかし，ここにはいくつかの問題がある。

　もしコンサルタントがクライアントが求める必要な情報を持っていないとき，それを調査，収集するのに膨大なパワーがかかり，その結果膨大なコンサルティングフィー（料金）となってしまうことが多い。

　一方，コンサルタントがクライアントの必要とする外部情報を持っているときでも，それが一般論ではなく"価値のある情報"であればあるほど，コンサルティングを通して得たナマの情報であり，守秘義務上渡せないものも少なからずある。

　解決策はクライアント自身がこれを収集していくことである。しかしクライアントは何をどう収集してよいかわからない。だから情報収集という仕事をコンサルティングする。そのため経営塾にはベンチマーキングというメニューを加える。

③ マネジメント体制

　新しい経営者には新しいマネジメント体制が必要である。経営者養成コンサルティングを依頼するクライアントは，現場の実務遂行能力は高いが，今一つそれが生かされていないというケースがほとんどである。つまりマネジメント体制も弱いことが多い。経営者を育成してもマネジメントがついてこなければ意味がない。そのためマネジメントを担当するリーダー，マネジャーの養成も併せて提案する。

　これを自己啓発と考えるかは企業の判断である。自己啓発であればリーダー塾，マネジャー塾，勤務時間内であればマネジメントカレッジ，ビジネススクールとい

う名称が一般的である。以降，本書はリーダー塾という名称で統一する。リーダー塾は経営塾とほとんど同じ内容で，少し濃淡を変えて（「マネジメントの部分を厚く」など）実施すればよい。そのため本書ではこの内容を割愛する。

この経営塾，リーダー塾をコンサルティング商品として見ると，経営戦略立案サポートという商品の前段階ともいえる。経営者養成コンサルティング（リーダー塾も含めて）で経営戦略委員会のメンバーを選定し，このメンバーに対して経営戦略立案サポートをコンサルティングしていくものである。

こうすればコンサルタントから見て受注しやすいだけでなく，自らの選んだ経営者，リーダー（コンサルタントの"教え子"的な感じがある）が経営戦略委員会のメンバーであり，スムーズに進めることができる。そしてまわりの「経営戦略委員会なんて"お遊び"だろう。大したものは作れない」という意見に対しても，これから述べる経営塾のアウトプットを見せることで，"彼らの実力"を本来の戦略立案前に示すことができる。

3－2　経営塾のフレームワーク
（1）　サイズ
①　塾の実施期間
後で述べるセミナーのボリューム，ベンチマーキング期間という実施側の事情，およびクライアントの人事異動サイクル（年1回の定期異動をベースとすることが多い）を考えると，6ヵ月〜10ヵ月くらいが妥当といえる。

②　塾生の人数
後で述べるディスカッション，ベンチマーキング，コストパフォーマンス（1人当たりの費用）を考えると10〜20名が妥当である。対象人数が多くいるときは，並行していくつかのチームの塾が走る形も考えられるが，プライオリティ（誰を先に受講させるか）を決めて，第1期生，第2期生という形で進めていくことが普通である。受講生のプライオリティについてはクライアントが決めるのが原則であるが，場合によっては後で述べる事前レポートによってクライアントとコンサルタントが相談して選定してもよい。

（2） 運営体制
次の3つの部分からなる。

① 塾長
経営塾の責任者である。塾をスムーズに進めるために，塾長はコンサルタントではなくクライアント内で選定する。経営者選定を前面に出していくならトップ，経営者養成を前面に出すなら人事担当役員がノーマルである。

塾生にこの塾が仕事の片手間ではなく，企業が「本気でやっている」ことを伝えるのがこの塾長人事である。

② コンサルタント側
コンサルタント側は講師1人とオペレーションスタッフ（裏方仕事といってよい。塾生と接しない部分の仕事を担当する）数名というのがノーマルである。ただし，コンサルタントにどうしても苦手分野があるときは，これを補うゲスト講師などを準備してもよい。

コンサルタント側の担う役割は次のようなことである。
・塾全体の企画，運営責任
・塾のすべてのコンテンツの作成，指導，実施
・塾におけるディスカッション，プレゼンテーション，調査などのコーディネーター兼ヘルプデスク（困ったときの相談窓口）
・ポテンシャル能力評価の第1次評価者

③ 事務局
クライアント側に事務局を設定してもらう。事務局は次のような「企業内の調整」を担当する。
・塾生の窓口（募集，応募，レポート窓口…）
・日程調整
・セミナー場所および必要機材の確保
・経営者とのインタフェース（プレゼンテーション，問い合わせ回答…）

事務局のメンバーは通常のセミナーオペレーションに慣れた人材育成部門の担当者などが望ましい。

(3) フロー

経営塾は次のようなフローにて進めていく。

```
              ┌─────────┐
              │ 知識確認 │ 〔個人学習〕
              └────┬────┘
         ┌─オリエンテーション─┐
         ↓                    ↓
〔集合学習〕セミナー    ベンチマーキング 〔グループ学習〕
         └──────┬─────────────┘
                ↓
         ポテンシャル能力評価
         ─ ─ ─ ─ ─ ─ ─ ─ ─ ─
           経営戦略委員会
                ⋮
```

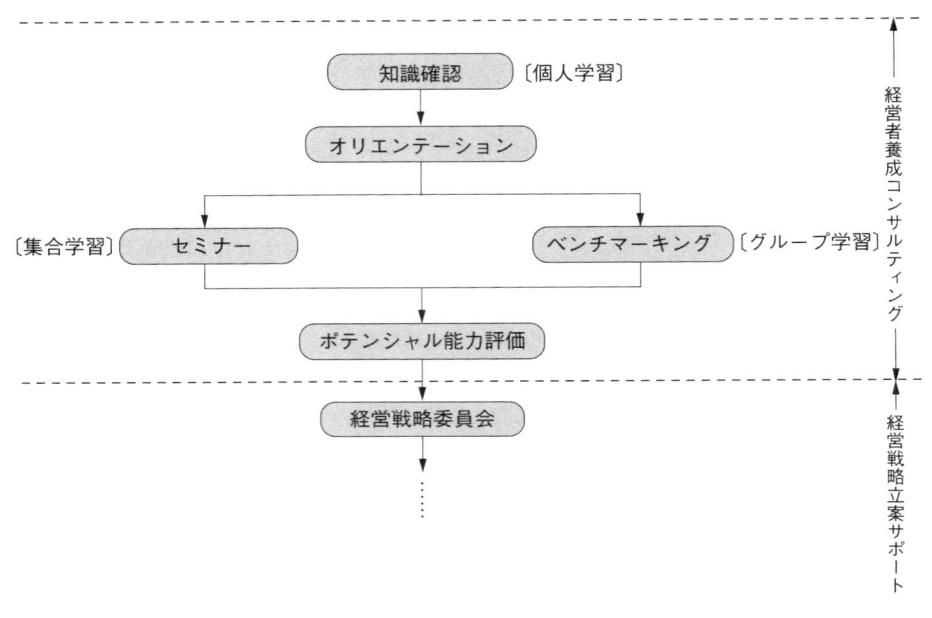

（右側）経営者養成コンサルティング ／ 経営戦略立案サポート

図表1-13　経営塾のフロー

3—3　経営塾の実施項目

(1)　知識確認

塾をスムーズに進めていくためには，塾生が「最低限の知識」を持っていることが求められる。この「最低限の知識」をコンサルタントが提示し，この習得（個人学習）を入塾条件とする。

「最低限の知識」のベースとなるものとしては，中小企業診断士1次試験やMBAなどのコンテンツも考えられるが，ともに難がある。前者は経営者に必要な実践的知識に確かに近いが，その目的は「中小企業の診断」であり，「経営者養成」とは異なる。そのためややズレがある。後者は目的にフィットしているが，その知識コンテンツがコンサルタントでは手に入れづらい。

結論をいえば，コンサルタントが経営者になるための「最低限の知識」を「経営塾の教科書」としてまとめることである。私はこの「経営塾の教科書」としてナレ

ッジシリーズという本を書いた。『会社のナレッジ』，『経理のナレッジ』，『マーケティングのナレッジ』，『ITのナレッジ』，『流通のナレッジ』，『生産のナレッジ』，『経済のナレッジ』，『法律のナレッジ』という8冊である。参考にしてほしい。

　入塾の条件として，コンサルタントが作成した"教科書"をテキストとして学習し，指定するレポートをメール添付で提出させる。いわゆる通信教育である。このレポートをコンサルタントが採点し，合格点に達しない場合は再レポートを要求する。

　たとえば次のようなものである。この例は全20問で合格基準は70点である。

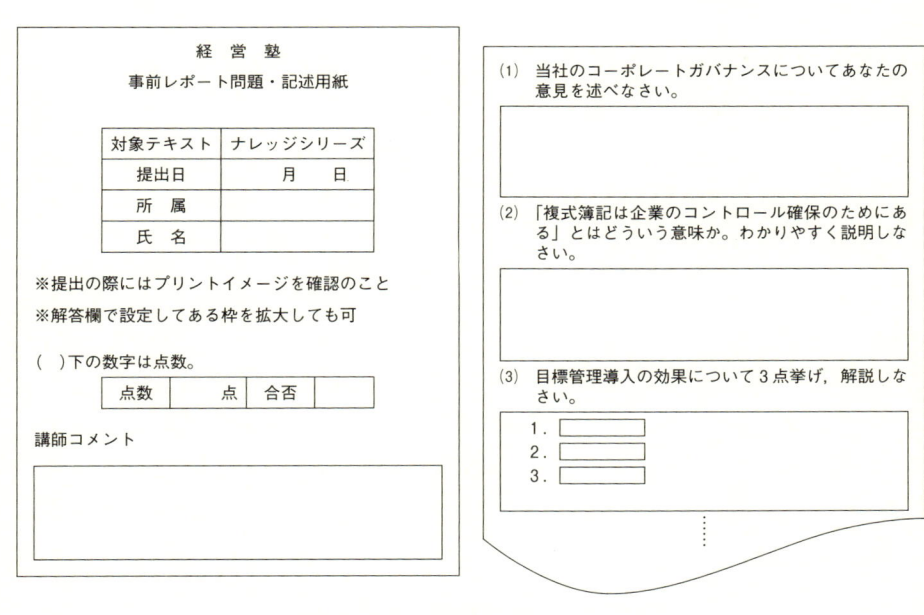

図表1-14　知識確認レポートの例

　合否判定による知識確認だけでなく，このレポートから塾生の知識のバラツキ，知識習得意欲，ドキュメンテーション能力，さらには設問の仕方によっては経営に対する現在の見方などがよくわかる。これをポテンシャル能力評価にも生かす。

（2）オリエンテーション

　塾生が確定したら，経営塾についてのオリエンテーションを行う。コンサルタントから見ると，塾のムード形成という意味で極めて大切なイベントである。そして

そのイベントの主役は何といっても塾長である。

　塾長には次のような内容を話してもらう。
・経営塾の目的……"経営者養成"と"選定"にあること
・塾生を選定した理由……次期経営者候補として期待していること
・ポテンシャル能力評価の実施……経営者選定のためにやること。コンサルタントが1次評価者，現経営者が最終評価者になること
・塾終了後……選抜された人が経営戦略委員会のメンバーになること

　そのうえで事務局から運営上の注意事項を伝える。たとえば次のようなことである。
・遅刻，欠席の取扱い（レポートで代替するというのが一般的）
・受講中の注意事項（仕事の連絡は不可…）
・レポート，評価のやりとり（メール添付が一般的）
・コンサルタントの紹介（できればコンサルタントを選んだ理由も）

　オリエンテーションでコンサルタントがやるべきことは何もない。

（3）　セミナー
①　内容

　コンサルティングフィー（塾の実施時間にチャージするのが普通），クライアントの業種・業態，企業サイズなどによって異なるが，以下のような数回のフェーズに分けて，1回当たり1泊2日もしくは通いの2日程度（休憩時間を除いたネットの時間で14時間～17時間／回）で実施する。

　各フェーズを見ればわかると思うが，このセミナーのコンテンツ（内容）はほとんどが本書で述べるテーマコンサルティングの内容と一致している。テーマコンサルティングの「そもそも論」，原理・原則をベースとしてコンテンツを組み立てていけばよい。

　（1）の知識確認テーマはこの内容項目と一致させる。見方を変えるとこのセミナーをスムーズに進めるために事前学習を通信教育で行うと考えてもよい。

　セミナーの会合数を減らす場合は次のような形が一般的である。
・No.1を圧縮して，No.2，No.3，No.4のいずれかと合体する
・No.5を圧縮して，No.6またはNo.2に合体する

No.	フェーズ	テーマ
1	会社論	・会社法を含めたコンプライアンス ・コーポレートガバナンス,CSR,PR ・会社分割,経営統合,M&A,倒産
2	経営戦略論	・経営戦略フロー ・戦略パターン ・SWOT分析,ポートフォリオ分析
3	アカウンティング&ファイナンス	・税務会計,財務会計,管理会計 ・B/S,P/Lの見方 ・キャッシュフローと利益計画 ・株価と企業価値
4	人事・組織論	・採用,人材育成,退職 ・組織構造論 ・人事マネジメント論
5	オペレーション論	(クライアント企業のライン業務によって異なる。以下は流通業の例) ・流通に関する法律(独禁法…)と日本的流通構造 ・商流(店舗システムなど) ・物流(物流ネットワーク,倉庫と配送,SCM) ・流通情報システム
6	マーケティング論	・競争マーケティング,カスタマーマーケティング,アライアンスマーケティング ・マーケティングミックス ・マーケティングオペレーション
7	IT	・ITの基礎(コンピュータ,データベース,ネットワーク) ・情報システム論 ・インターネットとユビキタス ・ITによるコミュニケーションの変化

図表1-15 セミナー例

・No.7を分割して,No.1〜No.6の各フェーズに入れる

② 手法

各フェーズはレクチャー,グループディスカッション,ケースワーク,レポート作成の4つの要素からなる。

ⅰ)レクチャー

レクチャーはフェーズによって若干異なるが,主に次のようなことを行う。

● **知識テスト** ペーパーテストまたは後で述べるLANシステムを使って簡単なテストを行い,事前学習の知識を再確認する。テスト項目は主に次のグループディスカッション,ケースワークをやるうえで必要な知識についてである。そのうえでテストで点数の低い項目についてコンサルタントがそのポイントをレクチャー

する。
- **知識の使い方のイメージ**　最近の新聞記事やニュースなどを話題として，コンサルタントがその知識を使って見せる。テレビでやるニュース解説のようなイメージである。さらにはコンサルタントが持っているケースの中で今回の塾のケースワークで使用しないものなどを使い，知識の使い方とともに以降のグループディスカッション，ケースワークの考え方，やり方を解説する。

ⅱ）グループディスカッション

(a) テーマ

　コンサルタントがフェーズごとにいくつかのテーマを与え，3〜5名までのグループで（最大4グループ）そのテーマに対してディスカッションする。

　コンサルタントはⅲ）のケースワークとうまく組み合わせながら，ディスカッションテーマを構成していく。

　ディスカッションテーマは次の2つが基本である。

- **一般的なテーマ**　コンサルタントが与えるテーマについて，グループごとにディスカッションする。たとえば「株価が下がると企業はなぜ困るのか」「競争マーケティングからカスタマーマーケティングへとなぜ変化したのか」といった"一般論"である。ここでの目的は知識を「実践の経営で使える形」に変えることであり，そのために塾生が「口に出して話し合う」ことである。前者の例では企業価値，投資家，IR，増資といった"学んだ単語"を口に出して使ってみることが目的である。
- **自社について**　ケースワークの1つともいえるが自社を題材にしたものである。「自社のキャッシュフローについての意見」「自社の秩序についてどう思うか」…といったものをテーマとする。この目的も上と同じである。

(b) ディスカッション中のアドバイス

　「一般的テーマのディスカッション」があまり進まないときは，コンサルタントがヒント（たとえば，先ほどのカスタマーマーケティングであれば45ページに書いてある「競争戦略の矛盾」）を出す。

　「自社についてのテーマ」では，コンサルタントに1つだけディスカッションのコントロールが求められる。このディスカッションではどうしても経営の問題点ばかりが挙がってくる。コンサルタントにとって恐ろしいのは，"問題点の列挙"が

塾生の現経営者に対する不満を増幅させてしまうことだけではない。現経営者から見ればそのようなことを議論している経営塾への不信となり，それがコンサルタントへの不信となって現れてくる。

現在の自社の経営上の問題点などを経営塾で考えても意味がない。経営塾は現在の経営戦略をより良くすることが目的ではなく，未来の経営者を育てることである。そして未来の経営者は現経営戦略の問題点を解消するのではなく（これは現経営者の仕事），次世代の経営戦略を考える人である。そして次世代の経営戦略は33ページで述べたように問題解決型アプローチでなく変革型アプローチである。

グループディスカッションの目的は，先ほど述べたように知識を実践的にすることにある。そのための学習対象としてもっとも身近でわかりやすい自社を使っているだけである。

現在の自社の経営は何らかの理論に基づいて行っているものであり（そもそもこの塾で学ぶ経営理論は，各企業がやった経営行動を体系化したものである），このディスカッションでその理論を見つけている。つまり実践の理論的裏づけである。「うちの戦略をポートフォリオ分析してみよう。重力ベクトルはこちらにあるが，戦略ベクトルはこちらに向かっている…」といった感じである。

この実践の理論化は，むしろ現経営者と塾生との一体感を生む。コンサルタントはこれを意識して，グループディスカッションをその方向へ持っていくようにアドバイスをする。

(c) ディスカッション結果の評価

グループディスカッション終了後は，その結果を後で述べるLANシステムを使って，プロジェクターで表示し，塾生全員が情報共有する。

そのうえでコンサルタントは下記のようなスタンスでこのディスカッション結果を評価する。これはⅲ)のケースワークのディスカッション結果の評価においても同様である。

・経営用語の使い方に誤りがないか
・現在の経営戦略を誤解している点はないか
・一般論（多くの人が言っていること）はどうなっているか

2つ目の点を評価するには，コンサルタントが現在の経営を理解している必要がある（合意，評価ではなく何をやりたいのかを理解する）。したがって塾開始前に

事務局よりクライアントの経営戦略などに関する資料を入手し，疑問点は経営者などに確認しておく必要がある。

3つ目の点に関して，コンサルタントは2つのものを用意する。1つはコンサルタントが担当してきた他企業のディスカッション結果である（もちろん個人情報ではない形にして，その企業の了承を得る）。もう1つはクライアント内の他メンバーなどの意見である。これにはリーダー塾が最適である。そのためリーダー塾はできる限り経営塾と並行して，同一テーマでディスカッションを行うことが望まれる（もちろんリーダー塾でも経営塾のディスカッション結果を見せる）。

iii) ケースワーク

グループディスカッションを，31ページのケースのように他企業の例で行うものである。ケース内容については成功例よりも失敗例を扱うとよい。成功要因はその企業の内部よりもライバルなどの環境によるものが多くわかりづらい。しかし失敗要因の多くは不変（同じことをやれば失敗する）といえる。成功要因の分析については，ベンチマーキングでじっくりと時間をかけてやるようにする。ケースはコンサルタント自身が作成しても，市販されているものをクライアントに購入してもらっても構わない。

(a) ケースをコンサルタントが作成する場合

コンサルタントにとって，自らが作成したケースは"教材"という商品である。

弊社MCシステム研究所では，自社で作成したケースに以下のような"注意書き"を付けている。

ケース使用上の注意

① 本ケースはケースワークによる学習を目的としたものであり，学習効果を高めるために事実とは異なる点があります。

② 本ケースは上記目的以外の使用は一切できません。

③ 本資料はいかなる媒体へのコピーもこれを禁止します。

④ 他資料へ引用・転載は一切できません。

ケースを作成する際は，原則として公開情報（新聞・雑誌などのマスコミの記事，当該企業のWebサイト…）をベースとする。

ケースの臨場感を出すには，自らがコンサルティングを行った他のクライアントを題材としたい。しかし59ページで述べたように，コンサルタントには守秘義務がある。しかもこの情報公開がケース対象とする他クライアントに不利益をもたらす可能性がある。そのため他クライアントをケース題材とするときは，そのデメリットとなる部分について内容変更し，最終的にはその企業の了承を得る。内容を変えるときには企業名を仮名にしておく。これを記したものが使用上の注意の①である。

　また「クライアントが実際の事業活動（セールスなど）に使うことはやめてほしいこと」を訴える。ケースが公開情報によるものであってもコンサルタントがケース作成後，状況が変わり，現在の情報と異なっている可能性がある。このときクレームはケース作成者のコンサルタントに向かう。それが②の注意書きである。

　ケースは著作物であり，そのコピーは著作者（この場合コンサルタント）の了承なしにはできない。しかし，現在の著作権法では「私的使用のためのコピー」，「正当の範囲内での引用」といったことを例外事項で認めている。これをも禁止しているのが③，④の条項である。

　これらのことを考えると，コンサルタント自らが作成したケースは，事務局を窓口として塾生個人へライセンシングするという形をとったほうがよい。ちなみに弊社は，次のようなライセンシング申込書への記入を事務局に求めている。

```
太線枠を記入してお送り下さい。


              ┌─────────────────────────────┐
              │ セミナーケース　ライセンシング申込書 │
              └─────────────────────────────┘


セミナー名　　　：　　20××年　経営塾
セミナー開催日時　：　　20××年××月××日～××月××日
ケースコード　　：　　MCS － CASE －×××－××××


┌─────────────────────────────────┐
│ 申込日時　：　　　　　　年　　　　月　　　　日 │
└─────────────────────────────────┘


ライセンシング数*1：[　　　　　　]　ライセンス


申込責任者*2　　企業名　[　　　　　　　　　　　　　　　　]
（請求先）　　　氏　名　[　　　　　　　　　　　　　　　　]


　　ライセンシング内訳：事務局，利用企業別に申込ライセンスを記入して下さい。
```

	企業名	ライセンシング数
事務局		
受講生		

（弊社への連絡事項）

【申込上の注意】
　　太枠の中に記入して下さい。
*1　　・紙媒体などへのコピーは上記ライセンシング数だけに限定されます。
　　　・事務局として必要な場合もライセンシング数にカウントして下さい。
*2　　・不正コピーの管理をお願いします。

図表 1-16　セミナーケースのライセンシング申込書

コンサルタントが作成する際の，ケースの基本的構成は以下のとおりである。

```
┌─────────────────────────────────────────────────────┐
│           ケーステーマ：価格戦略を立案する            │
│                                                     │
│  当該企業の概要部分                                  │
│    MCシステム研究所は1990年に内山力の個人会社として設立 │
│  された。                                           │
│  ─────────────────────────────────                  │
│  ─────────────────────────────────                  │
│  ─────────────────────────────────                  │
│                                                     │
│  テーマ内容の前提部分                                │
│    コンサルティング業界では一般に工数をベースとして見積り│
│  がなされている。                                   │
│  ─────────────────────────────────                  │
│  ─────────────────────────────────                  │
│  ─────────────────────────────────                  │
│                                                     │
│  テーマの説明部分                                    │
│    MCシステム研究所の社長内山力は，当初価格は個別見積に│
│  したいと考えていた。…………………………………………│
│  ……………………………………　しかし，チャネルであるコンサルティング│
│  ファームからは以下のようなクレームを受け…………………│
│                                                     │
│  課題部分                                           │
│    課題1：MCシステム研究所の価格設定について何か問題は│
│  ないか。                                           │
│    課第2：MCシステム研究所はこれからどのような価格戦略│
│  を採っていくべきであろうか。                       │
└─────────────────────────────────────────────────────┘
```

- 企業のイメージがわかるように
- テーマの内容を理解するための背景，一般論
- 課題をディスカッションしやすいように，場合によってはディスカッションにいくつかの選択肢をとっておく
- 課題は次の2つ
  ・現状での問題点
  ・これからどうするか

図表1-17　ケースの構成

課題にはさらに「自社に活用できる点」「自社に置き換えてみると」といったものを入れるが，これはⅱ）のテーマディスカッション部分として行う。

(b) ケースを外部購入する場合

ケース教材はMBA実施機関などで，Webサイトからのダウンロードスタイルなどで販売されている。ちなみに弊社MCシステム研究所でもWebサイト（http://www.mcs-inst.co.jp/）にて販売している。

ⅳ) レポート作成

65ページにある図表1-15の各フェーズ終了ごとに、コンサルタントは事後レポートを塾生に要求する。その目的はフェーズごとの学習の取りまとめである。

　レポートテーマは基本的には自社に関することである。たとえば、マーケティング論のフェーズであれば「自社の顧客満足度評価について」といったものである。セミナーの時間が不足しているときは、併せてケースワークをレポートテーマに入れてもよい。

　このレポートはポテンシャル能力評価に使うとともに、後のビジョンづくり、戦略ベクトルのコンテンツの一部としても使用できる。

③　セミナー環境

ⅰ）**無線 LAN システム**

　セミナーはディスカッションが中心である。ディスカッションの環境としては下図のような無線 LAN 環境が最適である。弊社ではディスカッション用ソフトとしては市販のグループウェア*1を使っている。

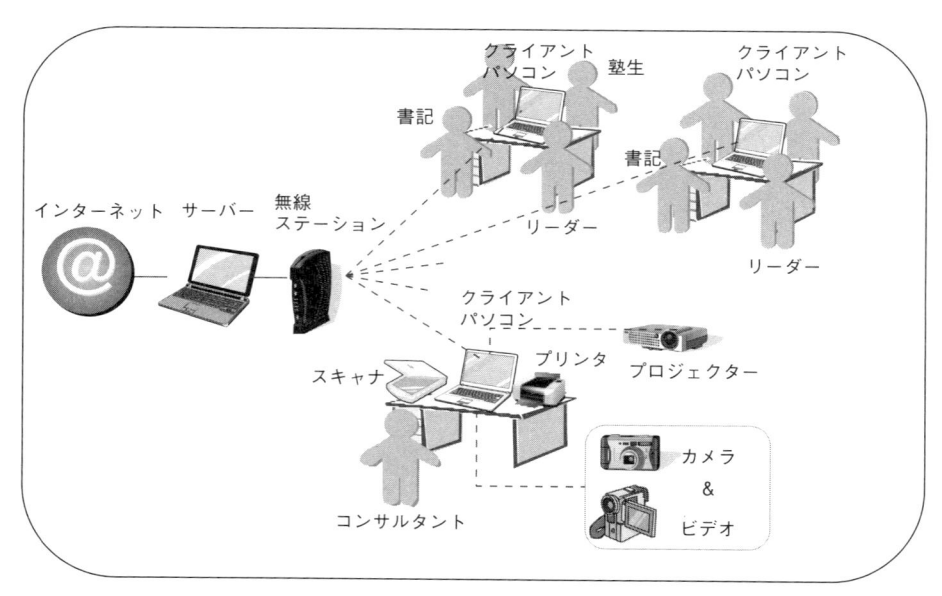

図表 1-18　ディスカッション用 LAN システム

　クライアント側に社内のグループウェア環境があればこれを使う。ない場合はコンサルタント側で準備する。それが難しいときはパソコン同士の何らかのデータ交

換（USBメモリなど）によって，受講生のデータをコンサルタント用のパソコンに移動できる環境を設定する。

ii）LANシステムを使ったディスカッション方法

まず各グループでリーダー，書記（テーマごとに随時替える）を決める。リーダーは司会である。書記はディスカッション時に使われることの多い白板の代わりに，グループに1台あるパソコンを使って記録をとる（ここでグループウェアの掲示板機能を使う）。ディスカッションプロセスの記録であり，最後の結論を記録するものではない。こうしてすべてのディスカッション経緯は，サーバーに記録として残っていく。

ディスカッションは，皆の意見をまとめるのではなく「意見を言うこと」自体がその目的である。ここでは経営者として「意見を言うトレーニング」をしている。自らの意見を出し，人の意見を聞いて，最後に意思決定者が決断する。これが現代経営者の基本であり，このトレーニングを経営塾で行っている。

弊社では以下のようなルールをディスカッションの前に提示している。

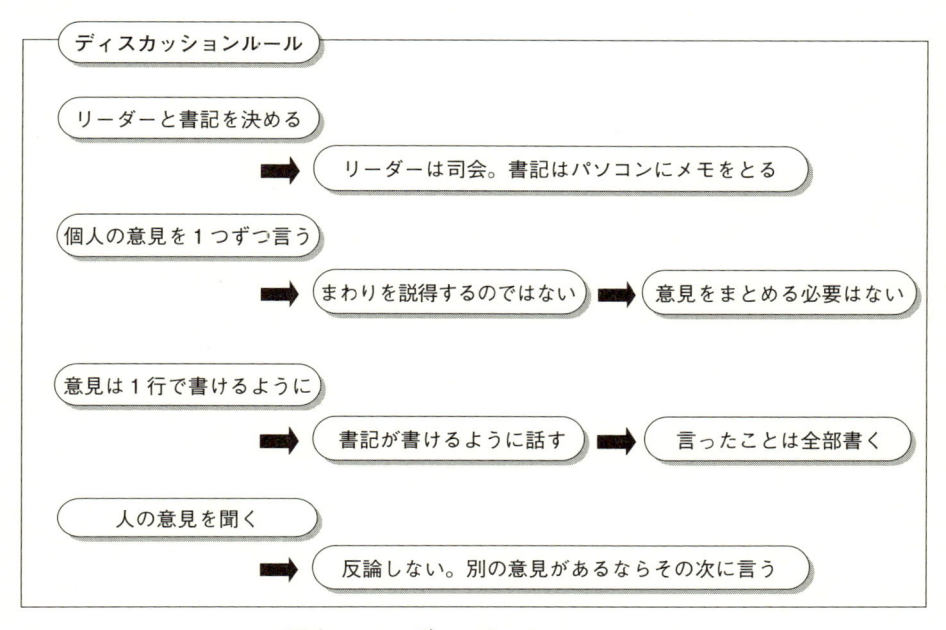

```
ディスカッションルール

リーダーと書記を決める
    → リーダーは司会。書記はパソコンにメモをとる

個人の意見を1つずつ言う
    → まわりを説得するのではない → 意見をまとめる必要はない

意見は1行で書けるように
    → 書記が書けるように話す → 言ったことは全部書く

人の意見を聞く
    → 反論しない。別の意見があるならその次に言う
```

図表1-19 ディスカッションルール

コンサルタントはディスカッション状況をリモート画面で見て（塾生の画面をコンサルタントのパソコンの画面で見ること），その進捗をチェックし，必要に応じてアドバイスする。ディスカッション結果はプロジェクターを使って塾生全員で見て，コンサルタント，他のグループがそれについて意見を出す。

* 1　限定されたネットワーク内で複数の人が利用するためのソフトウェア。掲示板，メールなどの機能を持っているものが中心。

（4）　ベンチマーキング
① 　内容
　ベンチマーキングとは本来は「最高基準の確立」ということを意味し，一時アメリカで流行したコンサルティング手法である。その業界のエクセレントカンパニーを最高基準の目標として，自社がそれに追いつくように努力するものである。

　経営塾でいうベンチマーキングはこれとは少し異なり，ケースワークの一種であり，そのケース作成をも塾生自身の手で行うものである。塾生が先ほどのチーム（3～5名）ごとに1企業を選択し，コンサルタントの指導の下，その企業について情報収集し，ケースワークを行う。そのテーマは（3）のケースワーク（失敗要因）とのバランスで成功要因の分析である。

② 　対象
　ベンチマーキングの対象企業は自社と同一の業界，つまりライバル企業ではなく，周辺の業界にある企業のほうがよい。塾生はこのベンチマーキングの情報も参考にして経営戦略を提案するが，これは現経営者が持っていない情報であり，業界にはない成功要因である。つまりクライアントにとって価値の高い情報である。イトーヨーカ堂から生まれたセブン-イレブン・ジャパンが，トヨタ自動車をベンチマーキングしてそのビジネスモデルを考えたのはあまりにも有名である。

③ 　進め方
　ベンチマーキングはセミナーカリキュラムと並行して進めていく。たとえば65ページの7フェーズでセミナーを行うなら，会社論のセミナーが終わったら，ベンチマーキング対象企業の会社概要（コーポレートガバナンス，組織…）について調べ，第2フェーズセミナーの冒頭で発表し，コンサルタントの指導を受ける。最終的にはベンチマーキング対象企業についてレポートにまとめ，経営者へプレゼンテーシ

ョンする。

　情報収集手段は当該企業の有価証券報告書（これを使う意味でも対象は上場企業のほうがよい），Webサイト，新聞，雑誌，書籍などの公開情報だけでなく，来店，訪問，商品使用・体験，インタビュー，アンケート調査といった塾生が自分の足で集めたオリジナル情報も使う。対象企業が小売業ならその店舗で買い物する，メーカーならその製品を使ったり，人の意見を聞く，工場や物流センターを見学する…といったことである。こうして塾生独自の"生々しい情報"を生成していく。これによって情報収集力，リサーチ力の育成も図る。

　私はこのベンチマーキングのやり方として『企業の見方』（同友館），『誰でもできる！マーケティングリサーチ』（PHP研究所）という本を書いた。

（5）　ポテンシャル能力評価

①　やり方

　セミナー，ベンチマーキングのまとめとして，塾生が個人別に卒業レポートを作成する。レポートテーマは基本的には「当社の次期経営戦略について」である。その対象は経営戦略そのものではなく，その一部としての組織戦略，マーケティング戦略，生産戦略…といったものでも構わず，塾生に自由に選択させる。

　この目的は経営戦略の立案ではなく（これは経営戦略委員会の仕事），次期経営者としての経営戦略委員会のメンバー選択である。つまりポテンシャル能力評価に使われるものである。ここでのレポートを経営者へフェース・トゥ・フェースでプレゼンテーションさせてもよい。

　ポテンシャル能力評価の対象としては，卒業レポートを含めたすべての塾の活動である。すなわち知識確認レポート，グループディスカッション，ケースワーク，事後レポート，ベンチマーキングといったものである。そのため塾での活動をビデオカメラで撮影しておく必要がある（もちろんクライアントの了解を得て）。

②　評価基準

　ポテンシャル能力評価において大切なことは，評価基準である。この基準の事前合意がコンサルティングの成否を決めるといっても過言ではない。評価基準としては，クライアントが148ページの能力ランキング表の中に「経営者に求める能力要件」を持っていればこれを使う（持っている企業は意外に少ない）。持っていない

場合は，コンサルタントがかつて実施した他社での評価基準などをベースとして，クライアントごとに経営者として必要な能力を考え，提示し，合意を得る。

弊社が受託する際の標準パターンは次のような項目である。

経営者能力	戦略理解力	経営者としての知識を持ち，ミッション，ビジョン，戦略ベクトル，経営計画を理解する力
	戦略立案力	ミッションに合わせてビジョン，戦略ベクトルを立案する力
	実行力	戦略に対して，自ら実行しようという意欲，ポジティブさ，および周囲への協力を求める力を見る
	企画力	他人の意見を聞き，自らの考えたことと合わせて，計画を作成する力を見る
	表現力	考えたコンテンツを口頭およびドキュメントで表現する力を見る
経営者資質	意欲	自らが経営者になって会社を変革していきたいという気持ちを見る
	集中力	セミナーへの集中度を通して，思考を集中し，安定的にアウトプットできるかを見る
	創造力	テーマに対し，自らのユニークなアイデアを出せる力を見る
	協調性	チームワークを意識し，かつチームの成果を常に意識できるかを見る
	リーダーシップ	リーダーシップをとって仕事をしていきたいかという思いを見る

図表 1-20　ポテンシャル能力評価項目

この評価項目について，各塾生ごとに彼が経営者として行動しているシーンをイメージしてコンサルタントが評価していく。そのうえで各人Ａ４用紙１ページくらいで次のようにまとめる。

ポテンシャル能力評価

氏名：×××

評価項目		評価					コメント
		A	B	C	D	E	
経営者能力	戦略理解力	○					当社の戦略を理解する力は塾生の中で最も高い。特に生産に関してはその強い「思い」を感じる。戦略立案に関しては他社の事例をあまり知らないため,
	戦略立案力		○				
	実行力	○					戦略立案よりもその実行, そしてその結果に強い意気込みを感じる …………………………………………
	企画力		○				
	表現力		○				文書表現ではその思いはよく伝わるが …………………
経営者資質	意　欲	○					経営者としての資質は他社のゼネラルマネジャーと比しても, 極めて高い。特に自社への愛情, 変革への思い, 若きメンバーたちへの「歯がゆさ」は現代の経営者には最も求められる要素である。………… アイデアはヒラメキがあり（やや論理性にかける向きもあるが）まわりを引きつけるものがある。……… ただグループワークなどでもチームワークよりも結果を意識するタイプである。…………………
	集中力	○					
	創造力	○					
	協調性		○				
	リーダーシップ		○				

総合評価

　　今回の塾生の中では, 抜きん出て経営者としての資質の高さを感じるし, 本人も今回の塾を通してそれを自覚したと思う。創造性と論理性という面では, やや前者への偏りが感じられるが, 今回の塾で学習したように書籍を読んでいくことで, そのトレーニングは可能である。………………………………………………………………………………………
　　経営者としての知識面では経営, マーケティング, 組織などについては, 理論と実践を結びつける天性のものを持っている。ただ唯一数字に関しては本人が苦手意識を持っているのか, ………………………………………………………………………………………
　　収益拡大から損失最少へとその経営マインドが移っていく現代では, 経営者にとって計数感覚は必須といえる。これさえ補うことができれば, 経営者の即戦力として当社を変革していく力を持っていると思う。

図表1-21　ポテンシャル能力評価の例

　ポテンシャル能力評価は経営者選定という目的だけではなく, 各人が経営者になるためにこれからどのような能力を伸ばしていったほうがよいかというコンサルタントからのアドバイスでもある。したがって, ポテンシャル能力評価は各人へフィードバックするのが原則である。評価よりもアドバイスを前面に出すときは「ポテンシャル能力評価」ではなく「フィードバックアドバイス」といった名称を使う。

コンサルタントは経営塾終了後，その遂行結果，所感を報告書としてまとめ，個人評価表を添付し，コンサルティング依頼者であるクライアントの経営者へ提出する。報告書の標準的な構成は下図のとおりである。

　この報告書は次のテーマコンサルティングの提案書となる。これを意識して特に下図の「今後の課題」部分に力を入れる。

経営塾報告書

実施期間
××年××月××日～
　　　　××月××日
実施コンサルタント　内山　力
評価者　　　　　　　同上

1. 塾概要
　①塾のフロー
　②各カリキュラムの概要
　③塾生

2. 塾運営
　⇒塾の運営体制、オペレーション、ムード、日数などについてコンサルタントとしての意見を書く

3. 塾生総合評価
　①戦略理解力
　　理解力は高いが、その戦略に合意していない人も多い……
　②戦略策定力
　………
　⇒評価基準の各項目について塾生の全体的傾向について意見を書く

4. 個人別評価
　⇒個人別ポテンシャル能力評価表を添付

5. 今後の課題
　⇒次のステップである経営戦略委員会の進め方、次回の経営塾のあり方、当社としての課題などについて、コンサルタントの意見を書く

図表1-22　経営塾報告書

第2章

財務コンサルティング

ここから先は経営全般ではなく，特定の業務領域を持ったコンサルティングについて述べていく。この業務別のテーマコンサルティングは単独で行うこともあるが，経営戦略コンサルティングでアウトプットした経営戦略のうちの重要テーマについてコンサルティングを行ったり，いくつかのテーマコンサルティングを組み合わせたりと，さまざまなバリエーションがある。

　本章では財務コンサルティングについて述べる。財務コンサルティングとは"企業のカネ"に関するコンサルティングの総称である。財務コンサルティングは財務診断，財務シミュレーション，経理システムという3つのパターンが代表的である。実際の財務コンサルティングでは，この3パターンを組み合わせて行うことが多い。

1 財務診断

1−1　財務診断のフレームワーク

　財務診断とは，企業の決算書（財務諸表）を用いて，その経営状況などを診断するものである。人間の行う健康診断とよく似ている。

　税法，会社法，金融商品取引法などに基づき企業はいくつかの決算書を作成しているが，ここではクライアントが持っている決算書すべてを使って診断したい。

　またクライアントの依頼で，当該クライアント以外の企業（取引先，ライバル…）の診断を行うこともある。この場合の決算書は上場企業では有価証券報告書（金融商品取引法による決算書），非上場企業では何らかの公表値，推測値を使うことになるが，そのコンサルティング手法はまったく同じである。

　財務診断は古典的なコンサルティングモデルであり，中小企業診断士の行う公的診断[*1]，金融機関が行う与信[*2]などがその代表である。これらは1つの診断手法としてまとまり，財務分析とよばれている。財務分析は収益性分析（儲かっているか），安全性分析（つぶれないか），生産性分析（仕事が効率的か）などから構成されている。しかし中小企業の公的支援，金融機関の与信という限定目的の診断手法であり，一般の財務コンサルティングにおいては必ずしも使い勝手がよいとはいえない。

　一般の財務診断では，ライフサイクル診断と体力診断に分け，これから述べる形で進めていくことが"基本"である。

財務診断には指標が用いられることが多い。健康診断でいう血圧，血糖値といったものである。この指標を用いるには比較する相手が必要であり，2つのものが基本である。1つは業界の平均値やライバル企業の指標値であり，その選択はコンサルタントが診断目的によって決める。これを本書ではベンチマーク指標と表現する。もう1つは当社の過去の指標値である。つまり時を追いかけることであり，これを経年分析と表現する。

＊1　中小企業を支援するために公的機関が実施（中小企業診断士がこれを請け負う）する診断。
＊2　カネを貸した相手が返済できるかを見極めること。

1―2　ライフサイクル診断

　決算書を用いて診断対象企業（以下，企業という）のライフサイクル（人間の年齢のようなもの）をとらえる診断である。

　目的は2つある。1つはライフサイクルを判断し，他のテーマコンサルティング（ライフサイクル診断以外の財務コンサルティングを含め）の重要テーマの発見，コンサルティングの指針とすることである。

　2つ目はライフサイクルの終わり，つまり死についてである。企業の死は倒産，M&A＊3といったものによる消滅であるが，「死の可能性」（余命といってもよい）を判断する診断である。そのうえで次の体力診断を行い，さらには財務シミュレーション，他のテーマコンサルティング提案へと結びつける。この診断を従来のネームを生かして安全性診断とよぶ。この安全性診断はクライアントの取引先企業の与信にも用いられる。

　この2つに分けて考えていく。

＊3　Merger & Acquisition：合併と買収のこと。

(1)　企業ライフサイクルの判定

　企業のライフサイクルに対し，次のような仮説を持つ。

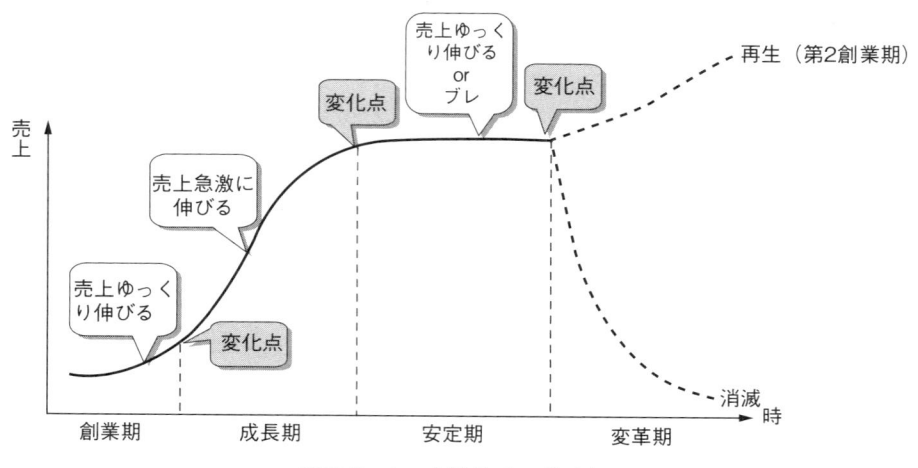

図表2-1　企業ライフサイクル

企業ライフサイクルは売上の伸び率によって次の3つの期に分かれる。
- **創業期**　売上がゆっくりと伸びていく時期。伸び率（％）は1ケタから最大でも10％程度
- **成長期**　売上が急激に伸びる時期。伸び率は2ケタ台。場合によっては「倍々ゲーム」のような企業もある。
- **安定期**　売上がゆっくり伸びる（せいぜい数％）か，小さくブレながらもほぼ平均の伸びはゼロとなる時期。

各期の長さは企業によって異なり，1年のこともあるし数十年にわたることもある。

ここでの診断テーマは昨日までのライフサイクルではなく，これからどうなっていくかである。したがって，ライフサイクルの変化点を読むことがこの診断のポイントとなる。

またこのライフサイクルを全うせずに死んでいく企業もある。その死を迎える可能性が高いのも，この変化点である。そういう意味では次の安全性診断と重なる部分である。

（なお，これから述べる診断にはキャッシュフローの数値が必要となるが，これについては100ページ以降を参照してほしい。）

① 創業期→成長期への変化点

この変化点を迎える前に，企業は投資額（マイナスの投資キャッシュフロー，101ページ参照）を大きく拡大する。そのため売上がゆっくり伸びていく中で営業利益率（営業利益／売上高）が下降する。これは経営者が企業の行っていくビジネスの方向が見え，かつその方向で「いける」と判断し，投資を進めていくためである。

　営業キャッシュフローは減価償却費の増大で増加し，そのキャッシュは設備に投資され，キャッシュの不足分を借入・増資などの財務キャッシュフローが補う。（意味のわからない人は，100ページ以降に書いてあるキャッシュフローについて理解してから再読してほしい。以下同様。）

　ここで投資額が増えず，財務キャッシュフローがマイナス（借金を返している状態）で営業キャッシュフローを食って，ネットキャッシュフローが減り始めると，企業は死を迎える可能性が高くなる。創業期に想定したとおりの売上の伸びが出ず（以前の経営計画で数年後の成長期を期待して売上伸び率を高く想定していた），経営者や金融機関に将来への不安が生まれている現象と考えられる。

② 成長期→安定期への変化点

　この変化点を迎える前に営業利益率が上昇する。投資額はこれまでと同様で，営業キャッシュフローが大きく増加し，ネットキャッシュフローが増加していく。ネットキャッシュフローが増加していく中で，工場，店舗など設備への投資が落ち着き始め，借入金を返済し，財務キャッシュフローが下がっていく。それでもキャッシュが残ると，本社などのオフィスの移転，新築への投資が行われる。新本社設立が安定期のシグナルといっても過言ではない。

　一方，営業キャッシュフローに加えて，借入・増資などの財務キャッシュフローを増加させ，このキャッシュを本業へどんどん設備投資し，拡大路線をとり続けると，売上の伸び悩みによって死を迎えることもある。

③ 安定期の終わり

　安定期の終わりには，人間同様に企業は死を迎える。しかし人間と違う点が2つある。1つは人間のようにゆっくり老化していくのではなく，ある日突然「健康」と思っていた企業が死を迎えることである。もう1つは，死なずにもう一度生まれ変わる企業もあることだ。

　この2つに分かれる時期を変革期という。生まれ変わる企業は第2創業，中興な

どといわれ，もう一度創業期→成長期→安定期と進んでいく。これが企業のライフサイクルの「サイクル」という意味である。

「安定期の終わり」という変化点の前に，企業は2つの兆候を見せる。最初の兆候はゆっくりと営業利益率，営業キャッシュフローが下降していくという形で現れる。投資額は安定した一定値を示し，財務キャッシュフローはマイナスかスライドとなり，ネットキャッシュフローは下降していく。

次の兆候は最初の兆候の反動のような形で生まれてくる。売上がゆっくり伸びていた企業はスライドから下降に，ブレのある企業はしだいに落ち込みの度合いが大きくなるが，営業利益率は上昇し，営業キャッシュフローは下げ止まる。粗利*4はスライドまたは下降しており，当然のことながら販売費・一般管理費（以下「販管費」と略す）が大きく下降する。つまりコストカット，リストラ*5という現象である。売上による利益増大ではなく，費用減少による「利益の搾り出し」である。

この2つの兆候を見せた後で企業は最後の変化点を迎え，死と再生の2つの道に分かれる。死んでいく企業は変化点の直前で売上が急降下し，販管費カットも追いつかず死を迎える。

再生する企業は，変化点の直前にいくつかの現象を示す。1つは損益計算書*6上で大きな特別損失が生まれ，営業利益は黒字なのに最終利益（損失）は大きな赤字となる。不採算部門の撤退など大手術を行ったためである。2つ目は投資額の増大である。多くの場合，特別損失ではキャッシュ流失はなく，むしろ売却によってキャッシュ（プラスの投資キャッシュフロー。つまりマイナスの投資額）を得る。投資額の増大という現象は，その売却額を超えた新たな大幅投資をしたことを意味する。3つ目は投資額が増大するのにネットキャッシュフローが下降せず，むしろ上昇していくことである。営業キャッシュフローはスライドまたはやや下降なので，投資額は財務キャッシュフローに頼ることになる。多くは増資，社債などの発行によるものである。「死を迎えるのにカネはいらないが，再生には瞬間的に多くのカネが必要になる」というものだ。

そしてこれらの投資を終え，粗利率は固定で，販管費が増大していく中でも，営業利益は徐々に増大していく。つまり売上がゆっくりと伸び始め（第2創業期），そして間もなく売上は再度右肩上がり（第2成長期）となる。この第2成長期は比較的短く，すぐに再度の長い安定期となる。

*4 本書では売上総利益のことを粗利と表現する。
*5 本来はリストラクチャリング(再構築)の略だが,一般には「退職金上乗せ」などによって中高年の退職を勧奨する制度という意味で使っている。
*6 Profit & Loss statement：以下 P/L と略す。

(2) 安全性診断

倒産とは払うべきときにカネが手元になくなった状態である。倒産状態になると,カネを貸している人が企業に殺到して収集がつかなくなるので,いくつかの法律によって特別な手法をとる。たとえば破産*7, 再建*8といったものである。

倒産状態になってしまった企業を「救う」というコンサルティングもあるが,かなりイレギュラーである。むしろ一般の財務コンサルティングでは,ここに陥らないようにするという「倒産予防」や,「倒産しそうな取引先の発見」がそのテーマである。

企業が倒産するときのパターンは2つある。1つは今日払うべきカネ(手形などの支払い)がなくなってしまったという"状態"である。この払うべきカネを管理していくことを資金繰りという。

もう1つはカネを借りている金融機関などから見離されたときである。これは「もうこれから先,貸し続けても到底返ってこないから,倒産でも何でもして決着つけよう」という金融機関の"判断"によるものである。

前者について考えることを短期安全性診断,後者について考えることを長期安全性診断という。

*7 破産法に基づいて企業を清算して貸している人にカネを分配する。
*8 民事再生法,会社更生法などによって借金の整理をして生まれ変わる。

① 短期安全性診断

従来の財務分析では流動比率(流動資産／流動負債)がこの代表的な指標であるが,プロのコンサルタントが使う短期安全性(すぐに倒産するか)の指標としてはいかにも雑な感じがする。しかも流動比率で安全性を担保している「流動資産」には,在庫,売掛金,受取手形などむしろ安全性を損ねるものが入っており,診断指標としての説明力に乏しい。

ここでは次の指標に着目する。

i) 買入債務額,売上債権額の標準偏差

買入債務額[*9]および売上債権額[*10]が短期安全性に大きな影響を与えることはわかると思うが，その実額を見ても安全性の状況はとらえづらい。ここではそのブレ，つまり標準偏差をベンチマーク指標と比較するのが基本である。標準偏差は月次の買入債務，売上債権の残高推移からエクセルなどの表計算ソフトによって計算できる。このベンチマーク指標が手に入らなければ，クライアントの買入債務額，売上債権額の月ごとの動き（ブレ）を見て判断する。

買入債務，売上債権とも標準偏差が小さければ，次のNPMを使って考えればよいが，大きいとき，つまりブレているときは要注意である。

- **買入債務額が大きくブレている**　カネのあるときは払い，ないときは少し待ってもらうという融通の利く支払状況の場合にこうなることが多い。したがって，取引先の融通が利かなくなると危険である。
- **売上債権額が大きくブレている**　無理な売上や雑な資金回収をしている企業によく見られる。もちろんこの企業はちょっとした資金事故（取引先から予定された入金がないなど）にも弱い。さらにこの値自身（標準偏差ではなく）が上昇傾向にあるときはさらに危険といえる。いわゆる不良債権（貸倒れ[*11]が起こる可能性が高いもの）が増加している状況と考えられる。

*9　買掛金と支払手形の合計金額。
*10　売掛金と受取手形の合計金額。
*11　貸付金や売掛金が回収できなくなること。

ⅱ）NPM

月別のネットキャッシュフロー（現金残高増減額）をNPM（Net cash flow Per Month）という。直接的にこの値が手に入らないときは以下の式にて計算する。

$$NPM = \frac{年間営業キャッシュフロー}{12} + \frac{平均CTF}{平均支払リードタイム（単位：月）}$$

- CTF（Credit Transaction Finance：信用取引による金融）
 ＝買入債務額－売上債権額。これがプラスのときはその分だけ外部から資金を得ていることになる。
- 支払リードタイム…買入債務の発生～支払までの期間。

NPMはこの分だけは支払いに余裕があることを意味している。NPMがマイナスの場合は，論理的にはこの先資金が不足（よくショートと表現する）していくこ

とになる。またNPMが小さいとこれを超える資金事故には耐えられないことも考えられる。

ⅲ) IR

商品在庫[*12]は利益計算に反映されないが、安全性を考えるときには極めて大切な数字である。商品在庫の増加はボディブローのように資金繰りに影響を与えるので、短期安全性と長期安全性の中間くらいの指標といえる。

コンサルタントとしては妥当な在庫額、在庫量をクライアントへ提示したいのだが、なかなか困難である。そこでコンサルタントが指標を決めて、ベンチマーク指標との比較および経年分析を行う。

在庫指標としては、一般に商品回転率（売上／商品在庫）が使われている。この商品回転率の分母である"商品在庫"は買った値段、作った値段をベースとしており、分子の"売上"は売った値段をベースとしている。そこで「商品在庫×（1＋GMR）」として（GMRは93ページで述べるように従来の粗利率にあたるもの）、「その在庫が売れたときの値段」として統一する。売る値段はざっと買った値段の（1＋GMR）倍くらいになると考える。

また商品回転率はカネの"回転"（回転なら在庫から売上への変化だけでなく、売れてから債権回収をしないとならないはずである）を考えているが、もっとストレートに在庫高としてとらえたい。在庫は売上の大きさに依存しているので、売上に対する在庫の比率を指標として使うのがノーマルである。

こう考えると下のIR（Inventory Rate：商品在庫率）という指標が、クライアントへの説明力がもっとも高い。IRの分母の売上は"月当たり"を原則とする。すなわち月別IRである。ベンチマーク指標で月別の売上がわからないときは、年間売上を12で割って求める。

$$IR = \frac{商品在庫 \times (1+GMR)}{売上}$$

IRが増加すれば、売上債権に対して買入債務が増加し、資金繰りを圧迫するだけでなく、商品処分ロスや値引きによって売上債権額そのものを落としていく。

*12 商品、製品、材料、部品、仕掛品、半製品などすべてを含めた在庫を本書ではこう表現する。

② 長期安全性診断

次の点から考える。

ⅰ) メインバンク

　金融機関からの借入金の多くは担保[*13]を入れている。つまり返せなくなっても金融機関は担保で回収するので，借入金は「返す」よりも「ずっと借り続けていく」ほうがノーマルである（金融機関はカネを貸して金利をとるのが商売で，返してもらっても仕方がない）。

　企業もそのつもりなので，金融機関から突然「返してくれ」と言われたら多くの企業は倒産してしまう。もちろん倒産しても金融機関には何の幸せもないので，企業ごとにメインバンクとよばれる金融機関が付き，他の金融機関が「返してくれ」と言ったら，原則としてその返すカネを貸してくれる。そのためメインバンクが金融機関を代表して，その企業の与信を行う。

　逆にいえば，メインバンクが「融資相手が倒産してもよいから，カネを返してもらって決着つけよう」と思えば，企業は倒産する。メインバンクがそんなことを考えるのはかなりイレギュラーなケースである。これには次の2つがその代表である。

　1つはメインバンクが外的要因でそうせざるを得なくなったときである。これに用いられたのがDCF[*14]である。

　もう1つはメインバンク自身の意思決定である。多くの場合担保にその問題が起因している（抵当にした土地が値下がりした…）。

[*13] 借り手が返さなかったときにどうするかを契約しておくこと。抵当（土地など），保証人が代表的。
[*14] Discount Cash Flow：将来のキャッシュフロー（カネ）は現在よりも割引いて考えるというもの。106ページ参照。

ⅱ) DCFと借入金

　メインバンクと企業の関係は運命共同体的なものであり，外から見るとわかりづらい。特に株価を競う証券市場に上場している企業において，銀行が過度にバックアップするのはアンフェアだという意見が出てきた。「実質的には倒産した企業も銀行が支えているのではないか」，「つぶれるべき企業がつぶれず，銀行が"目に見えない手"を使って特定の企業を助けると証券市場の株取引が適正でなくなる」，「銀行自身も本当は返せなくなった企業からも返してもらえることにしておいて，良い業績にしているのでは。つぶれる企業はつぶして銀行もこれによって損をして，本当の業績を見せろ」という意見がバブル崩壊後に外国人投資家などから出てきた。

「不良債権処理を迫る」というものである。

これを受け政府は、実質的に自らのコントロール下にある銀行に対して、大口融資先については返済計画を作らせるよう指示した。そしてその返済計画の基本的考え方の1つとしてDCFを採用した。

ざっくりいえば「期間を定め、その期間内に生むフリーキャッシュフローで返済することとし、これを利子率などで割引く。これで返せないものは返ってこないものとして、銀行に損失を出させる」というものである。こうなるとその融資先に対して、銀行も「返せ」と言ったほうが手っ取り早いので、決着をつけることも多くなった。こうして「バブルを清算する」という形で数多くの企業が倒産状態となった（その後再建している企業も多いが）。

この考え方は今も続いている。数年間のDCFで返せないほど多額の借金がある企業は要注意といえる。そして自らこれに気づいた企業は土地、株、建物など資産を売却する形で借金を返済している。

また金融機関以外からの借入（多くの場合社債）については、このDCFによる診断が基本である。このバランスが崩れていると金融機関の意思ではなく、返済期限によって上と同じ状態をもたらす。

iii) 担保の内訳

- **抵当**　借入金より抵当物件の価値がどんどん下がっていくと、金融機関に「今、決着をつけようか」というインセンティブが働く。つまり、長期安全性診断では借入金と抵当物件の価値の比較が求められるのだが、これを考えるのはなかなか困難である。上場企業は有価証券報告書に担保資産、担保付債務の記載でその状況が数字でわかる。また非上場企業でも貸借対照表[*15]を見て土地などの不動産を持ち、それに相当する借入金があるかどうかを見ればその状況がわかる。しかし、その抵当物件の時価の推定、そして時価がわかったとしても、果たしてこれがその値段で売れるのかといったことを考えるのは難しい。さらに金融機関の意思（つぶすか、残すか）のようなものも左右する。

    ここでは借入金の増減を見る。借入金が増加している企業は金融機関が「余力あり」として、つまり与信をして貸付けたことになり、ある意味では安心ともいえる。

    一方、借入金が減少している企業は営業キャッシュフローの動きを見る。営業

キャッシュフロー以上に借入金を減らし，それが増資以外のキャッシュフローによる企業は，資産を売るなどして（プラスの投資キャッシュフロー）返済していることになり，要注意である。

- **保証人** その企業の借入金を誰が保証しているかよりも，その企業が他企業の保証人になっているかどうかを見る。上場企業では有価証券報告書に「保証債務」（他企業の保証人になっている借金）としての記載がある。これについてはその企業にその分の資金余裕（手持ち現金，NPM など）があるかを見る。

 非上場企業についてはこれがわからないことが多い。しかし手形の裏書（支払義務のない手形の保証人となっている）などは倒産の大きな要因といえる。この場合は業界内の慣習をベースに推測し，資金余裕があり，多少の事故（つまり保証すること）には対応可能かを考えるしかない。

*15 Balance Sheet：以下 B/S と略す。

1—3 体力診断

従来の財務分析でいう収益性分析，生産性分析にあたるもので，ここでは次の2つの項目について見る。

（1） 付加価値診断

21ページで述べた付加価値について考えることである。

体力診断ではこの付加価値のうち，税金は明らかに企業から「出ていくカネ」と考え，これを控除したものを次図のように GAV（Gross Added Value：総付加価値）と定義する。

 GAV ＝「企業に入ってくるカネ」－「企業から出ていくカネ」

  ＝収益－費用＋給与総額－税金

  ＝配当＋給与総額＋内部留保

（ただし，ここでの収益，費用には特別利益，特別損益は含めないようにする。）

次に配当をどう考えるかである。株主から見れば当然手元に残るカネである。しかし企業を事業主体と考え，これを従業員が運用しているととらえるなら，配当も「出ていくカネ」と考えられる。こう考えた「企業の手元に残ったカネ」を NAV（Net Added Value：純付加価値）という。

NAV ＝「企業に入ってくるカネ」－「企業から出ていくカネ」
　　 ＝収益－費用－税金－配当
　　 ＝給与総額＋内部留保

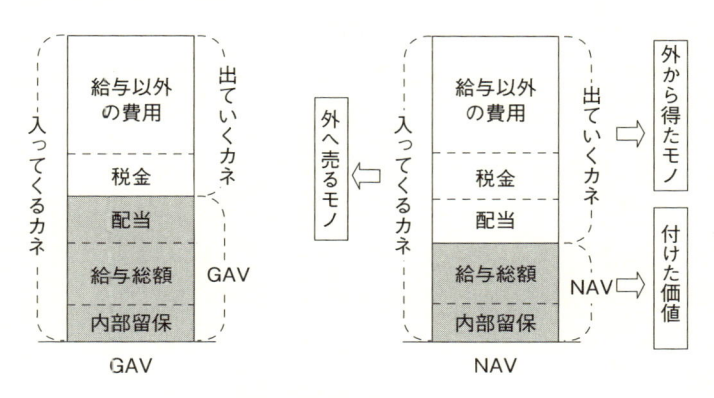

図表 2-2　GAV と NAV

ここでは次の 2 つの指標を考える。

① PNAV

NAV は従業員数によって大きく異なるので，PNAV（1 人当たり NAV：NAV／従業員数）を見る。ここでの従業員は経営者も含めた給与対象者を指す。

「NAV＝入ってくるカネ－出ていくカネ」なので「出ていくカネ＋NAV＝入ってくるカネ」となる。NAV は「外から得たモノ（この分の支払いとしてカネが出ていく）にどれくらいの価値を付けたか」（価値をアップさせたモノを売り，その分カネが入ってくる）と見ることができる。

PNAV は次のように見る。

ⅰ）ベンチマーク指標との比較

PNAV は"従業員 1 人当たりが生み出した価値の量"であり，「企業としての体力」を考えるにはぴったりの指標である。NAV は「給与を落として利益を出す」という行為が意味をなさないので，企業の本当の体力がわかる。

ⅱ）経年分析

過去と比較して伸びているかということである。PNAV は緩やかに上昇（体力増強）していくのがノーマルである。下降する企業は 2 つのパターンに分かれる。1 つは何らかの事情で，ある期だけ落ちている企業である。NAV には特別損失が

考慮されていないので，基本的にはアクシデント（資産評価損など）は入っていない。もっとも考えられるのは，体力増強（PNAVのアップ）のために何らかの構造改革（特別損失に表れない給与改革，事業再構築コスト…）を行ったことである。

2つ目はトレンドとして落ちている企業である。これは体力をどんどん落としていることを意味し，思い切った構造改革を行わないと企業は死を迎えることになる。

iii）採用

入社時点（特に新卒採用）では，従業員は企業に付加価値をほとんどもたらさない。つまりPNAVを下降させることになる。成長期などにおいてはPNAVがほぼ一定になるように採用するのがノーマルである。PNAVの伸びと採用人数を見れば（特に成長期の企業においては）採用の妥当性が判断できる。またPNAVは「採用する体力」と見ることもできる。

② 分配率

GAVは株主，従業員，企業への分配割合を見る。

- 株主分配率＝（Stockholders Share：略してSS）＝ $\dfrac{配当}{GAV}$

- 従業員分配率（Employees Share：略してES）＝ $\dfrac{給与総額}{GAV}$

- 企業分配率（Corporation Share：略してCS）＝ $\dfrac{内部留保}{GAV}$

- SS ＋ ES ＋ CS ＝ 1

21ページで述べたように，これらの分配率は基本的には一定となっているはずである。ここでの分配率の見方は次の2つである。

i）ベンチマーク指標との比較

ベンチマーク指標と比べて，3者のうち誰の分配が大きいか，小さいかということである。SSとESを見れば株主と従業員（経営者を含む）の力関係（＝コーポレートガバナンス）がわかるし，CSの大きさは従業員，株主の明日の企業への期待度として見ることができる。

ii）経年分析

一定のはずの分配率がどう変化しているかである。これも上と同様の見方ができる。特にCSが着目点である。CSが上がっていくときは明日の企業への期待度は高まっている状態であり，体力増加（ビジョン実現の元となる体力）を図っている

といえる。

（2） 商品力診断

商品力は主に次の2つの指標を見る。

① GMR

これはいわゆる粗利率にあたるものである。

$$粗利率 = \frac{売上高 - 売上原価}{売上高}$$

この分子の売上原価は売れた分だけを原価として計算することになっている。ここでは在庫は考慮されていない（あってもなくても関係ない）ので、このままでは商品力の指標としては適当とはいえない。そこで以下のように定義する GMR (Gross Margin Rate) を採用する。

$$GMR = \frac{売上高 - 商品原価}{売上高}$$

商品原価には在庫を含め「当期に発生した商品に関するすべてのコスト」を入れる。流通業ではP／L上の当期仕入高、メーカーでは当期製造原価をベースとする。サービス業などでは売上原価があればこれを用い（サービスは在庫できない）、ない場合はそのサービスに直接かかった費用を何らかの形で推測する。

この GMR からは次のようなことを読み取ることができる。

ⅰ）商品総合力

商品別や商品部門別の GMR をベンチマーク指標と比較すると、その商品の総合力のようなものがわかる。GMR は「ブランド力」（高価格で販売できる力）、「価格対応力」（ライバルがディスカウントしてきても対応できる力）、「原価力」（商品を低コストで作る力、買う力）、「経費をまかなう力」（経費アップにも耐えられる力）が重なった結果といえる。

ⅱ）商品戦略のベクトル

企業全体、または商品部門別の GMR の変化と売上の伸びをクロスさせると、商品戦略のベクトルを4つのパターンに分類することができる。

● ブランド志向　GMR が上昇し、売上伸び率がプラスのときは、商品の入れ替えが少なく、生産の習熟（174ページ参照）により原価が下がっていく中で、一定

図表2-3　商品戦略マトリクス

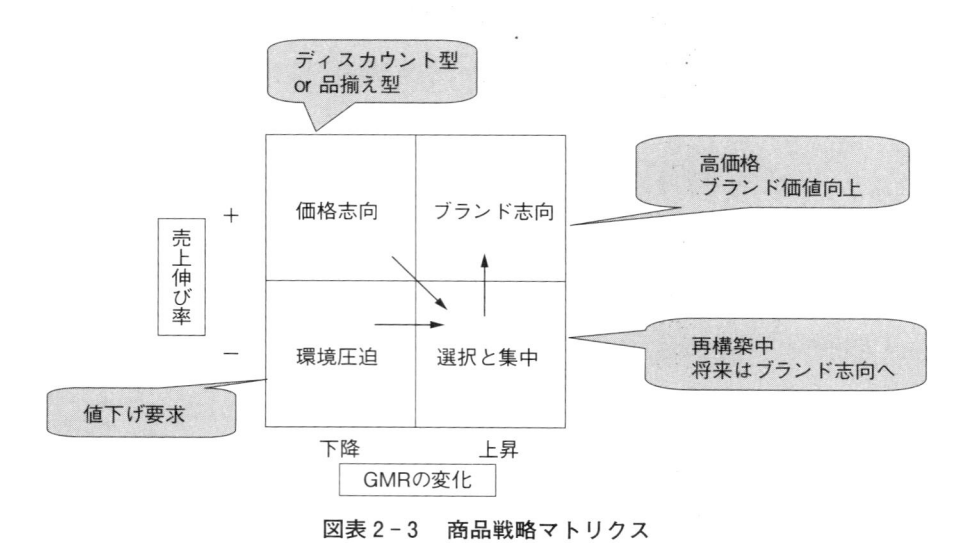

の販売価格をマーケットでキープできている状態である。GMRが増加した分を広告などのプロモーションに使って、企業ブランド、商品ブランドの価値向上に努め、他社を圧倒し、売上を伸ばしている。プロモーションコストはコントロールできるため、営業利益率は毎年ほぼ一定となる。

● **選択と集中**　GMRが上昇し、売上伸び率がマイナスのときは、多くの場合GMRの低い商品のカットを行い（この分売上がダウン）、GMRの高い商品の選択・育成を行うという商品ラインナップの再構築を行っている。この処理が済むと、「ブランド志向」に変化していく（売上が伸びていく）ことも多い。

● **価格志向**　GMRが下降し、売上伸び率がプラスのときは、多くの場合ライバルの販売価格、品揃えを意識し、"戦っている状態"である。タイプとしては2つに分かれる。1つはディスカウント型。販管費の切り詰めと販売数量の伸びで、GMRのダウン分をカバーして営業利益を確保しているタイプである。というよりもライバル価格に勝つためにGMRを下げることに、すべての戦略ベクトルを合わせている。もう1つは品揃え型。品揃えを多品種化したため原価アップとなり、一方で販売価格でライバルと競争しているため、GMRを落としてしまうタイプである。いつかこのことに気づいて「選択と集中」に向かっていく。

● **環境圧迫**　「顧客の圧力」または「ライバル価格のダウン」により、販売価格のダウンをせざるを得ず、原価ダウンの努力もするが、それでも追いつかずGMR

を泣く泣くカットしているタイプである。前者の「顧客の圧力タイプ」は固定客が多く，売上数量は安定しており，GMRのダウン分（販売価格のダウン分）だけ売上が小さく下降していく。後者の「ライバル価格のダウンタイプ」は，「ライバルとの血みどろの争い」となって販売数量を落とし，売上，利益を大きくダウンさせることもある。これもいずれは「選択と集中」に向かっていく。

ⅲ）マネジメント力

GMRの経年のブレを見るとマネジメント力がわかる。GMRの設定（原価に何％乗せて売るか）は経営の意思であり，この意思がブレることは考えづらい。つまり一定，上昇，下降のいずれかのトレンドをとるのが普通である。これが上下するように経年でブレている企業は経営の意思が伝わらず，現場をコントロールできていないため，販売価格がブレていると考えられる。このブレで経営の現場に対するマネジメント力がわかる。

② IR

87ページのIRから「在庫管理力」がわかる。これは次の3つの力を表している。

- **予測力**　商品在庫は「売上予測（売れるだろう）−売上（売れた）」と見ることもできる。だからIRは売上予測の誤差であり，IRが小さいほど予測力は高い。この予測力はベンチマーク指標と比較すればはっきりとわかる。予測力の高さは「売れるものを，売れる量だけ，売れる時期に買う，作る」というJIT（Just In Time）と表現される。

- **スピード**　商品在庫を持つ意味は，「売りたい」と思ってから商品を作ったり，買ったりしては間に合わないことにある。したがって，「作る，買う」から「売る」までのリードタイムの長さに商品在庫量は依存する。同じものを作るのに，その期間が1ヵ月と2ヵ月ではざっと商品在庫量が2倍違う。

    「IRがベンチマーク指標として比較して低い」ということは，この商品調達，商品生産のスピードが他社よりも速いと見ることができる。このスピードアップはロスの減少（商品在庫は売れなくて処分することもある），商品の新鮮さ，キャッシュフローの増加（すぐに現金になる）といった効果を生む。

- **マネジメント力**　毎月のIRがバラついている企業は，予算などのマネジメント・コントロールが効いていないといえる（できれば商品在庫を半月ごとにチェックしてみる。月末・月初と"月の中旬"では商品在庫が大きく異なることもあ

る)。特に年度末(月末)などに大きく変化(売上が大きくなり,商品在庫が減るなど)する企業は,現場が何とか目標を達成しようとして,無理な販売をしていることが考えられる。

2 財務シミュレーション

財務診断が現状分析なら,財務シミュレーションは未来予測である。これはある条件下で未来の財務状況を予測するものである。財務シミュレーションにはさまざまなバリエーションがあるが,代表的なものは次の3つである。

2—1 利益シミュレーション

条件によってP/Lを変化させるものである。その代表的な利用例が48ページの経営計画である。ここでは予算調整の例で説明しよう。

目標利益の設定プロセスで出された販売価格,原価,経費を用いて売上線,費用線を引く。(エクセルなどの表計算ソフトを使う。)次に現場の売上予測を入れる。

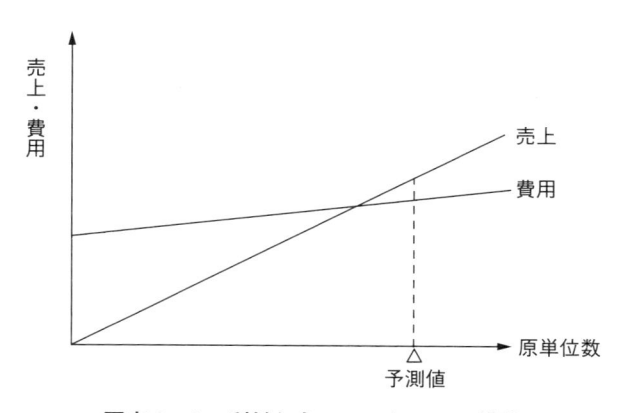

図表2-4 利益シミュレーションの構造

横軸は「原単位数」とする。原単位とは53ページの限界利益の定義にある「1単位」のことである。

原単位数としては販売数量(いくつ売れるか)がもっとも直感的なものであり,受注型企業なら受注件数となる。売上を予測する"元"となるものである(売上額を予測する前に販売数量を予測するのが普通)。

もちろん企業はさまざまな商品を売っているので，直前期の決算書を用いて次のような形で原単位数を計算する。

$$原単位数 = \frac{売上高}{平均商品単価}$$

平均商品単価 ↑ 平均販売価格，平均受注金額…

ここでは単純な例として，53ページのイワシ専門の魚屋の1ヵ月間の計画を考える。この魚屋はイワシを1匹80円で仕入れて100円で販売し（原単位数は何匹売れるかという"販売数"），1ヵ月の経費（固定費≒販管費）として40万円かかる。

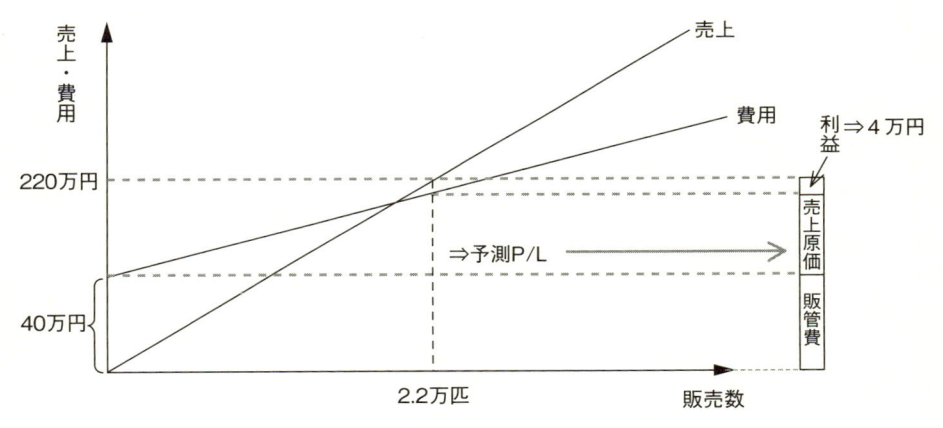

図表2-5　利益直線の例　その1 [1]

＊1　上のグラフは関係がわかりやすいように座標の目盛りは無視している。

売上は原点から100円の"傾き"を持つ直線となる。費用は縦軸の40万円のところから80円の"傾き"（1匹売ると80円の原価費用が発生）を持つ直線となる。

現場の売上予測が22,000匹とする。限界利益が20円（1匹売ると20円利益が増える）なので，20円×2.2万匹－40万円＝4万円の利益となる。

図表2-5にある2.2万匹のところの"縦の点線"は，このときの予測P/Lを表している。

ここでトップダウンの利益目標が10万円だとすれば「(10万円＋40万円)÷0.2匹（限界利益率）＝250万円（2.5万匹）」の売上が必要となる。ここで「ガンバレ」と言って，現場の目標を25,000匹としたのでは予算の意味がない。

このグラフは販売価格，原価，経費…を仮定し，それに基づいて売上と費用という2つの直線を引き，かつその仮定の下で売上予測（販売数）を行い，予測P/Lを作っている。売上予測を変えるには仮定（販売価格，原価，経費…）を変えるしかない。仮定を変えることで，売上，費用の直線を変え，売上予測を再度行い，それによって予測利益を変化させ，納得のいく予測P/Lを作っていくしかない。このような"やり方"を利益シミュレーションという。

　たとえば，販売価格を下げたケース（10％ダウンして90円で売る）を考えてみる。これによって売上直線の傾きは90円となり下図のように下がる。このときどのくらいの販売数に変化があるのかを考える。クライアントの販売部門の意見が必要なことは言うまでもない。

　「2.4万匹までアップする」となった。

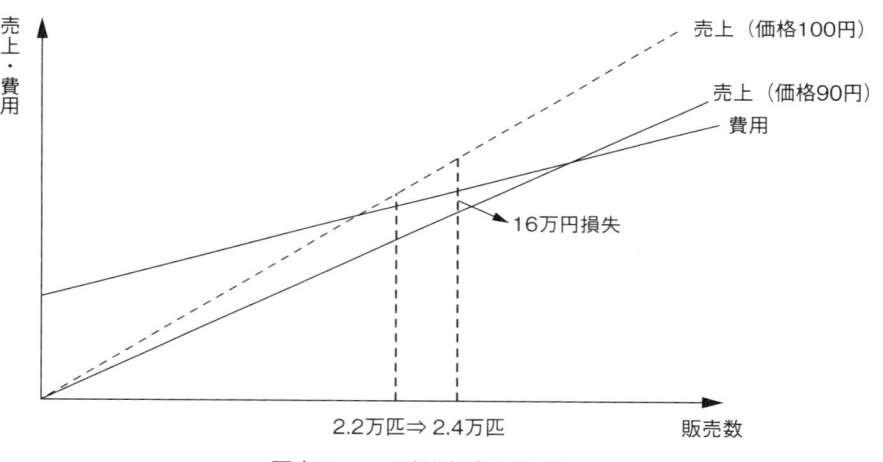

図表2-6　利益直線の例　その2

　しかしこれでは16万円の赤字となってしまう。逆に販売価格を上げてみても利益が出ない。

　そこで販売価格は据え置き（100円）として，プロモーションに力を入れると考える（プロモーション費用を10万円上乗せ）。図表2-5から費用線は上へ10万円だけ平行移動する。ここでの販売予測は2.9万匹となった。そうなると利益は8万円になる。

図表2-7　利益直線の例　その3

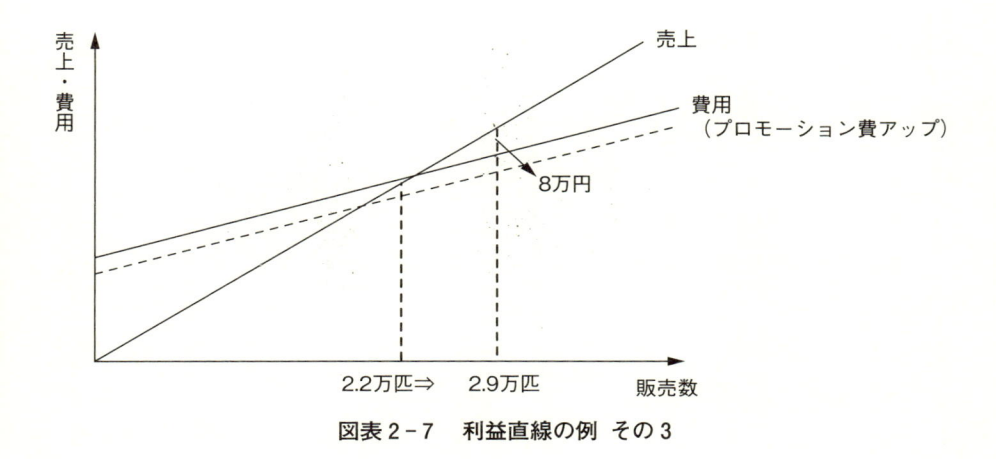

さらに他の魚屋と共同仕入することで、仕入価格のコストダウンが1匹当たり1円図れたとする。費用線は傾きが79円となり下図のように下がる。

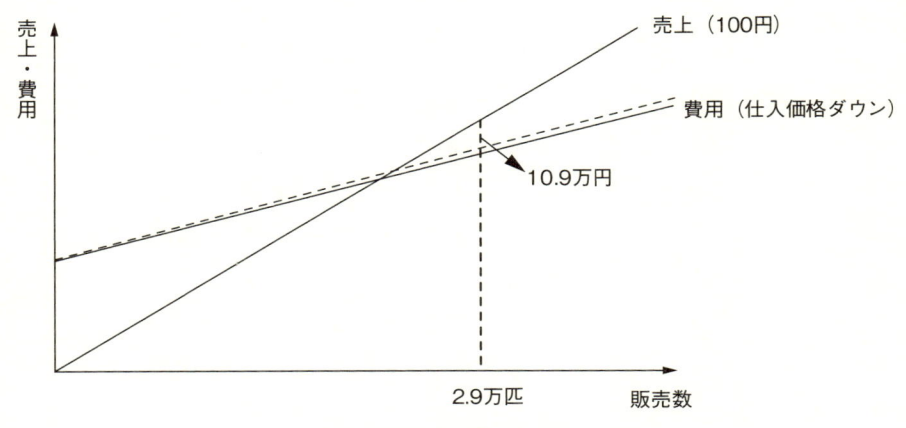

図表2-8　利益直線の例　その4

利益は10.9万円となり目標利益に達する。

2−2　投資シミュレーション

固定資産などへの投資をコンサルティングするものである。この投資の元となるのはキャッシュフローというカネである。

このとき2つのアプローチがある。キャッシュフローからのアプローチと投資資

産からのアプローチである。

（1）キャッシュフローからのアプローチ

ここでは次のようにコンサルティングを進めていく。

① キャッシュフローの説明

クライアントの経営者，従業員でキャッシュフローの意味を理解している人は皆無といってよいので（計算の仕方は知っていても），まずキャッシュフローの意味を次のように説明する。

> **キャッシュフローの説明**
>
> 本来「収益 − 費用 ＝ 利益」という計算は「入ってくるカネ」から「出ていくカネ」を引いて「手元に残るカネ」として「利益」を計算するものである。だから企業はこの期間に利益分だけ現金を増やしているはずである。しかし利益は「企業の成績」を表すものとして使われるようになり，その成績の公平性を保つためにルールはどんどん複雑になり，しだいに実際の「現金の増減」から離れていくようになった。
>
> たとえば，1,000万円のコンピュータソフトウェアを現金で買ったとき，ソフトウェア費用を販管費として計算せず，「1,000万円の現金」が「1,000万円の価値のあるソフトウェア資産」になったと考えて，費用はゼロとする（もちろん現金は1,000万円減っている）。そのうえで5年かけてソフトウェアの資産価値を下げていくことで，毎年200万円ずつ費用（もちろん払う相手はいない）を発生させていく。これが減価償却費である。
>
> 一方，本当の現金の増減だけに着目して計算を行うものがキャッシュフロー（入金から出金を引く。つまり現金の増減量）である。しかし"おこづかい帳"のように現金の出入りの経緯だけを残していっても，P/L，B/Sとの整合性がなく経営的には使いづらい。そこで逆にP/Lの最後の計算値である"利益"を出発点として，これを少しずつ現金の出入りに合わせて加減していくものがキャッシュフロー計算書（正確にいうと間接法によるキャッシュフロー計算書）である。
>
> 先ほどの例でいえば，1,000万円のソフトウェアを買ったのなら，この時点で1,000万円現金が減るので利益から1,000万円を引く。この投資による増減を投資キャッシュフローという。払う相手のいない減価償却費を計上したら利益にこれを足す。利益と減価償却費を足したものを，本業（財務では営業という）による現金の増減という

意味で営業キャッシュフローという。

② キャッシュフロー計算

クライアントが上場企業のときは，有価証券報告書の中にキャッシュフロー計算書が入っているので，コンサルタントがわざわざキャッシュフローを計算しなくても手に入る。しかし中身が複雑すぎて（細かい項目が多すぎて）コンサルティングにはかえって使いづらい。そこで次のような形でこれを修正する。また非上場企業についてはこのステップでキャッシュフロー計算書をエクセルなどで作成していくとよい。

- **営業キャッシュフロー＝税引後利益[*2]＋減価償却費[*3]**　キャッシュフロー計算書の"営業活動によるキャッシュフロー"のうちこの2つだけを取り出す。その他の項目は無視する。（非上場企業のうちメーカーなどでは，減価償却費が販管費だけでなく製造原価にも入っているのでこれも足し上げる。）
- **投資額**　キャッシュフロー計算書の"投資活動によるキャッシュフロー"に表示されているもののうち，イレギュラーなものは取り去り，純粋に「固定資産への投資」のみを対象とする。

  このとき，投資キャッシュフローはマイナス（投資によって現金を減らしているので）となるのが普通だが，これをプラスとして投資額（＝－投資キャッシュフロー）と表現する。
- **財務キャッシュフロー**　キャッシュフロー計算書の"財務活動によるキャッシュフロー"の中の「借入金の増減額（社債を含む）＋増資額（または減資額）－配当金」で計算する。

  そのうえでネットキャッシュフロー（キャッシュフローの総額。つまり現金増減額）を出す。この中で「営業キャッシュフロー－投資額」の部分をフリーキャッシュフロー（この分の現金を自由にできるという意味）という。

$$\text{ネットキャッシュフロー}=\underline{\text{営業キャッシュフロー}-\text{投資額}}+\text{財務キャッシュフロー}$$
$$\text{フリーキャッシュフロー}$$

[*2] 有価証券報告書においては税効果会計を適用しているので「税金等調整前当期利益－法人税等の支払額」で求める。

[*3] 正確にいうと減価償却費だけでなく"現金支出を伴わない費用"を考えなくてはならない

のだが，コンサルティングでは減価償却費のみを対象とするほうがよい。

③ キャッシュフローの見方

厳密にいうと，上の営業キャッシュフローには運転資本の増減[*4]を考慮しなくてはならない。したがって，厳密には「ネットキャッシュフロー＝営業キャッシュフロー＋運転資本の増減－投資額＋財務キャッシュフロー」となる。

一方，ネットキャッシュフローは期中に増えたカネの量であり「期末現金残高－期首現金残高」となる。企業というものはカネを使い，カネを増やし，増やしたカネも明日のために使っていくものであり，カネを貯めていくところではない。したがって，現金残高は限りなくゼロに近づけていくのが資金繰りの原則である。しかし「その日の支払い」が「その日に入ってくるカネ」よりも多いときは一時的なカネが必要となり（これが運転資本），その分をネットキャッシュフローで補う。

こう考えると，ざっといえば企業は「ネットキャッシュフロー－運転資本」をゼロになるようにしている。つまり「営業キャッシュフローを税引後利益＋減価償却費だけ」と考えれば，次のような式となる。これがキャッシュフロー基本式である。

$$\boxed{営業キャッシュフロー} - \boxed{投資額} + \boxed{財務キャッシュフロー} = 0$$

*4　売掛金・買掛金（利益計算が済んでいるのに入金していない，出金していない）や在庫（買っても利益計算に考慮させない）の増減のこと。

④ 投資額

上の式を変形すると次のようになる。

$$\boxed{投資額} = \boxed{営業キャッシュフロー} + \boxed{財務キャッシュフロー}$$

これは投資が「企業自身が稼いだカネ」（営業キャッシュフロー）と「借入金など外部のカネ」（財務キャッシュフロー）でなされることを意味している。

ここでOCI（Operation Cash flow to Investment：投資の営業キャッシュフロー比率）という指標を考える。

$$OCI = \frac{営業キャッシュフロー}{投資額}$$

これは「投資額のうちどれくらいを営業キャッシュフローという"自分のカネ"でまかなっているか」というもので，中期，長期計画の基本的な指標となる。

OCIをクライアントの経年,ベンチマーク指標と比較しながら,今後OCIをどうしていくかを考え,投資戦略のベクトルを決定する。これが投資のフレームワークとなる。

ⅰ) OCI＞1とする

営業キャッシュフロー＞投資額となり,この差額分は財務キャッシュフローに回すことになる。すなわち「借金を返済する」,「配当を増やす」(場合によっては「減資する」)。

ⅱ) OCI＜1とする

営業キャッシュフロー＜投資額となり,投資額の一部を財務キャッシュフローに頼ることになる。

このときはFCI (Financing Cash flow to Investment:投資の財務キャッシュフロー比率) という指標を考える。(投資額≒営業キャッシュフロー＋財務キャッシュフローなのでOCI＋FCI≒1となる。)

$$FCI = \frac{財務キャッシュフロー}{投資額}$$

そのうえでFCIを次の2つに分ける。

$$EFCI (Equity\ FCI:投資の株主キャッシュフロー比率) = \frac{増資額－配当額}{投資額}$$

$$DFCI (Debt\ FCI:投資の借入キャッシュフロー比率) = \frac{借入金－返済金}{投資額}$$

OCI同様,経年,ベンチマーク指標の指標を見ながら大体のベクトルを出す。つまり借入で行くか,増資で行くかである(もちろん金融機関,株主,投資家の状況にもよるが)。

(2) 投資資産からのアプローチ

投資は固定資産になされる。この固定資産を2つに分けて考える。1つは機械,建物など「使用すると(時間とともに)価値が落ちるもの」であり,減価償却の対象となる資産。本書ではこれを「設備」と表現する。もう1つは土地,投資有価証券などで,減価償却の対象とならない資産である。これは投資シミュレーションというよりも担保価値としての見方が中心であり,87ページで述べた長期安全性診断

の対象である。本項では前者の設備についてのみ考える。

　減価償却という手続きの大原則は，費用をその設備の使用期間に均等にあてていくというものである。100ページの1,000万円のソフトウェアでいえば減価償却費は毎年200万円であり，これは営業キャッシュフローとして企業の手元にカネとして残る。つまり1,000万円のソフトウェアは購入すると，いったん1,000万円のカネが出ていって（費用としては計上しない），その後毎年200万円ずつカネを（売上を通して）増やすことになる。これが"回収"という言葉の意味である。さらにその設備を使って利益を生むと考えれば「利益＋減価償却費」の分だけ，つまり営業キャッシュフロー分だけ回収されていくことになる。

　そこで O^2D（Operation cash flow On Depreciable assets：営業キャッシュフロー対減価償却資産）というものを考える。

$$O^2D = \frac{当期の営業キャッシュフロー}{B/S上の設備額（薄価という）}$$

　OCIが今後の投資を何でまかなっていくかを考えるものなのに対し，O^2D は過去に投資した設備がもたらす営業キャッシュフロー（回収した分）に着目し，今後の設備投資を考えるものである。O^2D は企業全体，さらには各設備（大企業では設備グループ，つまり工場，店舗，物流センター，支店など）ごとに見ていく。

　O^2D を次の2つの面から分析し，投資計画のベクトルを考えていく。

① 経年変化

　以下のように O^2D と設備額の経年変化を見ることで，現在の「投資の状態」を確認する。

O^2D＼設備額	↗	→	↘
↗	レバレッジ状態	コントロール状態	利益ダウン⇒赤信号
→	設備効率アップ		
↘	回収中		体力ダウン⇒黄信号

図表2-9　O^2D と設備額の変化

● O^2D が上昇　ここで設備額も上昇していれば，それを上回る営業キャッシュフ

ローを得ていることになり，まさに「レバレッジ状態」*5である。

　設備額がスライドであれば減価償却費分だけ設備投資（設備補充といったほうがよい）をして，「設備効率を上げている状態」といえる。

　設備額が下降トレンドであれば設備投資を控え，「既存設備を回収中」といえる。

- **O^2D がスライド**　営業キャッシュフローに合わせて設備投資をしている企業である。目標予算を達成し「コントロールがよく効いている状態」のことが多い。
- **O^2D が下降**　設備額がスライド，上昇しているときは要注意である。特に上昇しているときは「設備額と営業キャッシュフローのバランスが崩れている状態」であり，P/L上の利益がかなり厳しいはずである。これを立て直すには外科手術（工場や店舗の閉鎖，売却）が必要となる。設備額が下降しているときは「徐々に体力が落ちている状態」であり，黄信号である。

*5　レバレッジとは「てこ」のこと。カネをつぎ込めばもっとカネが増えていく状態。

② ベンチマーク指標との比較

O^2D と設備額についてベンチマーク指標と大小関係を比較し，今後の投資戦略のベクトルを考える。

O^2D	設備額	状況
大	大	売上が大なら規模の利益
		売上が小なら逆転のチャンス
大	小	レバレッジ効果，設備投資のチャンス
小	大	ピンチ。ライバルに狙われる
小	小	ダイナミックに他社設備などを獲得すべき

図表2-10　O^2D と設備額のベンチマーク比較

　企業がベンチマーク指標に比べて，ともに「大」のときは売上を見る。これも「大」なら規模の利益が働いているときであり，まさに順調である。売上が「小」ならこれから逆転が期待でき，攻めるタイミングといえる。

　O^2D が「大」で設備額が「小」のときはレバレッジ効果が期待される状態にあり，積極的な設備投資を行うチャンスである。

　O^2D が「小」で設備額が「大」のときはレバレッジの逆であり，ライバルが力をつけていることが予想され，ライバルに狙い撃ちされる危険がある。

ともに「小」のときはともに「大」のときの反対で，M&A，アライアンスなどによって，すぐに営業キャッシュフローを生む他社の設備を獲得でもしない限り赤信号である。

2－3　企業価値シミュレーション

「企業価値を高める」ということは上場・非上場，大企業・中小企業を問わず現代企業の最大のテーマといってよい。しかし，何をもって企業価値というかは意見の分かれるところである。

（1）　将来のカネ

企業価値を考えるには，まず「カネと時間の関係」を整理する必要がある。

「将来のカネ」と「今のカネ」は価値が違う。これは誰しもが合意できる。「今日の100万円」と「1年後の100万円」なら，すべての人が「今日の100万円」の価値のほうが高いと考えるであろう。「今日の100万円」と「1年後の200万円」なら多くの人は「1年後の200万円」であろう。1年後の180万円なら160万円なら…とやっていくと，どんな人にも「どちらも同じ」というラインがあると思う（人によってその額は違うが）。

これが105万円のとき（今日の100万円と同じ価値），1年後の105万円の「現在価値」は100万円と考える。そのうえで「1年後の210万円」はこの人にとって「今日の200万円」と考える。つまり現在価値を考えるときの「比率」は一定と考える。この比率のことを割引率（ディスカウントレート）という。

「1年後105万円＝現在の100万円」では $\frac{105万円}{100万円} = 1.05$ と計算し，この0.05（5％）を割引率として採用する。つまり1年後の105万円は $\frac{105万円}{1.05}$ ＝現在の100万円と計算される。1年後の210万円は $\frac{210万円}{1.05} = 200万円$ となる。

2年後は1年後からさらに5％割引くと考え，2年後の105万円の現在価値は $\frac{105万円}{(1.05)^2} \fallingdotseq 95万円$ と考える。3年後は分母が $(1.05)^3$ となる。つまり年当たりの割引率は一定と考える。

(2) 現在の価値と未来の価値

　企業価値としては2つのものが考えられる。1つは"現在の価値"で，もう1つは"未来の価値"である。"現在の価値"とは今企業が事業をやめれば（解散という）いくらのカネが残るか（これを清算という）というものであり，解散価値という。解散価値は企業のすべての資産をカネに換え，負債を返して手元に残るものであり，B/Sの純資産（総資産－総負債）がこれにあたる。もちろん時価法（売った場合の値段）で資産を計算していなければならない。

　コンサルティングにおいて解散価値を企業価値として使うことはレアなケースで，オーナー経営者が「会社をやめよう」，株主が「会社をつぶそう」と思っているとき以外はない。

　コンサルティングにおける企業価値は"未来の価値"である。未来の価値を推定することで，"未来の価値を高める方法"を経営者とともに考えるというものである。

　近年では未来の価値を"将来その企業が生んでいくカネの量"，つまり将来のキャッシュフローをもって考えるのが一般的であり，M&Aや株価を考えるときなどによく使われている。しかし，企業が将来にわたって永遠に増やしていくカネを積み上げたのでは，企業の価値は無限大となってしまう。

　そこで次のようなステップで企業価値を計算していく。

(3) 企業価値の計算

① 対象期間を決める

　「何年分の事業によるカネの増加」（＝キャッシュフロー）を考慮するかを決める。コンサルティングでは5年が妥当といえる。

② フリーキャッシュフロー

　対象期間のネットキャッシュフローから財務キャッシュフローを除いた「フリーキャッシュフロー」（101ページ参照）を予測する。

　「フリーキャッシュフロー＝税引後利益＋減価償却費－投資額」で"ざっと"計算する。

③ 5年後の解散価値

　5年後のB/Sを予測して，5年後の解散価値を考える。つまり5年後に企業を

解散してすべての資産を売り，すべての負債を返すと考える。これを5年後のフリーキャッシュフローに足し上げる。

ここまでのやり方はさまざまなものが考えられるが，下図のようなものが一般的である。

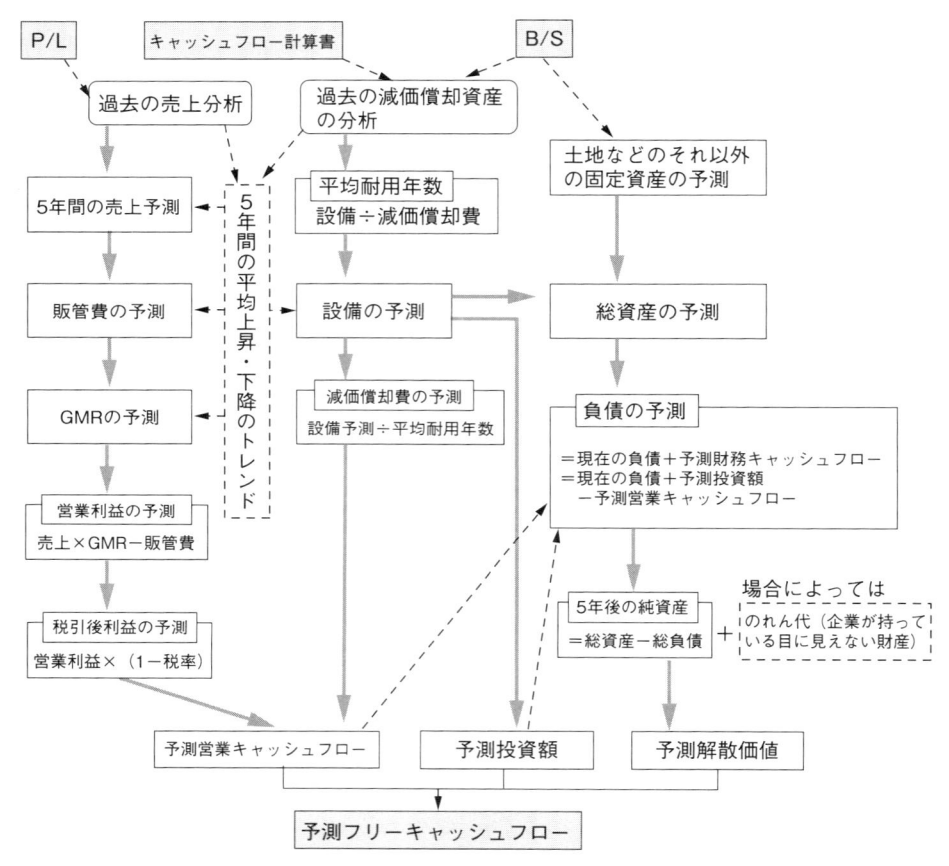

図表2-11　フリーキャッシュフローの予測モデル

ここでコンサルタントにとって大切なのは，5年間のフリーキャッシュフローを「当てる」ことではなく，どういう"やり方"で予測したかということである。（250ページで述べるが）予測を行うときは「やり方」に着目し，これをクライアントとよく話し合うことである。

④　割引率

この5年間のフリーキャッシュフローは「将来のカネ」であるから割引を行う。

割引率はケースバイケースであるが、一般的なコンサルティングでは加重平均資本コスト[*6]を使うことが多い。ここでは厳密な手続きよりも、クライアントが理解しやすい形で"ざっと"割引率を決めるほうがよい。借入金と自己資本の比率がざっと1：2で、平均利子率が5％くらい、自己資本対配当率が10％くらいなら、$(5×1+10×2)÷3≒8$としてWACCを8％とするくらいの"感じ"で十分である。

⑤ 企業価値

こうして「割引いたキャッシュフロー」が106ページで述べたDCFである。この5年間のDCFを積み上げたものを企業価値と考える。

$$V = \frac{F_1}{(1+r)} + \frac{F_2}{(1+r)^2} + \frac{F_3}{(1+r)^3} + \frac{F_4}{(1+r)^4} + \frac{F_5+I_5}{(1+r)^5}$$

V＝企業価値　　r＝割引率

F_1～F_5：5年間のフリーキャッシュフロー

I_5：5年後の解散価値

[*6] Weighted Average of Capital：WACCと略す。企業が集めている資本（負債、自己資本）にかかる"年当たりのコスト"（借入金なら金利、資本金なら配当）をその資本額に応じて加重平均するもの。

（4） 企業価値を使ったシミュレーション

企業価値という考え方を使ったシミュレーションは、次の4つが代表的である。

① 投資シミュレーション

先ほどの投資シミュレーションに応用するもので、将来の設備投資が企業価値にどのような影響を与えるかを考える。つまり"した場合"と"しない場合"での企業価値の変化を見て設備投資を考えていく。

② 経営計画シミュレーション

すでにある経営計画（投資計画、利益計画）によって企業価値がどう変わるかを考えるパターンと、この企業価値シミュレーションをやりながら経営計画を作成するパターンがある。

③ M&Aシミュレーション

クライアントがM&Aを検討しているときに、相手先企業の「値段」（＝企業価

値）をいくらとするべきかを考える。

④　株価シミュレーション

　株価は証券市場の買い手と売り手の値段が一致したときに売買が成り立つという"せり"で決まる。しかしそこにも基本的な考え方が求められる。投資家から見れば「何を基準として株価を考えるか」であり，企業から見れば「株価のメカニズムを知りたい」というニーズである。

　そこで「証券市場で売買される株は，企業価値を細かく切ってやりとりしている」と考える。

$$株価（理論株価と表現することが多い）= \frac{企業価値}{発行済株式総数}$$

　各投資家が自らで理論株価を算出し，その理論株価よりも証券市場の実際の株価が高ければ"売り"，低ければ"買い"という行動をとると考える。

　上場企業をクライアントとするコンサルタントが，「株価を上げたい」というコンサルティングニーズに対してチャレンジするケースも多くなっている。ここで「株価を上げる」＝「企業価値を上げる」と考えれば，その道筋が見えてくる。

　企業価値（株価）を上げるには次の3つがその核となる。

- 営業キャッシュフローを上げる……利益を上げることであり，適正な投資による適正な減価償却費を生むことである
- 5年後の純資産価値を上げる……価値のある財産に投資する
- 割引率を下げる……資本コスト（WACC）を下げる

　また「投資家は企業価値がよく計算できない企業の株は買わない」と考える。そのため上場企業は，投資家が理論株価が計算しやすいように（営業キャッシュフロー，純資産価値が計算しやすいように），長期計画（投資計画，利益計画）を積極的にディスクローズしていく必要がある。このディスクローズを指導していくことをIRコンサルティングという。

3 経理システム

　クライアント内の"カネに関する仕事"（＝本書ではこれを「経理」と定義する）

の"仕組みづくり"を行うコンサルティングである。次の2つに分けることができる。

3－1　経理部門の変革
(1)　経理という仕事
　組織コンサルティングの一種ともいえるが，「経理部門の変革」をテーマとしたコンサルティングである。

　経理は企業内で周囲からの理解度が低く，ブラックボックス性の高い仕事である。場合によっては経営者でさえ何をやっているかよくわからず，ノーコントロールとなっていることも多い。

　まずコンサルタントが行うことは，クライアントの経理部門がやっている仕事を次の2つにはっきりと区分することである。

① ファイナンス（finance）

　finance は一般に金融または財務と訳される。

　金融とは「お金の融通」，つまり資金の需要と供給の関係を調整することをいう。しかし多くの場合「金融」は仕事というよりも，それを「業」としているものの集まりを指すことが多い。つまり金融業である。

　財務とは企業内で必要とされるカネの量を考えて，そのカネを集めてくる「仕事」を指す。したがって，一般企業内の経理という仕事においては「ファイナンス＝財務」であり，経理の仕事の一部を構成する。

② アカウンティング（accounting）

　これは会計や経理と訳されることが多い。しかしファイナンス（財務）も経理の一部であり，ややこしいので，これを会計と訳す。

　会計（アカウンティング）とは「ある期間のカネの出入りを管理して，ある時期に特定の人へ，その結果・明細を報告する仕事」である。飲食店などでいう「お会計！」である。

　そのうえで「経理＝財務＋会計」と定義する。

(2)　経理部門のチーム分け
　経理部門コンサルティングでは上の2つの機能をはっきりと区分して，組織を物

理的に分ける。そのうえでこの経理部門内にシミュレーション機能を持つチームを加える。

つまり、経理部門は次の3つのセンターからなるようにコンサルティングする。チーム名称も思い切って会計、財務といった今まで使ってきたファジーな日本語を使わず、比較的定義のしっかりしたファイナンス、アカウンティングという言葉を使い、機能別に構成したスタッフ組織（133ページ参照）であることをはっきりさせる。

① ファイナンシャルセンター

ファイナンシャルセンターはファイナンス（財務）を担当するチームである。

ファイナンスを「資金の調達と運用」とは考えず、資金需要と資金確保の2つに分けて考える。資金需要（カネを使ってこんな投資をしたい）はファイナンシャルセンターにはなく、経営者を頂点とする一般組織にある。したがって、これは経営者（または経営企画室などの経営スタッフ）が取りまとめる仕事である。

ファイナンシャルセンターに残された仕事は資金確保である。資金確保は資金額を決めるものではなく、求められた資金額をどうやって集めるかという仕事である。すなわち手持資金、営業キャッシュフロー、借入金、エクイティ（増資）、社債などのファイナンス手段の中から、もっとも適切なものを選ぶ仕事である。さらに借入であればどういう形でどこから…と進めていく。

これ以外の機能をここには持たせない。

② アカウンティングセンター

アカウンティングセンターはアカウンティング（会計）を行うセクションである。これは制度会計（やらなくてはならない会計）と管理会計（企業が自己の意思で行う会計）の2つに分けられる。

ⅰ）制度会計

会社法、金融商品取引法、税法などに基づく財務会計および税務会計のことである。これはやらなくてはならないことであり、そのやり方が決まっている。ここでのコンサルティングポイントは2つある。

1つは仕事の目標設定である。これはITを使っていかに早く、いかに安くできるか、そして上場企業であればいかに投資家にわかりやすいものとするかが目標となる。

2つ目は会計による内部統制*1である。これには2つの基本がある。

第1の基本はアカウンティングセンターと現場の分離をはっきりさせることである。そのポイントは「簿記の仕訳において"同時に発生するデータ"は異なる部門で行う」というコントロール（会計のルール）を持つことだ。たとえば、売上と売掛金は簿記では同時に発生する。ここで売上データをセールス部門で起こすのなら（売上伝票を書く），売掛金の管理（発生，入金による消し込み）はアカウンティングセンターで行うといったことである。いわゆる相互監視である。

第2の基本はアカウンティングセンターと現場を経営者がチェックすること，つまり監査である。監査役や公認会計士が法に基づいて行うものは，基本的には「経営者を監査する」ものである。一方，この経営者が行う監査は「アカウンティングセンターと現場のコントロール」をチェックするものである。一般に監査ではコントロールの正当性（今やっている仕事のルールが適正か），準拠性（ルールどおりにやっているか）を見る。

内部統制の一環として行う経営者監査で大切なことは，「監査をやる」という経営者の意思である。

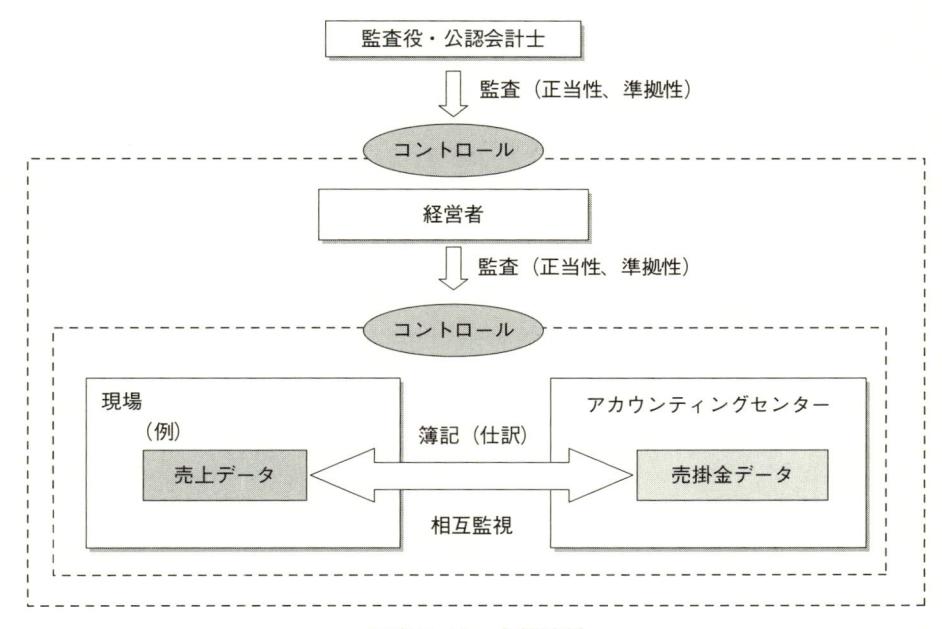

図表2-12　内部統制

（235ページからのセキュリティの項で内部統制の考え方をもう少し詳しく書いているので併せて読んでほしい。）

*1 ルールなどによって制限を行い，過失，犯罪などから守ることを統制という。このうち企業内で行われるものを内部統制（インターナル・コントロール）という。本書ではこの統制のルール自身をコントロールと表現する。

ⅱ) 管理会計

　管理会計とはマネジメント・アカウンティングの訳であり，マネジメントへの会計報告である。ここでいうマネジメントは広く企業経営全体を指すと考えればよい。

　管理会計はさらに2つに分かれる。全社をコントロールするための会計と，特定目的の会計である。前者が予算システムであり，アカウンティングセンターは予算の取りまとめセクションとして機能する。各部門から上がってくる経費の積み上げ，限界利益率の設定，売上目標配賦率の決定，予算調整コーディネート…といった予算に関するすべてのことが対象である。この予算取りまとめを経営企画室，社長室といった経営スタッフが行う企業もあるが，経営サイドも予算調整のメンバーであり，調整役（行司にあたる）は利害関係のない第三者が行うようにしたい。そのためアカウンティングセンターは経営者や経営スタッフからの中立性が求められる。

　特定目的の会計としてはこれから述べるユニット会計，ABC/ABMのほか，21ページで述べた付加価値会計，265ページで述べるネットワーク会計などさまざまなものがある。これらをすべてアカウンティングセンターで担う。

③　シミュレーションセンター

　ファイナンス，アカウンティング以外で，カネを中心とした数字に関する公平性，透明性が求められるさまざまな支援を行うスタッフを，シミュレーションセンターとして経理部門内に集約する。

　シミュレーションセンターは次のような機能を持つ。大企業ではこの機能別にチーム分けをしてもよい。

● **予測機能**　生産計画，販売計画，在庫計画，さらには将来の売上・利益の予測，採用人数の変更による利益変化，管理スパンの変更による組織変化，アウトソーシング*2によるコストの変化など，企業のさまざまな計画において必要とされる予測に関するノウハウをここに集める。

● **数量化機能**　49ページの顧客満足度など，さまざまな局面で「定性情報を数字に

変える」という仕事が企業内にある。数量化自体は数学の極めて単純な理論であり，むしろ数量化対象に関する知識がその決め手である。「おいしさ」の数量化なら商品の開発部門が行うのがベストである。しかしこの数字は開発部門だけでなく，生産，マーケティングなどさまざまな部門で利用される。この数字および数量化のノウハウをここに共有し，その利用をサポートする。
● **分析機能**　データマイニング，仮説検定，相関分析，実験計画法など企業が必要とするさまざまなデータ分析をサポートする。予測機能，数量化機能が共有化であるのに対し，高度化の意味を持つ。つまり企業経営の「力」として，分析力を高めるとともに，若き理系出身者の採用によってこれを育てる。

経理部門コンサルティングはリストラクチャリング（再構築。もちろん中高年リストラのことではない）であり，仕事，機能をはっきりさせ，ラインに渡すものは渡し，ラインに分散しているものは吸い上げるという仕事である。
その結果として次図のような組織へ変身させる。

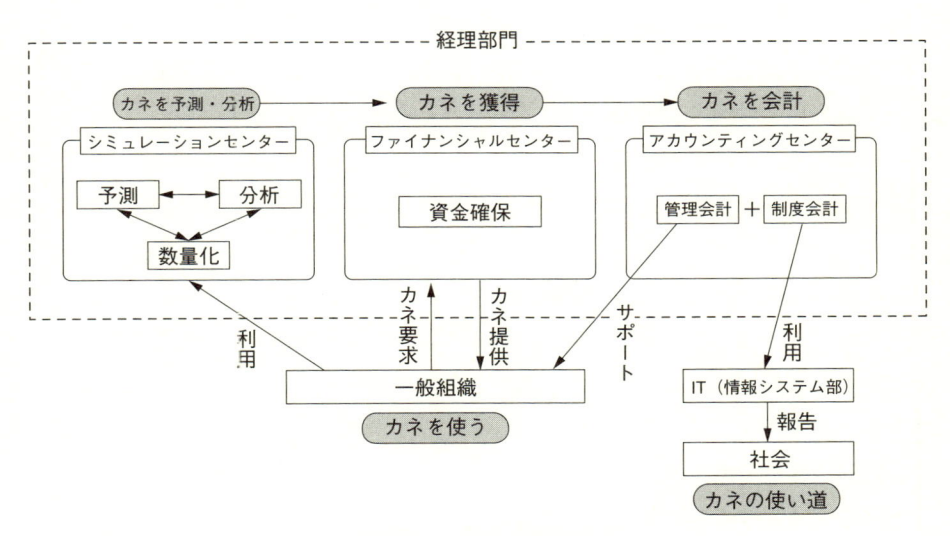

図表2-13　経理部門の変革

＊2　企業内の仕事を外部へ一括して委託すること。

3―2　アカウンティングシステム

　財務コンサルティングの最後に，クライアントが行う管理会計の仕組みを提案する。さまざまなものがあるが，次の2つがその代表である。

(1)　ユニット会計

　ユニット（54ページ参照。SBU，事業部，カンパニー，支店，営業所，店舗…）の単位に会計を行うことをユニット会計という。企業によってはユニット単位に損益計算を行いP/Lを作成しているところもあるが，B/Sまで作っているところは少ない。

　工場，サービスセンターなどが複数あるときは，この原価単位（原価を集計する単位で売上は発生しない部門）にも適用することも提案する。原価単位では売上を何らかの形（出荷額，社内取引額など）で定義しておく必要がある。

　ユニット会計は次のステップで進めていく。

①　ユニット別P/Lの作成

　ユニット別P/Lは事後会計よりも事前会計，つまり当期の予算目標を立てることが最大の目的である。前期のデータから前期のユニット別P/Lを作り，これをベースに当期の目標P/Lを作る。

i) 前期ユニット別売上計算

　前期のユニット単位の売上はすでに計算されていることが多いが，なければまず売上をユニットごとに出す。

ii) 前期ユニット別売上原価・粗利計算

　各ユニット別の前期の売上原価を計算する。各ユニットの売上原価の合計が「全社の売上原価」になるように調整する。さらにユニット別の売上からこれを引いてユニット別の粗利を計算する。

iii) 前期販管費分類

　前期の全社販管費を次の2つに分類する。

- **直接販管費**　各ユニットで発生し，他のユニットには関わりない費用なので，各ユニットに単純に割り当てることのできるもの。各ユニットにいるセールスマンの人件費など。
- **間接販管費**　各ユニットにどう割り当ててよいかわからないもの。本社スタッフ

部門の人件費など。

iv) 販管費配賦

直接販管費はそのままユニットに割り当てればよいが，間接販管費は各ユニットに配賦する必要がある。この配賦額によってユニットの業績が変わるのでユニット長から不満が出ることも多い。ここでコンサルタントは配賦額を直接操作したりせず，配賦基準（配賦の仕方）についてのみ話し合う。話し合いのポイントはどういう基準が公平かということである。

コンサルタントが次の2つの配賦基準を提示し，「勘定科目ごとにどちらかに決める」と提案すれば，反論はあまり出ないと思う（反論があればその人に代替案を求めればよい）。

- **粗利配賦**　ユニットで生む粗利の比によって配賦するもの。ユニットが共同で行うと考えられるものや企業の未来へ投資するものであり，これを粗利に応じて負担すると考える。本社スタッフ人件費，共通プロモーション費用，減価償却費といったものに適用される。
- **人数配賦**　人数を増やせば増えるような費用。家賃，水道光熱費といったものに適用される。

v) 前期ユニット別 P/L

ユニット別に売上，売上原価，販管費が出たので，ユニット別に実施直前期のP/Lを作成する。

vi) ユニット別粗利対販管費計算

ユニットに対する業績評価基準を何にするかを決める。ユニット別の営業利益額ではユニットの大きさにより不公平感が出る。そこで54ページの予算目標の経営資源配賦の考え方を用いて，粗利対販管費（粗利／販管費）を評価基準とする。つまり配賦された販管費というカネ（経営資源）に応じた粗利を目標とする。

まず全社およびユニット別に前期の粗利対販管費を計算する。

vii) ユニット別粗利対販管費目標

54ページで述べた全社におけるトップダウン予算の部分，すなわち「目標利益の設定⇒経費見積⇒限界利益率の設定⇒目標売上」までを行う。これを使って全社の当期の粗利対販管費目標を計算し，前期からの伸び率（一般に当期のほうが大きい）を出す。ユニットごとに，前期値にこの伸び率を掛けて当期の粗利対販管費を

計算し，これをユニットの目標とする。

viii）販管費配賦

全社の目標販管費を粗利配賦，人数配賦によってユニットに配賦する。人数などに変更がある場合を除き前期の配賦率をベースにする。ただし，ここで「粗利対販管費の伸び率」と「販管費配賦率」を経営者とユニット長で調整しても可（「配賦率を落とすので目標伸び率を下げる」など）。

ix）ユニット別目標 P/L

ユニット別販管費に目標粗利対販管費を掛けて，目標粗利を計算し，目標粗利を粗利率（ユニットごとにユニット長が設定する）で割って目標売上を計算する。こ

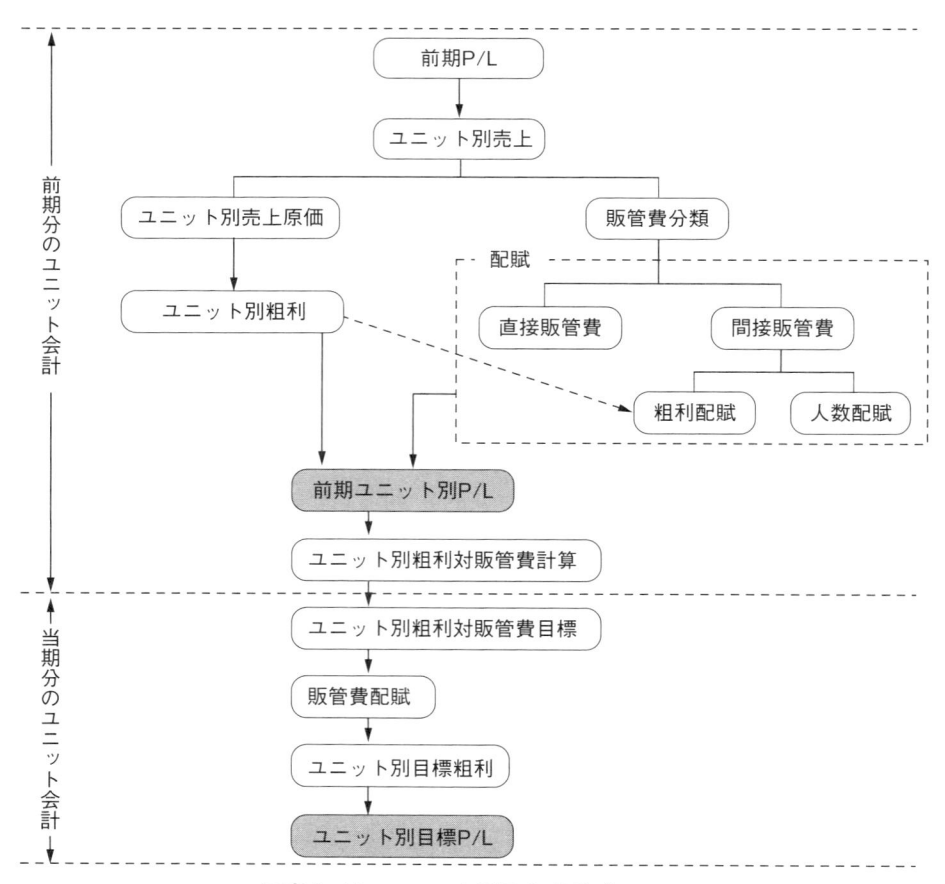

図表 2-14　ユニット別 P/L の作成フロー

れでユニット別の目標P/Lができる。これをユニットのトップダウン目標として全社と同様にユニットごとにボトムアップ目標との調整を行う。

② ユニット別B/Sの作成

ユニット別B/Sを作成する意味は，これによってユニット別の経営計画を作ることにある。

ⅰ）B/Sの修正

前期の全社B/Sのうち，売上債権分を貸倒れも考慮して現預金に変わったと考えて，現預金を増加させる。一方，買入債務分をすべて支払ったとして，現預金を減らす。

ⅱ）配賦

資産をユニットが個別に保有していると考えられる直接資産（商品在庫，ユニット独自の建物，器具・備品など）とユニットが共有していると考えられる間接資産に分ける。間接資産については販管費配賦と同様に粗利配賦（企業体力に依存するようなもの。現預金，ソフトウェア，投資有価証券…），人数配賦（人数が増えると増えていくと考えられるもの。共有の建物，器具，備品…）でユニットに配賦する。また負債，資本金については粗利配賦する。

（ここでユニット長から配賦に対してクレームが出ることはほとんどない。）

ⅲ）ユニット別B/S

「ユニット別剰余金＝資産－負債－資本金」で計算し，ユニット別のB/Sを作る。

ⅳ）ユニット別投資計画

ユニット別B/Sの現預金およびその他の資産をベースとして5年間（5年でなくても可）のユニット別投資計画を立て（投資額の予測），5年分のユニット別B/Sを作る。そのうえで5年間の減価償却費を予測する。

ⅴ）ユニット別利益計画

5年分のユニット別B/Sをベースとして，5年分の予測P/Lを作り，5年間の税引後利益を計算する。

ⅵ）フリーキャッシュフロー計算

税引後利益と減価償却費で，ユニット別の5年間の営業キャッシュフローを計算し，ここから投資額を引いてフリーキャッシュフローを求める。

ⅶ）ユニット価値

109ページで述べたDCFによる企業価値算出をユニットごとに行い、これを「ユニット価値」と考える。割引率としてはWACC（各ユニット共通）が妥当である。

viii) 投資額の検討

ユニット別の5年間のフリーキャッシュフローおよび手持現金などから、各ユニットが出しうる他ユニットへの投資額を考える。つまり、各ユニットが他ユニット（これから生まれる新ユニットを含む）へ株主として出資する余力がどれくらいあるかを考える。この出資については各ユニットの損益には直接的には影響を与えな

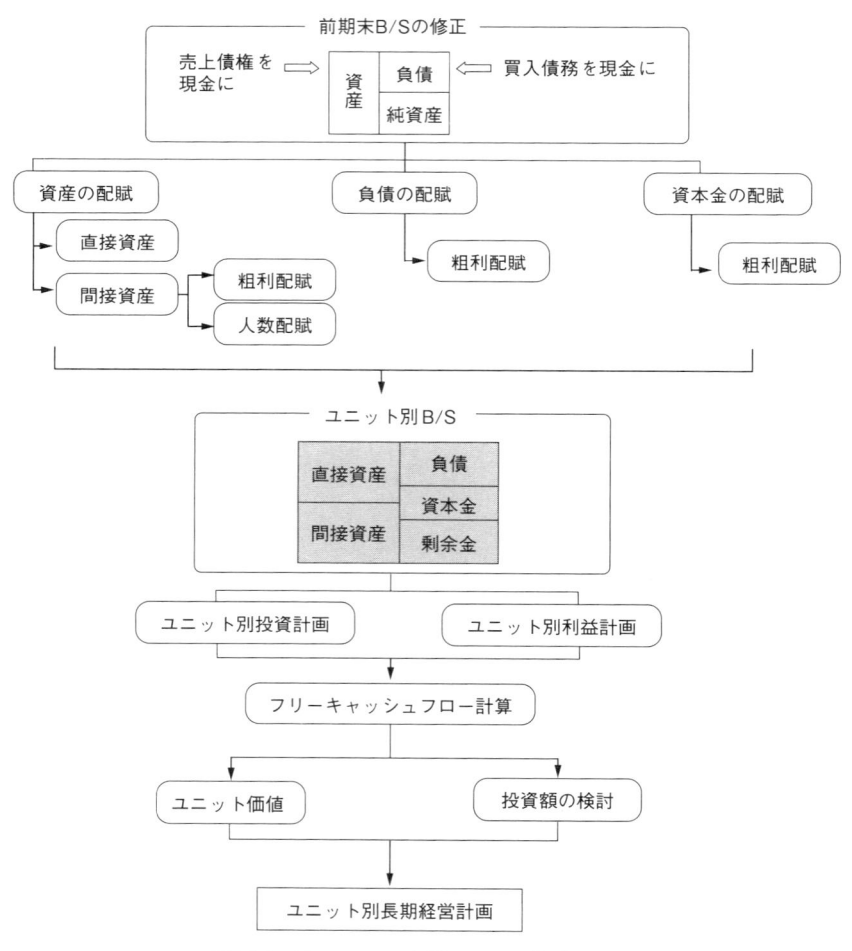

図表2-15　ユニット別B/Sの作成フロー

いので，ユニット長ではなく経営者とコンサルタントが考える。

ix）ユニット別長期経営計画

ユニット別 P/L，B/S，投資計画，さらには他ユニットへの投資案をもとに新ユニットを含めユニット別の経営計画を立てる。

（2） ABC／ABM

財務会計上，メーカーなどでは商品別や受注物件別などの原価計算を行っている。しかしこれを利益計画以外に使うのは難しいといえる。ABC（Activity Based Costing）とは，原価を作業（人が行う仕事）ごとにとらえようとするものである。エクセルなどを使えば比較的簡単に導入でき，その適用範囲も製造，物流，サービスのオペレーション，事務作業などほとんどすべての作業に適用できる。

ここでは注文を受けて印刷，製本し，それを梱包する印刷工場の例で考えてみる。

① コストセンターごとの原価計算

対象の作業をいくつかに区分する。ここでは「印刷」「製本」「梱包」「その他」に分ける。この作業単位に原価を集計していく。この単位をコストセンター（コストプール）という。

ABC では作業に着目しているので，それを行う人（人件費）とそれ以外（経費）に分けて考えるのがノーマルである。人件費は通常の原価計算の労務費同様に「作業時間×賃率[*1]」で計算する。そのため各作業ごとの作業時間が必要となるが，その算出は170ページの LSP の項を参照してほしい。賃率は各作業に携わっている人の賃率（給与÷作業時間）を"ざっと"平均する。経費はユニット会計同様に何らかの基準で配賦する。

項目＼コストドライバー	印刷	製本	梱包	その他の作業
時間（H）	5,000	2,000	1,000	500
賃率（円/H）	3,000	2,500	2,000	2,000
人件費（円）	15,000,000	5,000,000	2,000,000	1,000,000
経費（円）	7,000,000	3,000,000	2,000,000	1,000,000
原価（円）	22,000,000	8,000,000	4,000,000	2,000,000

図表 2-16　ABC ステップ 1

*1　時間当たりの給与のこと。俗にいう時給。

② コストドライバーレート

各作業の大きさを表す「ものさし」を各々1つ決める。これをコストドライバーという。印刷はページ数，製本は冊数，梱包は箱数とする。

そのうえでこのコストドライバーの数量で，コストセンターの原価を割って，コストドライバー当たりの単価を出す。これをコストドライバーレートという。どのコストセンターにも属さない「その他の作業」については総原価（これ以外の各コストセンターの原価合計）で割っておく。

項目＼コストセンター	印刷	製本	梱包	その他の作業
原価	22,000,000円	8,000,000円	4,000,000円	2,000,000円
作業量	2,000,000ページ	5,000冊	80箱	（総原価）34,000,000
コストドライバーレート	1ページ当たり 11円	1冊当たり 1,600円	1箱当たり 50,000円	1円当たり 0.06円

図表2-17　ABCステップ2

③ ABM

このようにして計算されたコストドライバーレートをさまざまな仕事に使っていくことを ABM（Activity Based Management）という。たとえば次のような形である。

- **原価目標**　たとえば「1ページ当たりの印刷コストを10円まで下げよう」といった原価目標，原価予算を作ることができる。またどうすれば下げられるか（どの作業の時間を落とせば原価がどれくらい下がるか…）も考えることができる。
- **原価差異分析**　原価がアップした場合には，どの作業の原価がその原因かがわかる。
- **原価見積**　たとえば1冊200ページ，50冊で1箱梱包の注文があれば，次のように原価を計算することができる。

$$見積原価 = (\underbrace{200 \times 50 \times 11}_{\text{総ページ数}} + \underbrace{50}_{\text{冊数}} \times 1{,}600 + \underbrace{1}_{\text{箱数}} \times 50{,}000) \times \underbrace{1.06}_{\text{1円当たり0.06円}}$$

$$= (110{,}000 + 80{,}000 + 50{,}000) \times 1.06$$

$$= 254{,}400円$$

第 3 章

組織コンサルティング

組織コンサルティングは組織構造，人事評価，教育，採用・退職という人事に関する各要素について行う。

1 組織構造コンサルティング

クライアントの"骨組み"ともいえる組織構造をコンサルティングするものであり，組織コンサルティングの花形商品といえる。

ここでは階層構造（縦），部門構造（横），チーム内構造（面）という3つの次元に分けて考える。

1－1　階層構造コンサルティング
（1）　階層の定義

多くの企業は経営者層，中間層，現場層という3層に自然に分かれている。ただし中間層は日本では管理職，課長，部長，マネジャー，ゼネラルマネジャーなどさまざまな名称でよばれ，経営者層，現場層との境が極めてファジーである。まさに各企業における風土，文化といってよいものである。このままではコンサルティングをしづらいので，コンサルタントは次のように3階層を定義し，取締役，執行役員，部長，課長，課長代理などの各ポストをこれに割り当てる。

階層	仕事
経営者	・外部ステークホルダーとの調整 ・経営資源の調達，配分 ・経営戦略の立案
リーダー	・経営戦略の理解，プレイヤーへの伝達 ・プレイヤーの仕事をマネジメント，リード
プレイヤー	・指示された業務の遂行

図表3-1　階層定義

（2）　秩序

企業における秩序とは「企業メンバーの規則だった関係」と定義される。秩序は組織内で各メンバー間の優先関係として運用される。この優先関係を表したものが上記の3階層である。優先関係のルールは各メンバーがこれに合意していることが

最低条件である。コンサルティングにおいては，秩序を次のように考えていく。

① 年功序列

　企業は誕生してしばらくの間は，年功序列という秩序を持つことが普通である。プレイヤーとして一定期間過ごした人の中で，一部の人が課長，部長といったリーダーに，リーダーとして一定期間過ごした人の中で，一部の人が経営者になるというものである。ここでのキャリアアップルールは1つ前のレベルであるプレイヤー，リーダーとしての成績が考慮される。つまり成績優秀なプレイヤーがリーダーに，成績優秀なリーダーが経営者へ昇格するというものである。

　各層間の秩序（＝優先関係）は上下関係であり，目上・目下であり，上司・部下であり，「上司の命令を部下が聞く」というものである。この上下関係においては年齢，経験年数というファクターが大きな役割を果たす。年齢，経験年数は能力などとは異なり，絶対的な数字として表現されており，メンバーの合意を得やすい。そしてこの合意された関係はそのまま給与にも結びつき，まさに絶対的な秩序を生む。

　この年功序列がうまく機能し，クライアントの各メンバーがこれに合意しているのであれば，コンサルタントがその秩序に合意してこのフェーズは終わりとなる。

② 年功序列の崩壊

　企業はいつか成長期から安定期へと向かい，成長が止まってしまう。日本では約20年前のバブル崩壊によって多くの企業にこの波が一気に押し寄せた。

　企業の成長が止まっていく中で当然のように従業員の採用は抑えられる。このような中で年功序列によってどんどんキャリアアップさせていけば，部下よりも上司のほうが多くなってしまう。ここにポスト不足という現象が生まれる。バブル崩壊時，ちょうど団塊の世代[*1]がリーダー適齢期を迎えており，そのポスト不足がクローズアップされた。そして担当課長・担当部長（部下のいない課長・部長），課を廃止して課長を部長代理とするというポストを増やす内科療法だけでなく，リストラによって外科手術を行う大企業も生まれてきた。

　しだいに年功序列は秩序として組織メンバーが合意できないものとなり，いつの間にか崩れていく。そして近年では非正規雇用[*2]の従業員がこれに拍車をかけている。

　多くの企業は未だに新しい秩序を生み出せないでいる。そのため上司（部下が言

うことを聞かない），部下（自分は上司にどうすればなれるのか）双方に不信が生まれ，企業ムードは大きく停滞してしまう。

* 1　1947～49年の戦後ベビーブームに生まれた人たち。
* 2　法的な定義はないが，契約社員（期間限定の労働契約を結んでいる）を非正規雇用ということが多い。いわゆる派遣社員もほとんどこの契約社員である。

③　新しい秩序

　ここでのコンサルティングのテーマは新しい秩序を提案することである。そしてその答えは「意見の優先度」である。

　プレイヤーは「プレイ，仕事をする」，リーダーは「プレイヤーをリードする」，経営者は「経営する」というそれぞれ独立した職種であり，立場は対等である。しかし，企業においてはメンバーの意見が異なる場合，話し合って最後は多数決で決めるというわけにはいかない。あらかじめ誰の意見を優先させるのかを決めておき，「意見の上位者」は下位者の意見を聞いて，自らの意思で決め，その責任を担うべきといえる。これが意思決定という仕事であり，この責任の大きさによって報酬を受けるべきである。

　そう考えれば自ずと企業内では，プレイヤーよりもリーダー，リーダーよりも経営者の意見が優先されるという秩序を持つべきとなる。責任の大きさ（意見の優先度）で決まる報酬も，経営者＞リーダー＞プレイヤーとなる。

　やや言葉の持つニュアンスとは異なるが，この「意見を優先させる」ことが労働法上の「指揮命令」であり，意見を優先させるほうが「上司」であり，優先されるほうが「部下」と表現することができる。こうすれば従来組織からの秩序の移行はスムーズに行うことができる。

　この秩序は決してどちらが「偉いか」ということではなく，仕事と人の関係，いわゆる適材適所と考える。リーダーに向いている人がリーダーに，経営者に向いている人が経営者にということである。

　したがって，キャリアアップ（プレイヤー→リーダー，リーダー→経営者のこと）はそれぞれの仕事への適性を考える必要がある。具体的にはキャリアアップ候補者に意見を述べてもらい，その意見を企業として優先すべきものかを判断することである。今多くの企業ではリーダー，経営者へのキャリアアップを，ディスカッション，レポートなどの「意見陳述」で決定しているが，これがその理論的バック

ボーンである。

　キャリアアップはすべての人にチャンスがあり、どうすればアップするかがわかり、かつその規則に皆が納得するとき、その規則による関係が企業内で「秩序」として認められることになる。

(3)　経営者層
　経営者層については以下のようにコンサルティングする。
①　リーダーとの関係
　経営者とリーダーの関係は指揮命令ではなく、マネジメントにおける権限委譲の関係を原則とする。

　マネジメントにおける権限委譲は、「権限を持つ上位者に対して、そのうちの一部の権限に関する計画を下位者が提出し、その計画を上位者が了承することでその権限が委譲される」ということである。つまり「計画の了承＝権限委譲」である。このとき上位者も下位者の実行結果（計画の実行結果）に対して責任を負う。したがって、「誰にどんな権限を委譲するのか」という"権限"はその上位者にある。

　たとえば営業部長になったからといって、いきなり営業に関するすべての権限を得るのではない。営業部長が作る一定期間の営業計画を、本来権限者である経営者が了承することによって、その計画を一定期間実行する権限が委譲する。ポジション（営業部長）ではなく計画（営業計画）に権限委譲される。委譲されるのはその実行に必要なカネを使う権限であり、その実行に関してのプレイヤーなどに対する指揮命令権である。図表3-1の言葉を使えば、経営者からリーダーへの権限委譲は「経営者が計画を了承することで（経営戦略を理解した計画に与える）、経営資源がリーダーへ配分され、リーダーはプレイヤーをマネジメント、リードする権限を得、プレイヤーはリーダーの指示に従って業務を遂行する」ということである。

　権限委譲後、受任者はその計画を実行する責任を持ち、かつ実行計画の結果、特に計画と実行の差異について本来権限者へ報告する義務を負う。この義務をアカウンタビリティという。アカウンタビリティは説明責任、説明義務と訳されているが、説明とはニュアンスが異なり、本来は「差異報告義務」と訳すべきである。本書ではアカウンタビリティを訳さず、このまま用いることにする。

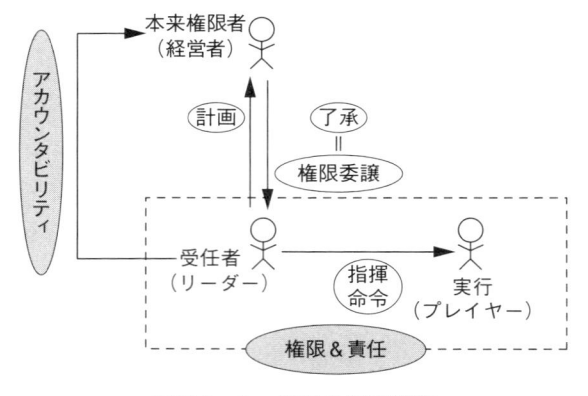

図表3-2　権限委譲の関係

　経営者にとって大切なことは，持てる権限のうちリーダーへ何を委譲し，何を自らに保留したのかをはっきりさせることである。権限委譲したものについては実行責任を負わせ，報連相[*3]を求めずアカウンタビリティのみを求める。こうすれば次期経営者になるリーダーも育ち，経営者も自らの職務に専念できる。

＊3　報告，連絡，相談。

②　経営者の階層

　この権限委譲によって経営者層とリーダー層をはっきり分け，経営者層内の階層は2層とすべきである。第1層は本書でトップと表現した人であり，社長，CEO，代表取締役などの肩書きを持つ。第2層はその他の取締役や執行役員などの経営者である。

　リーダーに委譲したくてもできないものは，経営者がリーダーの仕事を兼務することになる。このとき，どうしても経営者の職務よりもリーダーの職務に心が行ってしまう。これがトップ以外の経営者の脆弱性を生み，結果としてワンマン体制となり経営者層としての意味をなさなくなってしまう。

　もし2人の「経営者兼リーダー」がいるなら，どちらかを経営者専任，どちらかをリーダー専任とする（これは降格ではなく職務分担の変更である）。

　この整理がすべてなされたとき，経営者の人数は大幅に減り，経営者間のコミュニケーションロスがなくなり，自らの職務がはっきりと見えてくる。経営者が図表3-1にある「外部ステークホルダーとの調整，経営資源の調達・配分，経営戦略の立案」という本来職務に集中したとき，企業としての経営力は高まっていく。

③　株主との関係

　経営者と株主との関係は12ページで述べたコーポレートガバナンスのパターンごとに考える。

ⅰ）オーナーガバナンス型

　このパターンでは株主＝経営者であり，関係を考える必要はない。

ⅱ）株主ガバナンス型

　このパターンでの株主と経営者の関係は"権限委譲"と考える。株式会社において"経営する権限"は本来的には株主にあり，これを取締役などの経営者に委譲するというものである。すなわち経営者は経営計画の了承をもって経営権限を株主から委譲され，実行責任を負い，株主へのアカウンタビリティを持つ。そしてこの権限のうちの一部をリーダーに委譲する。

ⅲ）従業員ガバナンス型

　このパターンでも権限委譲関係をベースとするが，株主が不特定多数のためⅱ）とはやや異なる。ここでの関係は次のようなことが原則であり，これを経営者との間で確認する。

・株主は経営にはタッチせず，経営に関する権限をすべて経営者に委譲する。
・企業内の組織ルールに基づき，従業員合意のもとに経営者候補が選任される（多くの場合，現任の取締役会の決議で候補が決定される）。
・経営者候補は従業員の代表者として位置づけられる。
・経営者候補はミッションに基づき，従業員の合意を得て，ビジョン，目標を含めた経営計画を立案する。
・経営計画は株主総会で株主に了承されたとき，その実効力を有し，併せて経営者に経営権限が委譲される。
・経営計画は経営者を代表とする全従業員に実行責任がある。
・経営者は経営計画について，株主へのアカウンタビリティを有し，計画との相違内容によっては（計画どおり実行できない。目標どおりの結果とならない），退任という形でその責任をとる。
・株主はアカウンタビリティをリアルタイムに要求したいときは，自らの代理として社外取締役（従業員以外の取締役）や監査役を置くことができる。
・経営計画に基づいて企業がもたらした益は，21ページにあるような"あらかじめ

決められたルール"に基づいて，株主，経営者，従業員およびこの益をもたらすために協力のあった社会へ分配する。

（4） リーダー層
① リーダーの定義
（3）①から，リーダーは「経営戦略を理解し，自ら作成した計画を了承されることで権限委譲を受け，その計画を実行するためにプレイヤーをリードする人」という定義となる。報連相は求められずアカウンタビリティのみを有するので，他人の指揮命令下にはない状態で働く人となる。マネジャー，その上司の部門長といったマネジメントを担当する人だけでなく，経営スタッフ，技術リーダーなど特定分野において権限委譲を受ける人もこれに該当する。

② 経営者との関係
これは2つある。1つは経営戦略を理解していることを「意見」として述べ，それによって経営者から指名されることである。2つ目はその意見をベースとして，担当するチーム*4や特定業務などの計画を立案し，一定期間プレイヤーをリードする権限を委譲されることである。

*4 本書では，組織の最下位で作られるプレイヤーのグループをチームと表現する。

③ プレイヤーとの関係
この関係は権限委譲ではなく，サービス関係である。リーダーがプレイヤーに与えるものは，指揮命令というよりも情報と表現したほうがわかりやすい。リーダーは，プレイヤーが仕事の生産性，品質を上げ，チームとして業績を出すための情報（戦術とも表現される）を提供する"サービス業"である。サービス業にとってもっとも大切なものは顧客であり，リーダーのサービス業としての顧客はプレイヤーである。リーダーはプレイヤーにその目を向け，その業績を上げ，結果としてチーム業績を出すことをリードする仕事であり，これにより給与を得るプロフェッショナルである。

あってはならないリーダーは，経営戦略を無視し，自らのチームの業績だけを考え，メンバーに目標のみを与え，その必達を誓わせ，達成しないと叱り，自チームのことだけを考えて勝手な命令を出し…というものである。このタイプのリーダーを排除して，代わりに新しいリーダーを作っていくことが組織構造コンサルティン

グの"決め手"といってもよい。この新しいリーダーづくりには59ページのリーダー塾が最適である。

④ リーダーの階層

組織論には管理範囲という発想がある。「1人の上司が持てる部下の数には限界がある」というものだ。

管理範囲が5人でプレイヤーが1,000人いると，まず200人のリーダーが必要となる。そしてこの200人のリーダーには40人の上位リーダー，その上に8人，その上に経営者が2人必要となり，リーダー層は3階層248人となる。このとき40人，8人の層はプレイヤーへの情報提供でなく，下級リーダー間の調整がメインの仕事となる。

このときもし管理範囲が20人なら，リーダーは50人，その上の経営者は3人となり，リーダーは1階層50人となる。いわゆるフラット化[*5]である。この管理範囲を拡大するのが権限委譲と非同期コミュニケーション（136ページ参照）である。

先ほどの40人，8人の層は直接経営者から最下位のリーダーへ権限委譲すれば不要となる。またこの層が担うリーダー間の調整も戦略ベクトルによって各リーダーが計画を立て，経営者の了承を得ることで事前に済ませておく。この調整がなくなることで最下位のリーダーの仕事も合理化され，その目が隣のチームから自らのチームのプレイヤーに向けられることで管理範囲も上がる。さらには「権限委譲の考え方」を一部のプレイヤーに適用する（プレイヤーに「仕事を任せる」）ことで管理範囲を上げることができる。

これによって経営者→事業部長→部長→課長→係長という権限委譲の伝言ゲームによる情報劣化を妨げることができ，経営者と従業員の距離も短縮できる。

[*5] 組織において階層数が多いことをピラミッド，少ないことをフラットと表現することが多い。

（5） プレイヤー層

ここでのコンサルティングテーマは第4章で述べるオペレーションコンサルティングにある。

1—2　部門構造コンサルティング

　階層構造（縦の関係）の次は部門構造（横の関係）を考える。これはプレイヤー，リーダーをどのようなチーム分けとし，そのチーム間の関係をどのようにするかということである。

（1）　コンサルティングのベクトル
①　部門構造の問題点

　多くの経営者はこの部門構造を頻繁に変更する。経営していく中でその組織の長所は見えないが，問題点はすぐに表面化するからである。そしてその問題点を解決するための「新しい部門構造」を考える。しかし完全無欠の部門構造はなく，「新しい部門構造」にするとまた別の問題点が生まれてしまう。そしてまたこの問題点を解消するために部門構造を変える…，とやっていくうちに元へ戻っている。まさに堂々巡りである。（183ページで述べる改善シンドロームと同じ現象である。）

　支社・支店をベースに地域別の組織を作ったら，企業全体の商品ポートフォリオを意識しなくなり，縄張り意識が出て役所のようになってしまった（失礼！）。そこで商品別を組み合わせたマトリクス組織[*6]とする。やってみると指揮命令系統が混乱してしまう（誰が上司かわからない）ので，思い切って商品別の組織に変える。そうすると今度は，顧客から同じ会社なのに商品別の担当セールスが何名も来て，その連携がとれていないというクレームが出る…。

　部門構造コンサルティングでは「その場，その場の問題点を解消していく」いわゆる「改善」スタイルではなく，「部門構造のポリシー」をはっきりさせて，それに則って組織を「変革」し，多少の改善は行うにしても基本的にはそのポリシーを変えない。短期的な現在の問題点ではなく，長期的な未来の問題点（リスクと表現する）をあらかじめ予測し，それをリスクヘッジしていくと考える。つまり33ページで述べた変革型アプローチをとる。

*6　指揮命令系統を２つ持つ組織。この場合プレイヤーは支店長，商品部長という２人の上司を持つ。

②　部門構造ポリシー

　部門構造ポリシーのポイントは単純性と一元性である。部門構造コンサルティングで「複雑か，単純か」と悩んだら「単純」を選ぶ。「多元化して機能アップか，

一元化してすっきりか」と悩んだら「一元」を選ぶ。これが基本である。

　部門構造コンサルティングを依頼する企業の多くは複雑な組織形態をとっている。事業部制，プロジェクト組織，マトリクス組織といったものが複雑にからみ合っている。

　この複雑でさまざまな機能を持った組織を整理して，可能な限り単純ですっきりとしたライン＆スタッフ組織を目指す。生産・運営・販売など「企業の本業に関わる部門」を"ライン"，経理・人事など「それ以外」を"スタッフ"とすっきり分ける。特にライン部門には単純性，一元性を強く意識する。後で述べるように，ITなどのスタッフにマトリクス組織（情報システム委員会）を取り入れても，ライン部門はすっきりと一元性を保つ。

　この単純性，一元性を組織に求める理由は2つある。

　その理由の第1は"成長"を志向するからである。組織コンサルティングを依頼してくるクライアントの多くは，成長が止まり安定期を迎え，次の変革期へと向かっていく。つまり第二成長期を目指している。

　成長期にある多くの企業は単純なライン＆スタッフ組織をとっている。毎日成長しているため，極めて忙しく，組織内部のコミュニケーション調整をする時間がない。だからそのロスのもっとも小さいライン＆スタッフ組織を取り入れる。そして成長が止まっていく中で，部門間のあつれきが生まれ（というよりも気になり始め），これを内部調整する余裕が生まれる。その調整役としてマトリクス組織的な要素を取り入れたり，さまざまなキー（地域，顧客，商品，機能…）で組織を分けようとする。

　部門構造コンサルティングにおいては，これらのリスクを組織構造を変えることで解消しようとするのではなく，事前に戦略ベクトルによって調整しておくと考える。

　第2の理由は部門間の秩序である。ラインとスタッフの関係を，すっきりと「ラインをスタッフがサポートする」と定義する。ここでは当然のことながらラインの意見が優先される。ライン同士の秩序，つまり意見の優先度もビジョン，戦略ベクトルなどで経営側が事前調整しておく。マーケティング志向の企業ではマーケティング部門の意見を優先する。ものづくり志向なら製造サイドの意見を優先する。

　この組織の単純化，一元化がオペレーション，マネジメントのスピードを上げ，

再成長への足腰となる。

（2） ライン構造

　ライン部門はその中をどのようなチームに分けるかを考える。これには次の2つの原則がある。
・チームを区分するキーは1つにすること ⇒ 指揮命令系統の一元性
・チーム区分キーは経営計画（予算）のアカウント（54ページ参照）と一致させること ⇒ アカウントの一元性

　第1の原則は、「顧客別組織」と決めたら、これに商品別、地域別などさまざまなキーを付加しないことである。キーを1つに「すっきり」させ、その指揮命令系統、つまり意見の優先度をはっきりさせる。それ以外の見方や考えを組織に加えたいときには、すべてスタッフ機能とし、スタッフがラインをサポートする。

　第2の原則は、経営計画において何を第1キーとして損益を見ているかを考えることであり、これを組織の区分キーとすることを求めるものである。このキーはミッション、ビジョンによって決定される。「お客様第一主義」をミッション、ビジョンで訴えたら、お客様を何らかの形で区分して（たとえば地域や属性など）、その単位（アカウント）にライン組織を作る。「技術がすべて」というミッション、ビジョンなら、技術単位（アカウント）にライン組織を分ける。

　販売と生産という機能を持っているなら、前者の企業（「お客様第一主義」）はお客様により近い販売側を、お客様を第1キーとして分け、生産部門もこのチームに取り込む。それが機能や設備の面でできないなら、生産部門は販売というラインをサポートするスタッフとして考える。それも無理なら生産を別企業と考えてユニット会計を適用する。

　後者の企業（「技術がすべて」）は、技術により近い生産、開発などの部門を、技術分野を第1キーとして分け、販売部門はそのチームに入っていくか、スタッフか、別ユニットである。

　ラインはミッション、ビジョン、戦略ベクトルの具現化であり、その業績を担う部門といえる。

(3) スタッフ構造

　スタッフの任務はラインへの特定機能のサポートであり，ラインの業績を上げていくことがその目標である。そう考えればスタッフは当然のことながら機能別となる。こうして組織はアカウント（ライン）と特定機能（スタッフ）を組み合わせたライン＆スタッフ組織となる。

　スタッフ組織のプレイヤーはリーダー同様に情報提供サービス業であり，その顧客はラインのプレイヤー，リーダー，および経営者である。ラインの仕事の効率を上げ，業績を上げるための情報を提供していくことに徹し，その顧客満足度を常にチェックしていくべきである。

　そのため，場合によってはスタッフがライン側の部門で働く必要も生まれてくる。たとえば販売ラインのプロモーションを支援する販売促進スタッフなどである。この場合でも販売促進スタッフにとって，販売部門のリーダーは上司ではなく顧客である。したがって，その販売促進スタッフのリーダー（働く場所は違うことも多い）が必要となる。

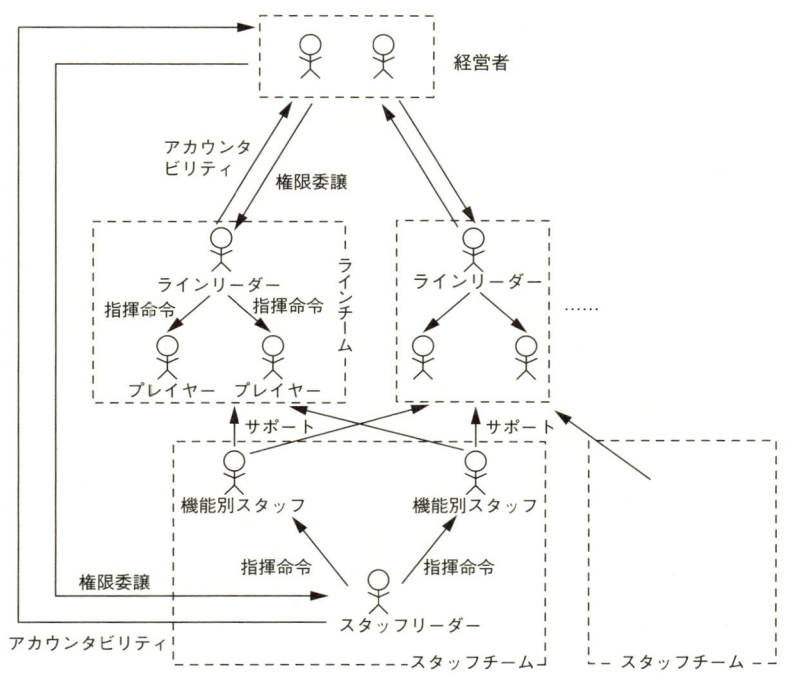

図表3-3　ライン＆スタッフ組織

1－3　チーム内構造コンサルティング

　チーム内のメンバーにはリーダーを中核として，密なコミュニケーションが求められる。このコミュニケーションをコンサルティングする際のポイントは次の2つである。

（1）　非同期コミュニケーション

　コミュニケーションにおいて「同期」とは，コミュニケーションメンバーが時を同じくして情報交換するものである。面談，会議，電話などがこれにあたる。一方，「非同期」とは情報の発信と受信を別々のタイミングで行うものである。発信者は情報が発生したときにこれを送り，受信者は自らの都合のよいときにその情報を受け取る。メール，ネットワーク掲示板などがこれにあたる。

　ここでのコンサルティングでは非同期コミュニケーションを原則とするように提案する。その理由は以下のとおりである。そしてこれらのことを，現リーダーよりもむしろリーダー塾などを通して次期リーダーへ徹底していく。130ページで述べたようにリーダー変革が組織構造コンサルティングのポイントである。

① 　管理範囲を上げる

　131ページで述べた管理範囲に限界をもたらしている要因に，次のようなリーダー窓口限界説が挙げられる。

　リーダーはプレイヤーの業務時に発生した例外処理やトラブル処理などを担当する。プレイヤーはこれが発生時に窓口（リーダー）に並び，リーダーはこれを来た順に処理していく。リーダーは問題を1つずつプレイヤーから聞いて対応するので，窓口に並んでいる問題の重要さは考慮できず，先入れ先出しで処理していく。そのためプレイヤーの人数が多くなり，後ろに並んでしまうと待ちきれないというものである。

　ここでメールなどの非同期コミュニケーションをとれば，リーダーは窓口に並んでいる問題をリアルタイムに見て，自らの意思で処理していく順序を決定できる。これによって大幅に管理範囲が上がり，組織はフラット化していく。管理範囲はリーダーの処理能力よりも「大切なものからやる」という順序の問題であることが多い。

② 結果が残る

　プレイヤーからリーダーへのコミュニケーションは例外処理やトラブル処理が多いので常に非定型であり，かつリーダーとのコミュニケーション後にプレイヤーがそれに基づいて動き，その結果が出るまでにリードタイムがある。そのため，このコミュニケーションのスタートは過去のふり返りからである。まずプレイヤーがこれまでの経緯を説明し，リーダーが優先意見を言って，プレイヤーが行動する。そしてこれを決着がつくまで繰り返す。

　非同期コミュニケーションでは，過去の経緯は常にコミュニケーション結果として残っており，受信側が情報をいつでも見ることができる。先ほどの「ふり返り」はプレイヤーにとっては無駄な時間であり，これをリーダーが非同期で行うことにより，プレイヤーの仕事の効率も上がる。

　プレイヤー，リーダー間の重要な問題は，リーダーから経営者へのアカウンタビリティというコミュニケーションが必要であるが，これもその結果を使って，ノータイムで非同期で行うことができる。

　何月何日誰が何を言い，その後何がどうなったかがすべて結果として残る。そのため「言った，言わない」「聞いてない」というコミュニケーションロスがなくなる。

③ 会議を減らす

　メールのような非同期ツールは，当然のことながら同報（複数の人に同時に送る）が可能である。この対象を不特定多数としたものがネットワーク掲示板である。

　チーム内におけるプレイヤー間のコミュニケーションは，意見の優先関係がないためどうしてもリーダーを通して行わざるを得ない。しかしこれによってコミュニケーションスピードが落ち，かつリーダーを経由することで場合によっては劣化してしまう。これを防ごうとすると，会議，会議の連続となったり，リーダーの負荷が極めて大きくなったりする。

　これが次図のようなイメージで非同期・同報性によって解決できる。

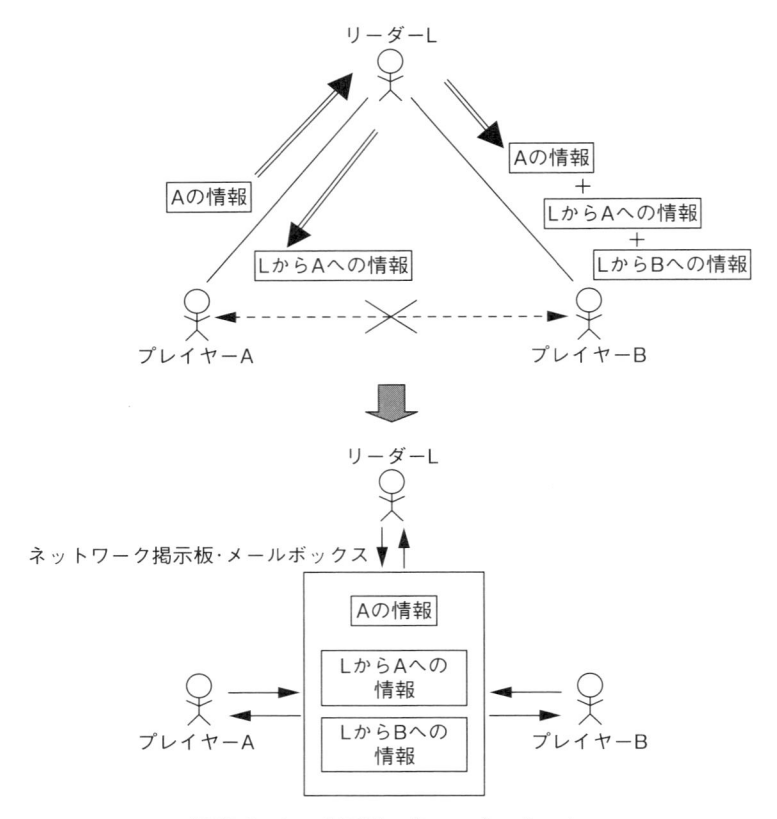

図表 3-4　非同期コミュニケーション

④　同期ロスの削減

　面談，会議など同期コミュニケーションでは相手のいることなので，自分の仕事の都合だけに合わせることができない。つまり当人にとっては不都合な時間帯であっても，何とかやりくりして互いにタイミングを合わせるしかない。

　非同期コミュニケーションはこのロスをなくす。これは驚くほどプレイヤー（上司にタイミングを合わせることが多い）の効率を上げ，具体的には残業の削減，真のフレックスタイムの実現（自らのもっともパフォーマンスが上がる時間帯に働く）をもたらす。

⑤　プレイヤーの能力向上

　皆が同期をとらずに仕事をやることは，各プレイヤーの効率アップだけでなく，能力の向上をもたらす。同期をとって仕事をしていると，リーダーがチェックしな

がらプレイヤーの仕事に口をはさみ，場合によってはリーダーがやってしまうことで，プレイヤーの能力向上を妨げていることが多い。

　仕事を非同期にすればプレイヤーに任せるしかない。言い方を変えれば，任せるだけの能力を持ったプレイヤーに仕事を任せるしかない。仮にプレイヤーに任せることができなければ，管理範囲の大きさから考えると，「リーダーが自らやる」のではなく，何とかプレイヤーの能力を上げて任せるようにせざるを得ない。

⑥　信頼感が増す

　一方，非同期コミュニケーションの問題点として，まず挙がるのが「面と向かって話をすることが減って，何となく人間らしくない」というファジーな感情である。確かに非同期コミュニケーションでは，話したい相手が隣にいても，用件をメールで送ることになる。しかし相手から見れば，仕事をしている最中に突然話しかけられたら迷惑であり，仕事がディスターブされてしまう。

　「何となくギスギスしたムードになる」というが本当にそうだろうか。むしろ無駄なコミュニケーションがなくなり，互いの信頼感が増す。もっといえば互いが信頼感を持たない限り，チームとして仕事ができないことになる。

⑦　情報と意思決定のタイミング

　もう1つの問題点として挙げられるのが「瞬間的な判断が遅くなる」というものである。しかし同期，つまり2人で話し合って決めなくてはならないことが，企業において本当にあるのかということである。意思決定者は1人であり，あとは情報提供者である。情報提供と意思決定のタイミングを合わせなくてはならない事項がどれだけあるのだろうか。もし本当にあるのなら，これは情報を得た人が権限委譲を受け，リアルタイムに意思決定すべきといえる。どうしてもというなら，例外的に同期ツール（携帯電話など）を用意しておけば済む話である。要は原則を非同期とすることである。

　この非同期コミュニケーションは組織の上位層の仕事にその変化が大きく，抵抗感が大きい。しかしどう考えても，それによってデメリットが生まれるとは思えない。

(2) 情報の方向
① リーダーからプレイヤーへの情報

　一般の企業におけるチーム内コミュニケーションではリーダーへの報連相がトリガーであり，その情報の大部分といえる。これを逆方向を原則とするようにコンサルティングする。リーダーはプレイヤーへの情報提供サービス業であり，当然のことながら，チーム内の基幹情報は上から下へ流れるべきである。

　リーダー塾などを通してリーダーにこの意識を持たせる。プレイヤーの報連相をトリガーとして，自らの情報を与えるのではなく，プレイヤーの仕事やその環境を自らの目で見て，頭で考えて，自らの意思で情報を創り出し，提供していくという姿勢である。

② プレイヤーからリーダーへの情報

　プレイヤーからリーダーへの情報の中で大切なのは，例外やトラブルといったイレギュラーな情報よりもむしろ日常的な情報である。この日常的情報に対してリーダーの経験，カンを生かして，その変化をとらえ，トラブルの発生を予防していくことを考えるべきである。

　そのためにはプレイヤーからの情報は，業務日報などのようにプレイヤーの意思や意見が入るものよりも，冷静な機械的情報のほうがよい。報連相はどうしても当事者（プレイヤー）の意見と事実が混乱してしまう。もっとも望ましいスタイルは，プレイヤーが自らの仕事をしたとき，これが無意識のうちに，またはリーダーへの報告ではなく別の目的によって，事実情報が収集されることである。

　たとえば「顧客先へルートセールス*7で訪問する」という仕事をリーダーのマネジメント（PDCA）として考えてみよう。セールスリーダーにとって，メンバーのセールスマンの訪問結果という事実は大切な情報である。これをいちいち「どこどこへ行ってきます」「行ってきました」という報告を求めることをやめる。リーダーとセールスマンがセールス効率を上げるために，訪問ルートをコンピュータなどを使って考え，その資料を作れば，自ずとそのルート情報はコンピュータに残る（PLAN）。このルート情報を使って，セールスマンが訪問時刻などをコンピュータへ入力することで交通費を精算し，受注情報は受注システムに入力すれば，訪問状況はすべてわかる（DO）。リーダーはこれを見てルート計画を立てたときの予測と異なる結果となったものをピックアップし（CHECK），その原因に対し自らの

仮説を立て，セールスマンからもその仮説に対し意見を求め，次のルート計画を立てる（ACTION）。

　これら非同期，情報の方向というチーム内構造コンサルティングを進めていくと，チームのメンバーが1ヵ所に集まって，時間を共有して仕事をするというワーキングスタイルそのものを変革していくことになる。そしてこれをインターネット，携帯電話などのモバイル機器が作るユビキタス環境[8]が後押ししている。

　これは育児，介護などを必要とするワーキング・ハンディキャッパーを助けるだけでなく，企業のあり方そのものを変革していくことになる。企業は何のために人が集まり，何を目指しているのか，といったことが必ず議論されるようになる。そしてここに新たなコンサルティングテーマが生まれてくる。

[7]　担当顧客を定期的に訪問していくセールススタイル。
[8]　いつでもどこにいても必要な情報にアクセスできる環境。

2 人事評価コンサルティング

2−1　人事評価コンサルティングのベクトル

　人事評価はコンサルティングの対象となりづらい分野である。クライアントに「よそ者に何がわかる」という心理が働くからである。人事評価コンサルティングでは逆にこの「よそ者意識」がポイントとなる。

　多くの企業では，人事評価について話すことはタブーであり，ブラックボックス化している。これを破って話すことのほとんどは，評価へのクレームであり，トラブルである。これが恐くて多くの経営者は自らの意思で人事評価の仕組みを変えることを「よし」とせず，世の中のトレンドに流されてしまう。成果主義，目標管理，若手抜擢，女性活用…。トレンドを追いかけているだけなので，その理論的バックボーンがなく，その変化によってデメリットを受ける人たち（仕組みを変えれば当然メリットを受ける人だけでなく，デメリットを受ける人もいる）の疑問である「なぜそうするのか」に対して何の説明もできない。突然「若手抜擢」という方針を打ち出し，ベテランから挙がる疑問「なぜ我々が若いときにはやらなかったのか。不公平ではないか」に返答ができない。

人事評価コンサルティングのベクトルは，「従業員（評価される人たち）が合意できる人事評価のやり方」を，コンサルタントがクライアントと一緒に作っていくことである。

2—2　人事評価のフレームワークの確認
　コンサルタントはまずクライアントと以下のような点について確認し，合意を得る。

（1）　人事評価の定義
　"混乱している仕事"については，44ページで述べた「そもそも論」で考える。そもそも人事評価はどんな仕事なのかということである。そこでまず人事評価という言葉の意味は何かを確認する。人事評価と似たような言葉に次のようなものがある。
- **人事考課**　「考課」とは「成績を調べて優劣をつける」という意味である。すなわち人事考課は「各人の成績を調べてその優劣をつける」ということになる。
- **人事査定**　「査定」とは「調べて等級，金額などを決める」という意味であり，人事査定は「上司が部下の仕事を調べてその成績を決める」という意味になる。

　人事考課，人事査定のキーワードは「成績」「優劣」である。
（人事アセスメントという言葉も使われる。アセスメントとは日本語で"査定"という意味だが，ややニュアンスが異なる。一般的にはコンサルタントなどの外部の人間が，"企業内部の人間の評価"を請け負うケースでよく使う。これは74ページで述べたポテンシャル能力評価といったものが適当な表現だと思う。）

　人事評価コンサルティングではこの成績，優劣というイメージを払拭することがポイントである。成績の優劣判定が可能な関係は，一緒に仕事をやってきた「上司・部下」である。ここに外部の人間であるコンサルタントが入り込む余地はない。（「よそ者に仕事の成績がわかるのか」「よそ者に優劣をつけられたくない」…。）

　「評価」とは「価値を算定する」という意味である。したがって，人事評価は「人のやった仕事や能力などの価値を算定する」ということになる。

　人事評価のキーワードは「価値」であり，これをクライアントにわかってもらう。人事考課や人事査定の「成績」ではなく，その人の仕事や能力が企業にとってどれ

くらいの価値を生んだのか，これから生むのかと考えていくことである。つまり付加価値に着目することであり，こう考えれば21ページの付加価値会計との整合性も保つことができる。

この評価の算定には客観性も必要であり，ここにコンサルティングのニーズが生まれる。

（2） 人事評価の目的

人事評価を各人の付加価値の算定（付加価値会計のこと）と考えると，自ずとその最大の目的は給与となる。つまり付加価値の中の給与総額分を従業員各自に分配するために，人事評価を行うというものである。

人事評価の最大の目的は給与分配であり，これを人事異動，教育などにも使うと考えるのが人事評価コンサルティングのスタンスとなる。

（3） 良い人事評価の構造

人事評価は次のような式で表される。

評価方法×評価オペレーション＝評価結果

人事評価コンサルティングの対象は評価方法である。評価オペレーションでも評価結果でもない。従業員に"評価結果"を納得してもらうのでも，評価者に評価オペレーションのテクニックを教えるものでもない。"評価方法"に合意してもらうことである。

この評価方法を"測るものさし"は先ほどのコンサルティングのベクトルで述べたとおり「評価を受ける従業員が合意できる」というものであり，「公平性」という指標しかない。この公平性を目指した"評価方法"を本書では人事評価モデルと表現する。

コンサルタントにクライアントと「どういう評価方法が公平か」だけを話し合うことである。自社が過去どうやってきたか，他社はどうしているのか，といったことも大切な情報ではあるが，それに流されるのではなく，人事評価モデルの公平性を「よそ者のコンサルタント」が第三者として冷静にチェックしていく。このコンサルティングにおいて，人事評価方法を考えているメンバーの中で唯一「その評価方法によって利害を受けない人間」がコンサルタントである。ここにコンサルタン

トが介在する意味がある。

2－3　給与と人事評価の関係

　人事評価の第一目的が給与分配なら，人事評価モデルを考える前に給与モデル（給与分配の仕方）についてコンサルティングする必要がある。

　給与モデルの基本構造は21ページの付加価値という"もうけ"の分配である。「もうけの分配」は，この給与に限らず次の2つのことが保障されていなければならない。

- 付加価値，利益という結果が出る前に分配ルールがはっきりと決まっていること。つまり結果が出れば自動的に分配額が決まること。結果が出てから分配ルールを決めれば，どうすれば誰が得か，損かがわかってしまいもめてしまう。
- 分配ルールの"ものさし"は先ほど述べた公平性以外にはない。この分配ルールの公平感が担保されていないと，業績が悪かったときにその分配でもめて企業は崩壊してしまう。

　公平のもっとも簡単なルールは人数で割ってしまうことである。しかしこれでは「働いても働かなくても」給与は変わらないことになり，不公平である。給与分配は「頭割り」に「働いたか，働かなかったか」を加味することが必要である。これには次の要素がある。

（1）　労働時間

　「働いたか，働かなかったか」のもっとも直接的なものさしは「労働時間」である。つまり今期の付加価値は時間の積み重ねと考えるものであり，労働時間により分配される給与である。これが時間給である。

　今期働いた努力だけではなく，「過去の労働」，「企業の先人たちが働いたこと」が今期の付加価値を生んだとも考えられる。つまり過去の累積の労働時間に，給与が分配されるべきと考える。これが年功給（勤務年数が長いほど給与が高い）の理論的バックボーンである。

（2）　利益貢献

　給与総額が付加価値の一定比率で決まり，結果として利益の一定比率となるのだ

から，「利益という業績に各人がどれくらい貢献したか」を分配に考慮するのは当然である。これが業績給の導入される原点である。

しかしこの業績給はいくつかの問題を抱えることになる。もっとも大きいことは従業員各人の利益貢献度をどうやって測るかである。

企業の利益は会計ルールで計算される。しかし「各人の貢献度は？」と言われても算定のしようがないことも多い。やらなければ明らかに不公平である。つまり何らかの形で個人の利益貢献度を評価しなくてはならない。

これが従業員各自に業績評価という人事評価が必要とされる理由である。

(3) 能力

個人の業績評価の仕組みができたとしても，次の2つの問題が発生する。

1つは業績評価，業績給の仕組みをはっきりさせればさせるほど，どうすれば給与が上がるのかがわかりすぎてしまうことである。これによって各人が企業のミッション，ビジョン，戦略ベクトルを忘れ，個人の成績，短期的な利益に走ってしまうリスクを抱える。

2つ目は，個人の成績は個人の努力だけでなく，分担している仕事の難易度，環境によって大きく異なることが多い。この分担，環境による不公平感が生まれてくる。

この2つの問題を解決する1つの方法として考えられているのが，能力給の導入である。能力が今日の業績（利益），そして皆にとって幸せな明日の業績をもたらすと考え，従業員各自の能力に給与を分配するものである。これが能力給である。

この各人の能力は，人間が何らかの形で評価せざるを得ず，能力評価という人事評価が必要となる。

組織全体の評価は会計ルールに基づいて付加価値，利益で計算されるが，個々の従業員の評価は，業績評価，能力評価という人事評価の仕組みが必要となる。

2−4　給与コンサルティング

給与モデルの変更は極めて困難である。それは給与モデルを変えると，必ず「昨日までと同じ状態であっても（同じ仕事をやり，同じ能力があっても）給与が下が

る人」が出てくるからである（もちろん上がる人もいるが）。そうなるとこの人の家計を直撃する。そこで給与ルールの変更は，ゆっくりと時間をかけて，少しずつ目指すべき方向へ持っていくようコンサルティングする。

（1） 現行の給与の体系化

まずはクライアントの"現行の給与"と前項で述べた"4つの給与"との関係をはっきりさせる。

一般にプレイヤーレベル（給与ルール上は管理職に対し一般職と表現することが多い）の給与は月給，賞与，退職金（給与の後払いと考えられる）に分かれている。月給は（各種の手当を除けば）「労働時間×賃率」という形で支払われる。労働時間は時間給のことであり，期初に約束した時間（所定労働時間）に対する基本給と時間外手当（いわゆる残業代）に分けて支払われる。賃率，賞与，退職金は年功給，業績給，能力給を組み合わせて支払われるのが一般的である。

これを整理すると下図のようになる。

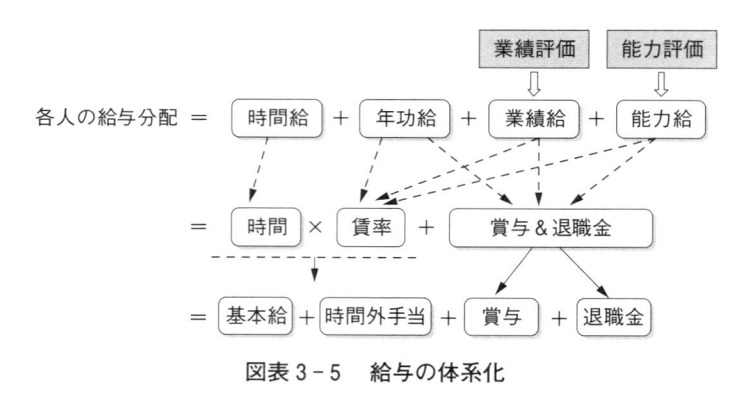

```
                              業績評価   能力評価
                                ↓        ↓
各人の給与分配 ＝ 時間給 ＋ 年功給 ＋ 業績給 ＋ 能力給

            ＝ 時間 × 賃率 ＋ 賞与＆退職金

            ＝ 基本給 ＋ 時間外手当 ＋ 賞与 ＋ 退職金
```

図表3-5　給与の体系化

（2） 目指すべき姿

この現行ルールをゆっくりと変化させて，最終的には以下のような給与モデルへと持っていく。

・賞与，退職金など支払時期がイレギュラーな給与はできるだけ廃止し，いわゆる月給に一本化する。

・各種手当などの属人的給与（仕事や能力ではなく，人や生活形態に支払われる給

与）もできるだけ廃止する。
- 「各人の給与＝時間給＋年功給＋業績給＋能力給」とはっきりさせる。そのうえで基本的には年俸制（もちろん支払いは月々）とし，プレイヤーの時間外手当を除き期初で決定する。
- 時間給は全従業員対象。ただし，リーダーの指揮命令下に入るプレイヤーは時間外手当が必要。権限委譲を受けるリーダー，経営者は基本的には時間外手当がなく年間一定額。
- 年功給は全従業員同一ルールで，勤務年数および過去の業績評価により決まる。
- 業績給はプレイヤー，リーダー，経営者でルールは異なる。（ルールは後述。）
- 能力給はプレイヤー，リーダーまで（経営者はなし）。能力評価によって決定する。

これをベースとして毎年の給与分配は以下のようにして決定する。
- 付加価値×労働分配率で給与総額（S）を決定。（当期の予測付加価値でも可能だが，付加価値のブレを考えると前期の付加価値で決めるほうが一般的。）
- 時間給総額（T），年功給総額（Y）を計算。
- 能力給総額（A）を前期の能力評価で計算。
- 業績給総額（ES）を $ES = S - T - Y - A$ で計算。プレイヤー，リーダーの業績給（EP，EL）を前期の業績評価に基づいて計算。最後に経営者の業績給（EE）を $EE = ES - EP - EL$ で計算し，これを経営者各自へ一定のルール（事前に分配比を決めておく）で分配。

給与コンサルティングで大切なことは，どういったモデルが妥当かということではない。ポイントは合意性と公開性である。合意性とは給与分配を受けるメンバー全員（無理であれば，できるだけ多くの人）がそのルールに合意することである。この方法としては66ページで述べた「経営塾，リーダー塾でディスカッションする」ことなどが挙げられる。公開性とは後からその企業に入ってくる人を含めて従業員が，いつでも誰でもそのルールを見ることができるというものである。

給与は全従業員が仕組みを知り，合意し，どうすれば上がるか，どうなると下がるかを知ることにある。万人が喜ぶような分配方法はない。しかし実際に分配をする前にモデルを決めようとすれば，納得できるルールはある。

2－5　人事評価モデルの前提

人事評価モデルを作る前に，クライアントに次の3つのシステムが導入されている必要がある。

（1）予算システム

業績評価には予算システムが必要である。52ページで述べたようにトップダウンの目標とボトムアップの売上予測，原価予測，経費予測を一致させる仕組みである。

（2）能力ランキング表

能力評価を行うにはその基本的なものさしが必要になる。これが能力ランキング表である。能力の階段のようなものである。従来の日本企業ではこれが身分ランキング（組織の上下関係）と合体しており，"資格"とよばれていた。「主事―参事―参与―理事」といったものである。

ここではこの"身分"という要素をとり，「各仕事に求められる能力を示すもの」と定義する。そのため職種（同じ仕事をする人）ごとに必要となる。たとえばセールスという職種で考えると次のような表である。

職種	ランク	対象業務	レベル	対象業務	レベル	対象業務	レベル	対象業務	レベル
セールス（プレイヤー）	6級	取引条件折衝	D						
	5級	取引条件折衝	C	販売情報収集	D	顧客情報収集	D		
	4級	取引条件折衝	C	販売情報収集	C	顧客情報収集	C	与信	D
	3級	取引条件折衝	B	販売情報収集	B	顧客情報収集	B	与信	C
	2級	リテールサポート	C	与信	B	商品決定	C		
	1級	リテールサポート	B	商品決定	B				
セールスリーダー	3級	取引条件折衝	A	与信	A				
	2級								

レベル	定義
A	マネジメントができる。
B	人に教えられる。マニュアルを開発できる。
C	1人でできる。
D	マニュアル，指導下でできる。

図表 3-6　能力ランキング表の例

(3) 目標管理システム

目標管理*1とはさまざまな意味で使われるが，本書では「業績や能力について，自分の目標を自分で立てて管理していくこと（もちろんプレイヤーであればリーダーのサポートを受けて）」と定義する。

*1　Management By Objectives and self-control：MBOと略すことも多い。

2—6　人事評価モデルの開発

人事評価コンサルティングの最後に人事評価モデルをクライアントと共同で作っていく。一般的なモデル（コンサルティングの落とし所）は次のようなものである。

人事評価を受けるメンバーを次の4つに分類する。

(1)　直接プレイヤー

直接プレイヤーとは個人別の業績が何らかの形（売上，利益，顧客のサービス評価，原価，作業時間…）ではっきりと計算できる人をいう。

① 業績評価

直接プレイヤーの業績評価は次の3つに分けて評価する。

ⅰ）個人業績評価

単に「売上1,000万円の人」と「売上500万円の人」を比べ，前者が2倍の業績というのは乱暴である。仕事の難易度，環境を加味しなくてはならない。これをクリアするのが予算システムと目標管理システムである。本来出るはずの業績を事前にリーダーとプレイヤーが予算目標として納得し，その目標達成度で評価するというものである。これは期初の目標設定がすべてであり，業績が出れば自動的に評価される仕組とする。

ⅱ）チーム業績評価

プレイヤーはチームとして仕事をしているのだから，チーム業績もその評価対象とすべきである。これはチームの目標達成度で評価する。

ⅲ）チーム貢献度評価

チーム業績はチーム全体の結果であるが，これに各プレイヤーが「個人業績以外」でどのくらい貢献したのかを評価しないと，チームワークは保てず，かつ不公平である。

これには2つのものが用いられる。1つはチームへの直接的な貢献であり、期初に自分の仕事以外に「このようにしてチームに貢献する」と宣言するものである。たとえば「チームのために共有のデータベースを作る」といったことである。これには目標管理システムが用いられる。期初に約束した事項を"ものさし"として、期末にプレイヤーとリーダーが話し合って評価するものである。

もう1つはプロセス評価である。業績結果だけでなく、その仕事のプロセスを評価しようというものである。工場のラインでいえば、単に業績（原価、生産性）だけでなく、自分の仕事のプロセスの効率化、高度化についての努力も評価する。

仕事のプロセスはチームに共通するものであり、このプロセスを効率化、高度化することはチーム業績に貢献していることになる。プロセス評価をすることで仕事のプロセスを大事にするというムードを生み、ムードアップになるとともに、個人の能力アップにもつながる。ここにも目標管理システムが用いられる。

② 能力評価

能力評価の問題点は、能力という「目に見えないもの」を人間が評価するという本質的なことにある。同一チームで仕事をしているAさんとBさんの能力評価に差をつければ、評価結果の低い人は不公平感を持つかもしれない。「本当にBさんよりも私は能力が低いのか。どういう基準で評価しているのだろう」

ここで気づくとおり、実は不公平感は評価基準に起因している。能力評価において大切なことは、評価基準をできるだけ明確にして公開することである。これが先ほどの能力ランキング表である。

能力評価にはこの能力ランキング表をベースとした目標管理システムを用いる。能力ランキングのうちの「どの部分を上げるか」、「上がったかどうかをどのようにして測るか」を期初にチームリーダーと決め、期末にリーダーとともに自らも評価するシステムである。

③ 評価モデル

直接プレイヤーの評価では業績評価（業績給）、能力評価（能力給）のウエイトをその能力ランキングによって変えていく。一般的にはリーダー手前のトッププレイヤーで「業績評価＝能力評価」すなわち「業績給＝能力給」とする。他のプレイヤーは「業績評価＜能力評価」とし、能力ランキングが上がるにつれ、業績評価のウエイトを上げていく。

一般に業績評価のウエイトが高いことを成果主義，能力評価のウエイトが高いことを能力主義という。この意思決定は経営者の戦略ベクトルによる。

業績評価 = (個人業績評価（個人目標達成度）) + (チーム業績評価（チーム目標達成度）) + ［ チーム貢献度評価： (直接貢献度評価) + (プロセス評価) ］
　　　　　　　　　↑　　　　　　　　　　　　　　↑　　　　　　　　　　　　　　　↑
　　　　　　　　予算システム　　　　　　　　　　　　　　　　　　　　　　　　目標管理システム

∧＝

能力評価 = (能力ランキング表) × (目標管理システム)

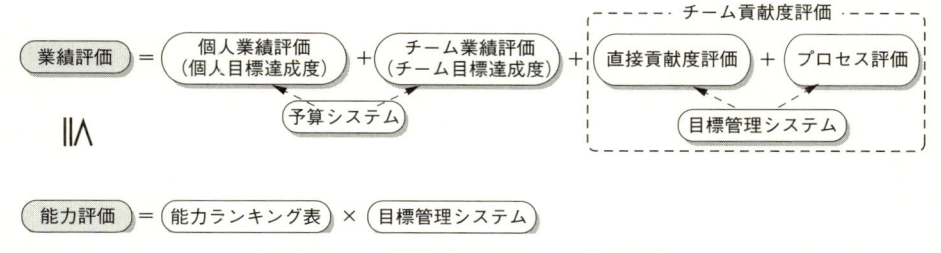

図表3-7　直接プレイヤーの評価モデル

（2）間接プレイヤー

　間接プレイヤーとは個人業績が計算できない人である。したがって，基本的には直接メンバーの評価項目から個人業績評価をとればよいのだが，細かい点で少し違いがある。

　間接プレイヤーの多くはスタッフメンバーであり，他の仕事をサポートしている人である。

　スタッフのチーム業績評価は，そのスタッフチームの目標達成度（経費予算，作業時間，作業原価など）で行う。

　チーム貢献度評価のうち，チームへの直接貢献度評価の対象は，所属チームではなくサポートするチームとする。たとえば，東京支店に営業部と販売支援部があるとき，販売支援部メンバーの直接貢献度評価の対象チームは営業部とする。経理部などのように全社がサポート対象なら，対象チームは全社となる。そのうえで目標管理ではなく，対象チームのリーダーなど（先ほどの例なら営業部長）がサービスの満足度評価（そのスタッフのサービスにどれくらい満足しているか）を行う。満足度の評価項目は対象チームのリーダーと所属チームのリーダーが話し合って決め，もちろんプレイヤーへ伝える。

　一方，プロセス評価，能力評価は直接プレイヤー同様に所属チームのリーダーとメンバーが目標管理システムを用いて行う。

　間接メンバーの評価においては，直接メンバーよりも能力評価のウエイトを大きくする。つまり業績給よりも能力給をそのベースとする。

間接プレイヤーの評価モデルは次のようなものである。

```
                    ┌─予算システム─┐                        ┌─目標管理システム─┐
                    ↓                                          ↓
業績評価 ＝ チーム目標達成度 ＋ サポートチームの満足度評価 ＋ プロセス評価
   ∧
能力評価 ＝ 能力ランキング表 × 目標管理システム
```

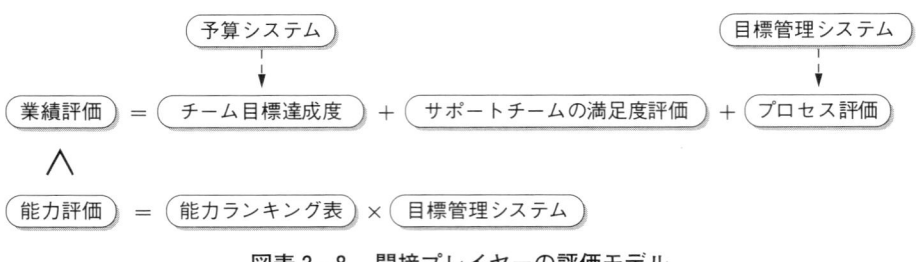

図表3-8　間接プレイヤーの評価モデル

(3) リーダー

① 業績評価

ⅰ) チーム業績

リーダーの業績評価の中心であり，チーム目標達成度で測る。

ⅱ) 企業業績

プレイヤーにチーム業績評価を行うのと同様に，企業業績による評価，つまり全社の目標達成度により評価する。

ⅲ) 企業への貢献度

これもプレイヤー同様にチーム業績のほかに，どれくらい企業（つまり他チーム）へ貢献したかを評価する。これはプロセス評価をせず，リーダーの上司との間の貢献度約束を目標管理システムにて行う。

ⅱ) ⅲ) により皆で企業の業績を上げようというムードが高まる。

② 能力評価

これをやっていない企業が多いが，リーダーとしての個人の能力（プレイヤーやチームの能力ではなく）を評価する。したがって，リーダーにもプレイヤー同様に，能力ランキング表が必要となる。これによりリーダーとしての能力をアップさせようというムードが高まる。

業績評価（業績給）と能力評価（能力給）のウエイトは，前者を高く設定する。リーダーの評価モデルは次のようになる。

```
                        ┌─予算システム─┐              ┌目標管理システム┐
                        ↓            ↓              ↓
業績評価 = チーム目標達成度 + 全社目標達成度 + 企業への貢献度約束
   ∨
能力評価 = 能力ランキング表 × 目標管理システム
```

図表 3-9　リーダーの評価モデル

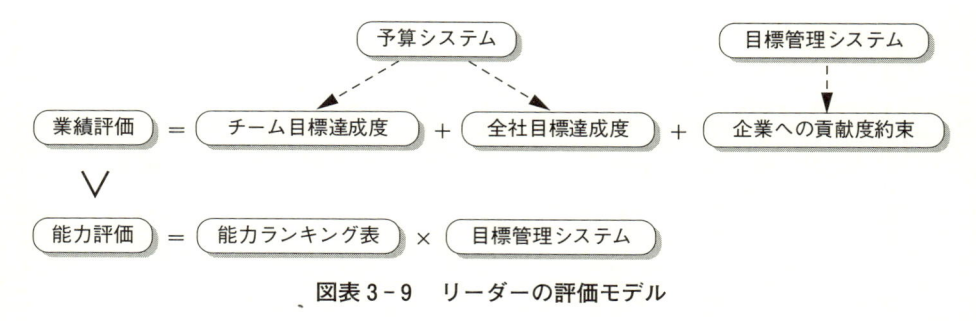

（4）　経営者

　経営者は株主との間の約束目標達成度，つまり全社目標達成度という業績評価が唯一の人事評価である。

3 教育コンサルティング

3—1　教育コンサルティングの領域

　人材育成は企業の大きな課題であり，コンサルティングのテーマとしても重要である。人材育成には2つの領域がある。1つは「本来の仕事をやること」自体である。仕事をやればその経験が従業員の能力を上げる。これは職務分担であり，組織構造コンサルティングの範疇である。

　2つ目は「それ以外」である。これを一般に教育という。教育コンサルティングは計画，実行，評価というマネジメントサイクルで考える。

　「教育の実行」もコンサルティングの対象であり，セミナーの講師がその代表である。本書でも経営塾，リーダー塾という形で触れてはいる。しかしテーマコンサルティングの範疇からはやや外れるので本書の対象外とする。これについては拙著『人材育成のセオリー』（同友館）を参照してほしい。また「教育の評価」は「能力評価」を通して行うものであり，すでに第2節で述べた。ここでは「教育の計画」についてのコンサルティングを解説することにする。

3—2　教育に対する考え方

　まずは経営者と教育に対する基本的考え方について合意する。

(1) 教育戦略

　教育とは従業員の能力を上げることであり，ここに経営資源（カネ，ヒト，トキ…）を配分することである。経営資源の配分を行うのは経営者の職務であり，経営者に「従業員の能力を上げれば（教育をすれば）長期的には業績が上がるはず」という仮説がないと教育は行われない。

　一方，従業員は当然のこととして，自らの能力を高めることを求めている。しかし求める教育をすべて提供するわけにはいかない。そのため教育を受けることができなかった従業員には「なぜ彼が教育を受けることができて，私は受けられないのか」という思いが生まれる。

　このコンフリクトを予防するために，経営者は教育に対して長期的にどう考えているかを意思表示し，従業員の合意（納得）を得てから教育を実行していく必要がある。これが教育戦略である。

　こう考えれば教育戦略の柱は投資対象（誰を重点的に教育するのか）となる。

　教育戦略のベクトルとしては次のようなものが考えられる。

- **選抜型**　能力の高い人，仕事ができる人に集中的に教育投資する。
- **底上げ型**　「仕事をうまくできない人」が「仕事をできるようになること」を柱とする。
- **手挙げ型**　「教育を受けたい」と自ら手を挙げる人に行う。
- **あまねく型**　すべての従業員に平等に教育を受けるチャンスを与える。

　この選択は「どれが良い」というわけではないし，そのコンビネーションもある。これはコンサルタントが判断するべきものではなく，ミッション，ビジョン，戦略ベクトルをもとに経営者が行う意思決定である。

(2) ビジネス教育と自己啓発

　教育はその意思によって2つに分けられる。1つは企業の意思であり，ビジネス教育と表現する。これは企業が特定の従業員の能力を高めることで企業業績が上がると考え，企業の意思の下で従業員から見れば仕事として行うものである。企業が企画する"仕事"であるので，原則として勤務時間内に行う。

　ビジネス教育は講師，受講者，教育コンテンツ[*1]の3要素からなる。ここで講師はむろんのこと，教育を受ける受講者も企業の企画した仕事を遂行するものであ

り，他の仕事と同様に講師というリーダーの指揮命令下に入り，その出来具合（業績，能力向上）によって評価され，時間給とともにその評価による給与（業績給，能力給）を受ける。

もう1つの教育が従業員個人の発案と意思によるものであり，自己啓発と表現する。これは逆に勤務時間外（給与分配を受けない）にやることが原則である。しかし，この自己啓発による個人の能力向上が企業業績向上に役立つと考え，これを支援（一部カネを負担する，勤務時間内に行う，場所を提供するなど）したり，能力評価（主に能力認定。公的資格などが評価基準として使われることが多い）に考慮し，能力給に反映したりすることもある。

*1 テキスト，教育カリキュラム，教育内容などを本書では教育コンテンツと表現する。コースウェアともいう。

3－3　教育計画サポート

コンサルタントが行う教育計画のサポートは以下のようなものである。

(1) 教育予算は一定額

教育が経営上難しいのは，やってもやらなくても短期的にはあまり変わらず，またやればきりがないことである。したがって，教育計画のもっとも大きな課題は「どこまでやるか」である。この限度は当然カネで表すべきであり，教育予算といわれる。

教育費を多くの企業では，予算上人件費ととらえているが，それは誤りである。教育は従業員の能力アップであり，これによって企業の業績をアップさせるものであり，各従業員が受ける「働いたことによる付加価値の分け前」とは異なる。したがって，給与（人件費）のように付加価値の一定比率を，結果が出てから分配するという考え方にはなじまない。

そう考えると能力向上による付加価値向上分をベースとして考えるべきだが，教育効果はファジー，かつ長期にわたるため計算式の設定が難しい（決してできないということではなく，コンサルタントから見て経営者，従業員への説得力がないということ）。

この答えは，長期教育計画を作成することである。その計画立案時点での付加価

値額をベースとして，長期にわたってどの程度の額を費用分配をしていくかを決め，これを長期教育予算とする。そして「その後の業績によって教育予算をあまり変化させないこと」を経営者が意思決定する。

　年当たりの平均教育分配率（教育予算／付加価値）の目安であるが，私の個人的意見としては，安定期にあるメーカーで「ざっと」付加価値の0.5％くらいが"普通"だと思う。ただこの"普通"は，データがあまり公開されておらず説得力がない。クライアントの現在の教育費から教育分配率を計算し，これをベースとして長期的に増やすか減らすかをクライアントとともに考えるのがコンサルティングの当面の策であろう（この分配率が多くの企業で計算され，公開されてその"普通"が生まれるまで）。

　教育予算には外部講師の費用など外部への支払いが発生するものだけでなく，従業員が行う講師，受講者の給与などももちろん含まれる。しかしこの計算はわずらわしいので，以下に述べる予算調整時には教育予算から内部費用をあらかじめ一定比率分として控除し，支払ベースの教育予算（支払いをコントロールできるもの）の配分を考えていくようにする。

（2）　リーダーが予算要求

　教育予算も他の予算システムと同様にトップダウンとボトムアップの調整を行う。この調整の担い手は教育部門（教育という機能を担うスタッフ部門）と各チームのリーダーである。リーダーが自チームの各プレイヤーの能力を考え，教育が必要と思われる項目を目標管理システムにて洗い出し，教育部門へその費用見積を依頼する（実際には教育部門が教育メニューでその費用を提示することが多い）。リーダーはこの見積を参照して，チームの教育要望項目，費用を一覧表にまとめ教育部門へ提出する。いわゆる予算要求である。予算額≧Σ要求額であればここで調整は終了し，教育実行に移る。

　予算額＜Σ要求額のときは当然のことながら何かを実行し，何かをカットしていく。その基準にはROI（Return On Investment）を用いる。ここでのROIは教育効果（Return）を教育費用（Investment）で割ったものである。ROIの高い教育から順にその費用を積み上げていって，教育予算を超えたところでやめる。

　ROIの費用は先ほどのリーダーが作った一覧表を使うが，効果見積には2つの

問題点がある。
・教育効果を見積ることが難しい
・各部門が教育予算を取り合うので，教育効果を大き目に見積る

　この解決策は，予算調整において効果は能力ではなく，何らかの業績（前述の個人業績でもチーム業績でも可）で表し，経営計画の予算目標とリンクさせることである。この効果（業績アップ）はその教育以外によって生まれるものであっても，すべてこれに含ませ，切り分けなどしない。そのうえで，その効果である業績アップ分を，目標予算に上積みしてリーダー，プレイヤーが約束する。効果を大きく見積れば目標のバーは高くなる。効果を小さく見積れば，教育予算は分配されず，能力を高めることができない。このトレードオフをリーダーが自チームについて判断していく仕組みとする。

4 採用・退職コンサルティング

　組織コンサルティングの最後のテーマは採用，そしてマイナスの採用としての退職である。このコンサルティングは想像以上にコンサルタントの外部性が生きる分野である。

4−1　採用コンサルティング
　採用については次の4点をコンサルティングのポイントとする。

（1）　募集要件
　日本企業のもっとも苦手な分野とされるのが，この人材募集である。アメリカでは比較的ドライに，企業が行う仕事の中で不足している担当者をストレートに募集している。ヒトよりも「行うべき仕事」に着目して募集し，即戦力を得る。一方，日本企業，特に大企業では人手不足だから募集するというわけではない。行う仕事ではなくヒトに着目して，あらゆる面で優秀なヒトを募集・採用し，企業内で教育をして，特定の仕事ができるように育てる。そのため募集システムがファジーであり，採用もシステマチックになっていない。

　しかし，採用コンサルティングでは後者の日本型の考え方をその核とする。25ペ

ージで述べたミッションの募集フラグとしての位置づけ，後で述べるように新卒中心の採用とすることから考えてそうすべきである。

では従来の日本型募集の課題は何か。それは募集要件が明確になっておらず，よくわからない履歴書審査や数回の面接などによって採用していることである。この募集要件がコンサルティングのポイントであり，次のような形で明確にする。

① ミッションへの合意

自社のミッションへ合意することを募集の第一要件とする。

新卒採用においては，どうしても「良い学生」に来てほしいと考え，好労働条件，一部上場企業といった社会的ステータス，好業績（伸びている）などをアピールして募集してしまう。この「自社を良く見せたい」という思いを立ち切り，正々堂々とミッションをフラグに掲げて募集する。

中途採用においては他社（異なるミッションを持っている）での勤務経験があるので，前の企業とのミッションの違いについて企業と応募者が話し合うことが原点となる。つまり，なぜ前の企業を辞めようと思ったかをミッションをベースとして話し合う。

ここから先は採用の項で述べる。

② 求める能力はマップで

企業の原動力は従業員の能力であり，それを募集していることを忘れない。

人がもたらす能力は，経営資源の中でもっとも長期にわたってそのパフォーマンスを発揮する。業績を上げていくために何が足りないのかと考えるのではなく，ミッションから考えて長期的にどういう能力集団にしたいのかがそのポイントである。

そう考えれば募集においてなされるべきことは，求める能力をはっきりさせることであり，いわゆる能力マップ（求められる能力の関係を表したもの）を作ることである。しかし特に新卒採用においてその能力マップは難しい。この答えは74ページで述べたポテンシャル能力を考えることである。ポテンシャル能力とはその人がその仕事に携わる前にすでに持っているものであり，先天能力ともいえる。プロ野球選手でいえば，野球をやったことのない新人を採用するのであるから，野球にフィットした運動能力，運動神経を募集要件とすることである。

このポテンシャル能力はトレーニングによって向上することが難しいものも多く，「向き，不向き」という形で表現できる。つまりその企業の仕事，そしてミッショ

ンへの向き，不向きをその能力で見るものである。決して普遍的なものさしで能力判定しようと考えたり，面倒くさいからといって学歴などで決定しない（ただ学歴も偏差値の高い大学を出たということは，問題解決力など特定の能力を持っていることの証にはなる）。

能力マップとは，たとえば下図のようなものである。

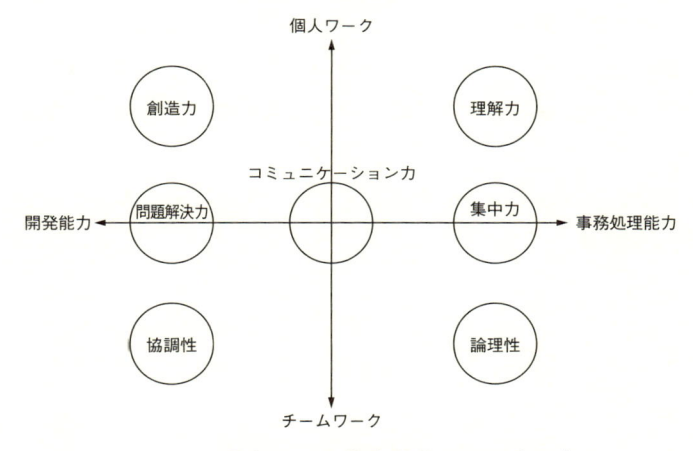

図表3-10　能力項目のマッピング

そのうえでこのマップを用いて自社がどのような形か，将来どのようにしたいかをまず考えてみる。

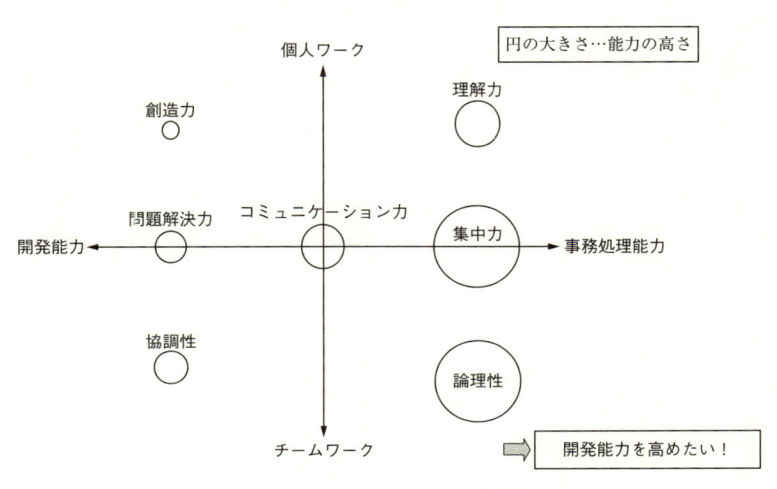

図表3-11　能力マップの例

第3章　組織コンサルティング　159

こう考えれば，自ずとどのようなポテンシャル能力を持っている人を外部から募集すべきかが見えてくる。コンサルタントがどんな人を募集するかをクライアントと話すのは難しいが，どんな能力を募集するかは話し合える。そして「他社と比較して」という形でクライアントの能力マップを作ることができれば，そこにコンサルタントの力が生きることになる。

③　キャリアステップを提示する

　採用後，従業員がどのようなキャリアを歩むことが可能かを，募集時に提示する。これがキャリアステップである。もし職種単位に採用するのであれば，職種別に作って提示する。

　キャリアステップのラフなイメージは，たとえば下図のようなものである。

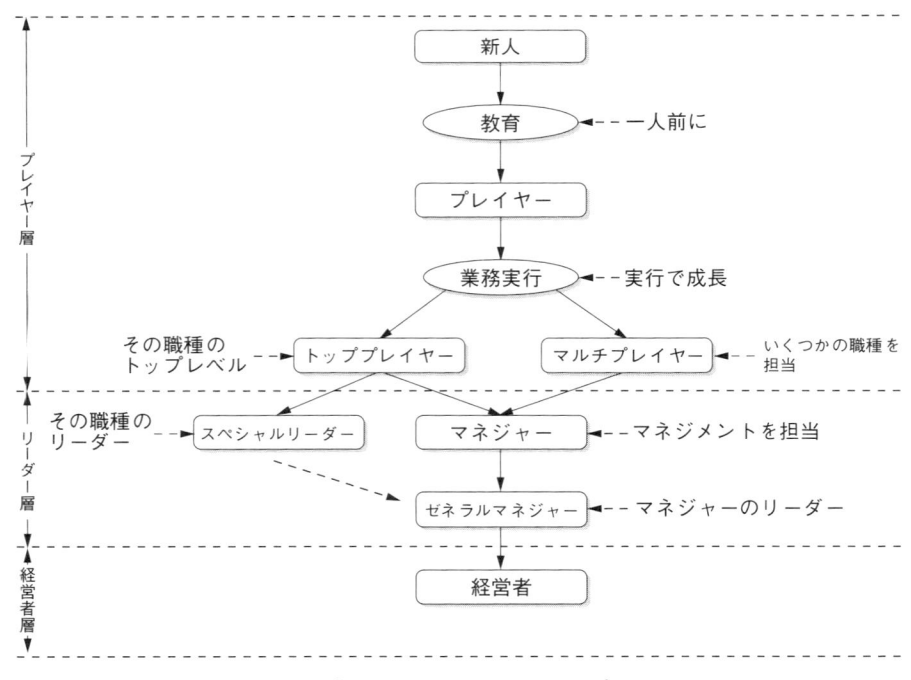

図表3-12　キャリアステップ

　そのうえで各キャリア（プレイヤー，トッププレイヤー，マルチプレイヤー，スペシャルリーダー，マネジャー…）に求められる要件，キャリアアップする要件を募集時に提示し，あらかじめ合意を得る。これには148ページの能力ランキング表

が併せて用いられる。

④　報酬条件を提示する

　キャリアステップ同様に，長期的な給与体系を提示する。どうやって給与は決められるのか，どうすれば上がるのか…。145ページの給与コンサルティングの成果を用いる。

⑤　退職条件を提示する

　どのような場合に退職となるかを提示する。これについては退職の項で述べる。

（2）　採用ポリシー

　次に募集要件で検討したことを含めて採用における基本的な考え方をまとめる。コンサルタントとしては，次のようなことをそのポリシーとするようにコンサルティングする。

・採用はミッションに合った能力を獲得し，長期にわたる企業の付加価値を高めることが目的である。
・付加価値を「収入－支出」というフローではなく，「付加価値＝Σ能力×組織×ビジネスモデル」というストックで考える。組織，ビジネスモデルに合った能力を獲得するのではなく，ミッションを実現するために不足している能力を獲得し，その能力に合った，それが生きる組織，ビジネスモデルを構築する。
・採用の可否は，合ミッション性（ミッションにどれくらいフィットしているか）と募集で提示した能力を「ものさし」として決定する。
・ミッションに合った能力を獲得するのであるから，従業員は「定年まで働く」ことを前提とし，新卒採用をそのベースとする。
・中途採用は定年以外の中途退職者のリカバリー，および新卒採用での獲得不足を補うものと考える。

（3）　採用人数モデル

　多くの企業は採用人数に関するモデルを持っていない。昨日の業績で明日の採用を決めている。これが「内定取り消し」などを生む要因である。

　業績は従業員の能力に大きく依存しており，長い目で見たときはこの能力が決め手ともいえる。業績が悪くなった原因が能力不足であったとき，採用・教育などで

これを補うことができなければ，ますます悪化していく。新しい能力を採用で補わなければならないのに，昨日の業績が悪いという理由で採用を抑え，業績悪化の歯止めが利かず，坂をころげ落ちてしまう。

採用人数の決定は長期的な企業サイズを決めるという大きなテーマであり，その決定モデルが必要である。この決定モデルは企業ライフサイクル，置かれた環境によって異なるが，安定期における一般的なモデルとしては次のようなものが考えられる。

採用人数決定モデルの例

（条件）
- 新卒を採用の柱とし，企業における「1人当たり付加価値」は年によらず一定（これが最低条件ともいえるが）とする。
- 原則として新卒採用がインプットされ，定年退職がアウトプットされ，従業員の平均年齢は変わらない。
- 企業全体としては毎年一定率の付加価値向上を目指す。

（採用人数の算出）

S_0……現在の総従業員数　　S_1……来年度の総従業員数
n……来年度新卒採用人数　　m……今年度定年退職人数
V_0……今年度の付加価値　　V_1……来年度の付加価値
r……期待する年平均の企業全体の付加価値伸び率

$$\frac{V_0}{S_0} = \frac{V_1}{S_1} = \frac{V_0(1+r)}{S_0 + n - m}$$

$\Rightarrow n = S_0 r + m$ となる。

$\Rightarrow$「新卒採用人数＝総従業員数×期待付加価値伸び率＋定年退職者数」となる。

上の式を変形すると次のようになる。

$$r = \frac{n - m}{S_0}$$

最後の式でS_0，mは経営者にとって所与のものである。n（採用人数）を決めるということはr（付加価値伸び率）を決めているのと同意である。すなわち採用人数は企業の付加価値をどれくらい伸ばしていくかという経営者の「意思」であり，

期待感である。

　一般的に創業期，成長期にある企業では「採用予定人数＞応募人数」であり，安定期，変革期にある企業は「採用予定人数＜応募人数」である。

　前者の場合はこれを中途採用で補うと考える。つまり本来は過去に採用したかった新卒を，他社で何年か働いた後に採用すると考える。

　後者の場合は「採用予定人数をとる」と意思決定する。つまり採用基準を決め，それを満たしたものをとっていく（絶対評価）のではなく，応募者の中から能力の高い順にとっていく（相対評価）と考える。

（4）採用評価
① 採用評価表

　採用評価では合ミッション性と募集で示す能力を項目として，下図のような評価表を作っておく。1人の応募者に対し何人かの評価者がこれを作成し，その評価点を平均するのが普通である。

　採用評価表は単に採用を合理的に進めるためだけのものではない。実際に採用した従業員を，その後定期的に能力評価することで，採用評価の妥当性を高めていくものである。

項目	重み(G)	評価点(S)	GXS	コメント
合ミッション性	10	8	80	IT時代を担う当社にとって適切な人材……………
創造力	8	9	72	ディスカッションでのアイデアは豊富であり，ヒラメキは……
理解力	6	8	48	人の話をよく聞く。問題を適確にとらえることができるが
⋮	⋮	⋮	⋮	
合計			725	論理性にやや問題はあるが，当社の変革を考えると

図表3-13　採用評価表

② 手段

採用評価の手段としては次のようなものがあり，各企業が求める能力に応じてケースバイケースで選択する。

- **グループディスカッション**　特定のテーマについて応募者同士を話し合わせ，その発言を見る。合ミッション性，創造力，理解力，問題解決力，協調性，コミュニケーション力，論理性などさまざまな項目が評価できる。チームで仕事をしていく企業にとっては，もっとも重視すべき能力評価ツールである。
- **レポート**　一定時間内に特定のテーマについての意見をまとめさせる。グループディスカッションとほぼ同じ項目を評価できるが，特に論理性，問題解決力，理解力などをはっきりと見ることができる。
- **インタビュー**　特定のテーマについて特定の人にインタビューをとらせ，報告書を作らせる。理解力，コミュニケーション力，論理性などが見られる。
- **プレゼンテーション**　特定のテーマについて，個人の意見を複数の人の前で発表させる。表現力，創造力，論理性，問題解決力などが見られる。
- **ロールプレイング**　実際に簡単な仕事をやらせてみる。合ミッション性，理解力，集中力，柔軟性などが見られる。
- **学歴，資格**　出身学校の学部や偏差値，資格（TOEIC，簿記検定，情報処理技術者など）によってある程度，問題解決力，理解力，集中力，論理性などを見ることができる。
- **職歴**　中途採用の場合は，どうしてもやってきた「仕事」を見てしまうが，先に述べたとおりむしろ「なぜ辞めようと思ったか」のほうが大切である。中途採用は合ミッション性の評価ウエイトを高くすべきであり，それに関するレポート評価などのほうが適切といえる。

現在の主流といえる面接，ペーパーテストは，採用時の能力評価にはあまりフィットしていない。

面接はそもそも何を見ているのか（人物か，能力か…）が不明なことが最大の問題である。面接の質問によっては，瞬間的な判断力などを見ることもできるが，応募者が質問を予測して答えを用意しておくことも多く（採用してもらうために），面接テクニックを競うゲームのようになってしまう。

ペーパーテストは採用者に即戦力を期待している企業で，その仕事をやるための

最低限の知識を持っているかどうかを見るケース以外には、あまり活用できる方法ではない。

4―2　退職コンサルティング
（1）　退職ルールの意味

　退職コンサルティングのテーマは、経営者の意思に従い「いかに退職をうまくコントロールするか」「中高年リストラをうまくやるか」といったことではない。ここでのコンサルティングテーマは、退職に関する"新たなルールづくり"である。

　退職には2つのパターンがある。「従業員の希望によるもの」と「企業側の事情によるもの」である。前者はサラリーマンの最後の特権ともいえる「企業を辞める権利」であり、当然のことながらすべての企業においてこの権利は保障される。

　したがって、コンサルティング対象は後者である。ここでのコンサルティングの前提は「経営者を含めた従業員が企業を構成している」ということである。このパラダイムにおいて「企業側の事情」といっても本人もその企業の一員であり、そのようなものがあること自体がおかしい（誰の事情かわからない）。

　退職は「企業というチームにおいてその構成メンバーの脱退に関するルールの適用」と考える。

　この脱退ルールの"見直し"がコンサルティングのテーマである。したがって、企業構成メンバー全員、つまり全従業員の合意（それが無理なら大多数の合意）が求められる。そして以降は入社時にこのルールに合意してもらうようにする。このルール見直しの手段として有効なのが、59ページで述べた経営塾、リーダー塾、経営戦略委員会であり、ここで各層の代表者の意見を求めることである。「ルールを変えない」ことが保障されていれば、（言い方は悪いが）若い人たちに「高齢者を早く辞めさせる」というインセンティブは働かないはずである。それは若い人にもいつかこの退職ルールに適合する日が来るからである。

　ルール変更に伴って退職に適合してしまう人（前のルールでは退職とならないのに、新しいルールでは退職となってしまう人）が出る場合は（次の（2）のように進めればかなりレアなケースではあるが）、この「不公平さ」を金銭的リターン（退職金の上乗せなど）で補うか、移行期間を設けゆっくりとルールを適用していくしかない。

（2） 退職ルールの設計

　2006年4月より施行された改正高齢者雇用安定法で，65歳までの雇用を確保することを企業に求めている。具体的には定年の引上げ，定年の定めの廃止，定年後の継続雇用制度の導入などのうちから，企業に選択を求めるものである。この法律のパラダイムは明らかに「企業が従業員を雇用している」というものであり，ここでのコンサルティングパラダイムとは異なるシーンを想定している。

　退職ルールの設計はこのような社会的ルールを守るのはもちろんのこと，前に述べたように従業員全員が納得できるルールを作る必要がある。「お上の指示により」ではコンサルティングとはいえない。ルールを原点からきちんと考えることがコンサルティングである。

　企業を従業員のチームと考えたとき，退職に関するルールとして次の3つが考えられる。

　（a）本人が辞めたいというまで退職しない
　（b）一定の年齢になったら退職する（いわゆる定年）
　（c）一定の能力をキープできなくなったら退職する

　このルールを決めるとき大切なことは，「公平さ」だけを考えることである。絶対にやってはいけないのは「どちらのほうが利益が出るか」という業績からのアプローチである。このルール変更が「利益を出すためだ」と従業員が感じたら，企業は崩壊してしまう。

　（a）がゴーイング・コンサーンの企業にとって，もっともふさわしいようにも思う。しかし，多くの企業に年功給の要素（長く勤めた人ほど給与が高い）があることを考えると，むしろ不公平である。（a）をとるなら年功給を排除することが条件であり，あまり現実的ではない。

　結論をいえば（b）と（c）のコンビネーションをとるべきであり，次のような形が標準と考えられる。

・定年を設け，その年齢（高校卒，大学卒，中途採用などを考えると勤務年数というわけにはいかない）をもって，現行の給与ルールの適用を終える。定年の年齢はその役職（リーダー，経営者など）によらず一定。
・定年を迎える年度当初に，退職または再雇用希望かを本人が決定する。
・再雇用は中途採用の1つとして位置づけられ，新卒や中途採用と同様に，採用時

に能力評価を受ける。再雇用による採用は1年間がベースであり，以降毎年これを繰り返していく。そういう意味で継続雇用というよりも，再雇用という表現がフィットしている。
・再雇用の給与モデルはそれまでとは異なり，年功給はなくなり，業績給，能力給をそのベースとする。

定年は決して「年をとったから辞める」ということでなく，企業というチームで働き，その「分け前」を受けるうえでの，チームメンバーによって合意されたルールの1つとして位置づけるべきである。そう考えれば，上記のように定年後でも能力がキープできれば，企業外の人よりも再度チームへ優先的に入り，その給与分配を受ける権利があるのは当然といえる。

第4章

オペレーションコンサルティング

本章では、プレイヤーが行う業務のうちマーケティング（セールスを含む）を除いたものをオペレーションと表現する。基本的には毎日同じような仕事を繰り返していくタイプのものである。

オペレーションコンサルティングは合理化、チェンジ、評価の3つの領域に分かれる。

1 合理化コンサルティング

1—1　同期化とは

オペレーション合理化の基本は、標準化（Standardization）、単純化（Simplification）、専門化（Specialization）という3Sによって仕事を細分化し（この細分化した仕事は工程と表現される）、オペレーションを流れ作業に変えていくことにある。

流れ作業ではすべての工程が同じ処理時間（ピッチタイム、サイクルタイムという）でなされるようにする。これを同期化という。同期化できないと、仕事はもっとも遅い工程で停滞し（これをボトルネック工程という）、その生産性にすべての工程が合わされることになる。

この流れ作業、同期化によってすべてのオペレーションは合理化される。もしクライアントのオペレーションでそれがなされていなければ、何はともあれこれにチャレンジすることである。

1—2　LSPの流れ

この「同期化を進めていくこと」は、最終的に各工程担当者の作業スケジュール表がアウトプットされるので、LSP（Labor Scheduling Program）とよばれる。

LSPは以下のようなフローで進める。（手作業でやることは困難であり、ITを用いて行う。）

① 現状のオペレーション測定

対象となるオペレーションの状況をビデオカメラで撮り、作業ごとに時間測定を行う。

② 作業の細分化、同期化

作業を細分化し、とりあえず工程に分ける。その工程によってオペレーションを実施し、工程ごとの時間を測定する。そのうえで同期化、つまり各工程の処理時間が同じ時間になるようにさらに再設計し、オペレーションを実行し、時間を測定し…と繰り返し進めていく。

ここでの概念は次のようなイメージとなる。

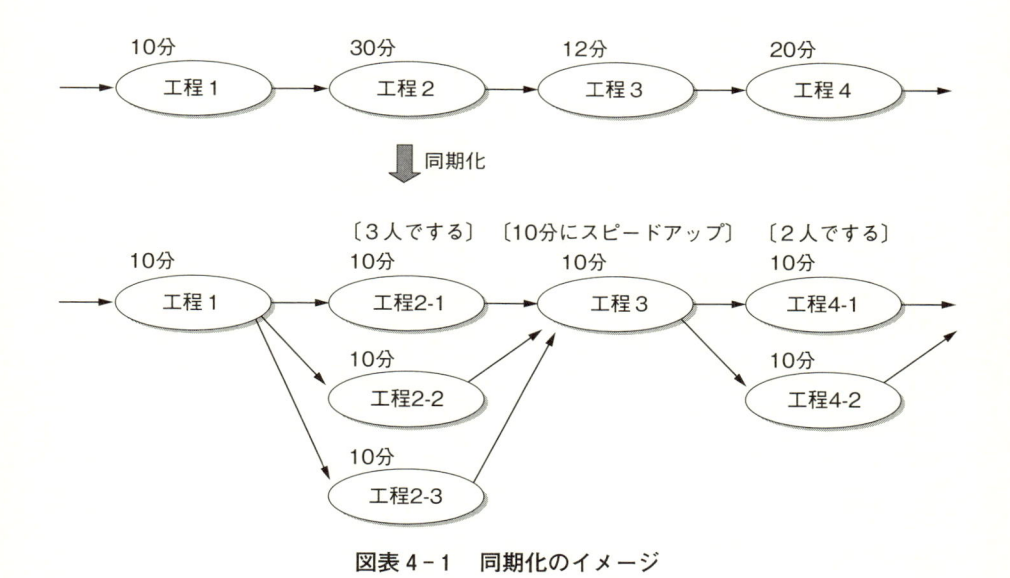

図表 4 - 1　同期化のイメージ

この同期化の理論的バックボーンは IE とよばれるものであるが、これについては次項で解説する。こうして同期化された工程をタスク（1 人で行う仕事の最小単位）という。ここでは対象オペレーションのリーダーの協力が不可欠である。

③　トライアルスケジューリング

まずは月単位（または週単位）の計画を立てる。ここではエクセルなどの表計算ソフトを用いて簡易的に進めていく。そのステップは次のとおりである。

- **作業量予測**　タスクごとの時間および生産計画（サービス業であれば実施計画）の生産量（サービスボリューム）から、日別時間帯別の作業量をタスクごとに予測する。大企業ではタスクを少し大きくしておかないと、これが大変な作業になってしまう。
- **勤務予定**　当日の従業員などの時間帯別の勤務予定を確認する。

- **負荷調整**　予測作業量と勤務予定をつき合わせて過不足を調べる。休憩時間だけでなくタスクのピッチタイムの中に作業余裕[*1]を考慮し、負荷率[*2]は（オペレーションの内容によって異なるが）単純繰り返し作業ではどんなに高くても70％以内に抑える。
- **スケジュール作成**　担当者別、作業別にスケジュール表を作る。

[*1]　作業にあたっていない時間を作ること。
[*2]　実作業時間／拘束時間で計算する。拘束時間は休憩以外の勤務時間。実作業時間＝拘束時間－作業余裕

④　実施，チェック

　スケジュールに基づいて作業を実施する。実施後作業時間、作業量について予測値と実績値の差異をつかむ。その差異要因を分析し、その作業がもっと効率的に行えないか、効率性を阻害している要因は何かを考える。そのうえで翌月（翌週）の予測を考える。56ページのPDCAの実践である。

⑤　情報システム開発

　上記の差異がある程度埋まった段階で、LSPと121ページのABCを組み合わせて情報システムとして開発する。開発のツールとしてはスケジューリングソフトやアクセスなどのデータベースソフトが一般的であり、大企業のように膨大な開発量があるときはITベンダーへ外注する。

　このLSP&ABCシステムは作業の効率的分配、ボトルネック作業の発見のほかに、業績評価、能力評価にも大きな効果を上げる。各人が各仕事に対してどのくらい生産性を上げているかがわかり、客観的な業績評価、能力評価が可能になる。

1−3　IE

　IE（Industrial Engineering）とは工場の生産性向上を図る技術を総称したものである。IEの適用範囲は工場だけでなく、すべてのオペレーションに適用可能であり、オペレーションコンサルティングの基礎理論ともいえ、ほぼ"やり方"としては完成されたものである。オペレーションコンサルティングにおいては、IEのやり方をクライアントへ伝えるだけでなく、コンサルタントとしてその生い立ちという"そもそも論"から追いかけ、その原理・原則を理解してほしい。ここではその概要を解説する。

(1) IEのはじまり

IEにはテイラーの時間研究から始まる「仕事の測定，数値化」に関する技術と，ギルブレスの動作研究から始まる「仕事のやり方」に関する技術がある。その2つがいつの日かか合流してIEという1つの体系（というよりも生産性向上に関するやり方の集合といったほうがよい）となった。

① 時間研究

産業革命によって工場は機械化が進み，大量生産による工業製品が次々と誕生し，逆に労働力不足となっていった。これを受け19世紀末のアメリカでテイラーを中心に能率[*3]運動が生まれる。テイラーは工場の能率を上げるためにオペレーションコンサルティングを行い，その成果を『科学的管理法の原理』という本にまとめた。

テイラーの考え方は次のようなものであり，IEの礎となった。

- 「個々の労働者の生産性」を正しく評価した公平な賃金制度を作れば，工場全体の能率が必ず高まる。
- 公平な賃金制度とは，働いた時間をベースとする単純な日給，月給ではなく，行う仕事を考慮した賃率（121ページの賃率はここから来ている）をベースとする。
- 賃率は働いた仕事量によって決める（つまり業績給）。そのためには作業（ジョブ）を課業（タスクの訳）に分ける。これが課業管理（作業管理）という考え方。
- 各作業ごとにストップウォッチで時間を測定し（今はビデオカメラ），標準時間を設定する（この部分が時間研究）。
- この標準時間をベースとして，各労働者の1回の作業量を決める。
- この作業量を標準時間に完了したかどうかで賃金を考える。これを差別的出来高給という。

日本にこのテイラーの考え方を紹介し，「能率の父」とよばれたのが，産業能率大学の創始者上野陽一である。IEはアメリカよりもむしろ日本で，「作業改善」という現場での地道な努力として花開くことになる。そして「KAIZEN」は今や世界に通用するワードとなっている。

[*3] 生産性という定義がまだなく，efficiency（能率）とよんでいた。

② 動作研究

ギルブレスは人間の動作を分析し，もっとも速くそして楽に行う方法を研究した。そのアウトプットとして次の2つがある。

ⅰ）サーブリッグ分析

　人間が作業を行ううえでの動作を17の基本的要素に分け，これを第1類（作業を行う動作。運ぶ，位置ぎめ，組立…），第2類（作業を行ううえでの補助的動作。探す，考える…），第3類（作業を行わない動作。保持，休む…）に分類した。そのうえで作業の各要素をサーブリッグ（ギルブレスの逆綴り）とよび，それをサーブリッグ記号という絵文字で表現した。このサーブリッグ記号による動作イメージの図をベースとして，第1類の作業は「順序・組み合わせの変更」，第2類は「モノの置き方などで，できるだけカット」，第3類は「器具の活用，配置，組替えでカット」という改善の基本的方向で考えることを提案した。この考え方は後のロボットをはじめとする自動化技術に大きく貢献する。

ⅱ）動作経済原則

　ギルブレスはこれらの研究を通して「動作経済原則」を発案した。たとえば「動作に連続性，かつリズム感を持たせる」「両手の動作は同時に始まり，同時に終わり，対称的な動作にする」…といったものである。「上から下への移動は重力を使え」といったこともあり，これをベースに工場のベルトコンベアは立体的（下から上へは動力を使い，上から下へは重力を使う）になる。オペレーションにおける"ヒトの動き"を考えるベースとなっている。

（2）　IE の手法

　実際に使われているIE手法は次の3つくらいに分類することができる。

①　PTS法（Predetermined Time Standard）

標準時間を設定する手法の総称。MTM法，WF法が有名である。

- MTM法（Methods Time Measurement の略）…人間の動作をいくつかの基本動作に分け，これらの基本動作の関係，大きさを考慮して標準時間を求めるもの。
- WF法（Work Factor の略）…作業時間に与える要因を4つ（使用する身体部位，移動距離，重量・抵抗，調節）に分け，これらによって標準時間を決めるもの。

　また標準時間などの作業時間を調べていくと，習熟という現象があることがわかった。習熟とは同一の作業を繰り返していくことによって，作業時間が減少していくことである。作れば作るほど，どんどんコストが下がっていく（このカーブのことを習熟曲線という）というもので，まさに規模の利益である。

② 工程分析

　工程の順番（フロー，プロセスという表現を使うことが多い）に着目して作業を合理化していくもの。工程分析にもさまざまなパターンがあるが，サーブリッグ記号のような記号を用いて，工程の順を図示していくものが中心である。工程分析は3M（Man, Machine, Material）のどれに着目するかで次のように分かれる。

- **製品工程分析**　どの工程にどんな部品や資材が使われて製品となっていくかを分析していくもの。
- **作業者工程分析**　作業する人に着目して，その人が各工程にどういう関わりを持っているかを分析するもの。流れ作業の設計などによく使われる。
- **流れ工程分析**　上の2つを組み合わせて3M全体がどのように流れているかを図示して分析するもの。総合工程分析，または総括工程分析ともいう。

　工程分析は生産のみならず次のような分野でも実績を残している。

- **事務工程分析**　事務という仕事を工程に分け，工程分析の手法を用いるもの。
- **運搬分析**　マテリアル・ハンドリングの訳でマテハン，MHと略す。製造ではなく工場内のモノの移動や搬送の合理化に工程分析の方法を用いたもの。
- **プラントレイアウト**　流れ工程分析で作られる図をベースとして，設備の配置分析や改善を行うもの。

③ 稼働分析

　作業員や設備の稼働状況を分析していくものであり，その代表的な手法はワークサンプリング法である。これは適当な時間間隔ごとに「どういう状況か」（動いている，止まっている…）を調べ，統計的手法を用いていくものである。

2 オペレーションチェンジ

　オペレーションの合理化が済んだら，次のコンサルティングテーマはオペレーションの「やり方を変える」ことである。現代のオペレーションコンサルティングの中核をなすものといってよい。ここでは2つのアプローチ法がある。

2―1　働く人からのアプローチ
(1)　やる気とムード
① やる気の問題点

　オペレーションという人手作業は"従業員の気持ち"が大きく左右する。IEにおいても，生産性向上を追求していく中で，しだいにこの"気持ち"が注目されるようになり，人間関係論，行動科学とよばれる学問領域を作っていった。コンサルタントとしてはこの成果である「ホーソン実験」，「マズローの欲求5段階説」，「マグレガーのX・Y理論」，「ハーズバーグの動機づけ・衛生理論」などは常識として知っておくべきことである。

　これらに共通している考え方は次のようなものである。

　「人は心の中に"やる気"がある。これが何らかの阻害要因で表に出なくなる。この阻害要因を取り払い，"やる気"を出していくことが動機づけ，モチベーションである」

　しかしコンサルティングをやるうえで，この考え方には次のような問題がある。

ⅰ) 定義

　"やる気"とは何かが定義されていない。おそらくそれは「仕事を自ら進んでやりたい」という気持ちのことを指しているのだと思う。しかし「仕事は進んでやることが本当に大切なのか」「そもそも進んでやるとはどういうことか」「自分の仕事を自分のやりたいという気持ちでやってよいのか」「やる気を出すと本当に幸せになれるのか」「一時の感情ではないのか」といった疑問に対する答えがまったくといってよいほど用意されていない。

　やる気が定義されていない状態で，「やる気を出させるコンサルティング」をやれば「やる気のない」従業員から反発を受けるのは当然の結果である。

ⅱ) 善悪論

　このように考えると，どうしてもやる気のない状態を「悪」，やる気のある状態を「善」と考えがちである。しかし本当にそうなのだろうか。企業内にはさまざまな仕事があり，当然のことながらやりたくない仕事でもチームのため，企業のためにやらざるを得ない環境に置かれる人が生まれてくる。この人たちに「やる気を出せ」と誰が言えるのだろうか。言っている人たちのほうがクライアントの中で「力を持っている人」であっても，この声にコンサルタントはそのまま乗ってよいのだ

ろうか。近年では派遣などの労働スタイルの多様化がこの問題に拍車をかけている。

iii）計測不能

「やる気を出させること」が仮にできたとしても，やる気という状態が測れない。測れないものを高めるためのコンサルティングなど思いもよらない。思いついて提案し，クライアントが実行してくれたとしても，それがうまくいったかどうかを評価することもできない。

iv）ベクトル

やる気は個人に依存しているものである。仮に各人にやる気があってもチーム，企業としてのベクトルに合わず，良い方向に行くとは限らない。チーム，企業にベクトルを合わせれば誰かがやる気を失うかもしれない。

② ムード

こう考えていくと，コンサルティングにやる気，モチベーションという考え方はそぐわない。これに代わってとるべき考え方はムードである。やる気とムードの最大の違いは，やる気が"個人の気持ち"にあるのに対して，ムードは"チームの仕事"に存在している。同じ能力を持った人が同じチームに集まり，同じ組織（仕事の分担）で，同じビジネスモデル（仕事のやり方）で仕事をやって，そして同じ環境であったとしても，そのチームの業績という結果は異なるというものである。これがムードであり，次のように表現される。

$$\text{チーム業績} = \text{ムード} \times \Sigma \text{各人の能力} \times \text{組織} \times \text{ビジネスモデル} \times \text{環境}$$

$$\text{ムード} = \frac{\text{チーム業績}}{\Sigma \text{各人の能力} \times \text{組織} \times \text{ビジネスモデル} \times \text{環境}}$$

つまり，ムードはチームの業績に影響を与える要因のうち，能力，組織，ビジネスモデル，環境以外のものを指す。ムードはそのチームが仕事をやるうえでのコンディションのようなものである。

業績を上げるためには環境を予測し，各人の能力を上げ，それに合った組織，ビジネスモデルを考えるとともに，そのムードを考える必要がある。

ムードという考え方は，先ほどの"やる気"のⅰ）〜ⅳ）の問題点を解消する。

ⅰ）定義

ムードは上記のように定義され，クライアントにもその理論をきちんと説明できる。またクライアントの経営者，リーダー，プレイヤーにとってもムードというの

は極めて直感的である。ムードが高い状態は肌で感じることができる。

ⅱ）善悪論

ムードは善悪ではなく，ムードの高い状態がチームの業績を高める状態であり，それが企業，チーム，そして働く個人にも幸せをもたらす。この幸せをもたらす仕組みがこれまで述べてきた付加価値会計，人事評価モデル，給与モデルである。

ⅲ）計測不能

業績，能力，組織，ビジネスモデル，環境によってムードを測ることができる。ムードを高める方策は業績をアップさせる方策と同じである。これを支えるのが予算と目標管理というシステムである。

ⅳ）ベクトル

ムードはそもそもチーム業績がそのベースであり，その和が企業業績である。すなわちチームのムードの和が企業のムードとなる。

ムードはやる気のように個人の感情ではなく，チームの状態である。ムードを高めていくことは個人のマインドコントロールではなく，チーム業績，企業業績への思いである。コンサルタントには「働く個人の感情」をコントロールすることなどできるはずもない。しかしチームを外から見て，ムードを測り，ムードを高める方策を第三者として提案することはできる。その提案のポイントは次の4点である。

（2）　システム化

オペレーションのムードを高める第1のポイントは，システム化することである。26ページのシステムの定義にある「複数の要素」はオペレーションシステムにおいては従業員であり，バラバラな従業員を1つのベクトルに合わせていくことがオペレーションのシステム化である。進め方はケースバイケースであるが，その基本は次のような点である。

①　単純化の問題点

流れ作業はいくつかの問題点を抱えている。1つは単純化がもたらすものである。確かに仕事を細分化し，単純化すれば生産性は高まるかもしれない。しかし企業は生産性のためにあるわけではなく，従業員のためにある。

たとえば弁当工場で流れ作業が実現し，「配達する前に弁当をカウントする」と

いう工程があったとする。この工程担当者はこう思うかもしれない。「私はこうやって一生弁当を数え続けていくのだろうか」。これがチームのムードを沈滞化させる。

このような工程は機械化すべきであり，できなければアウトソーシング（273ページ参照）すべきである。それは生産性やコストダウンではなく，従業員のためである。

② 成果物を使用しているシーン

機械化，アウトソーシングしていっても，やはりオペレーションは残り，流れ作業は残る。流れ作業の問題点はもう1つある。それは工程分離からくる独立性である。各工程が「自分が行っている仕事」だけに着目して，ただその工程の生産性を上げることばかりを追いかけてしまう。

弁当工場の例でいえば，弁当の配達をアウトソーシングできなかったとき，この仕事の担当者は配達のことだけを考えてしまう。「時間どおりに届けよう」である。そしてこれをクリアしたとき，先ほどの「単純作業の繰り返し」という問題をもたらしてしまう。

このときはミッションを考える。何のためにこの企業が存在しているかである。

ミッションが「時間どおりに届ける弁当屋」なら「どれくらい時間どおりか，誤差は何分か」が経営目標であり，社会にもたらす付加価値であり，このために企業が存在しているといってよい。

ミッションが「おいしい弁当屋」なら，その時間どおりの配達は「おいしい」にどれくらい貢献しているかを，配達員が考えるべきである。そうすれば配達員は届けてすぐに次の配達先に向かうのではなく，「昨日の弁当は何がおいしかったですか？　何か残したものはありませんか？　冷たくなったり，おかずがずれて食べにくかったものはありませんでしたか？」という質問が自然と出るはずである。こうすれば「おいしい弁当屋」の業績は上がる。つまりムードを上げることになる。

すべての工程がミッションに基づいてその企業の成果物（商品，製品，サービス）を見る。自分たちの工程のアウトプットである「おかず」「ごはん」ではなく，家庭に届いた弁当という成果物に着目する。そのうえですべての工程がその成果物を使用しているシーンを浮かべる。おいしい弁当屋なら「顧客が弁当をおいしく食べているシーン」を浮かべる。おかずを作る工程の担当者も，ごはんを入れる工程

の担当者も，配達員も皆がこのシーンだけに着目する。「おいしく弁当を食べてもらう」ためにこの企業は存在しているというミッションを，どのような場面でも頭に入れておく。

③　アウトソーシングの意味

アウトソーシング（派遣も含めて）する意味もここにある。「弁当を数える」という仕事は「おいしい弁当」というミッションと結びつけづらい。結びつけづらければ，ムードが高まらないのも当然である。そしてたった1工程のムードダウンが「悪貨は良貨を駆逐する」として全工程に影響を与える。

一方，アウトソーシング先の企業はそれが本業であり，別のミッションを持っているはずである。「数える」という仕事に楽しさを感じ，プロを育て，プロとしてのプライドを持ち，常に新しいやり方を考え…。そしてその成果物（カウント数量）を使用しているシーンは「自分たちがカウントした数量を弁当工場の配達員が使って楽になっている」シーンである。

アウトソーシングではコストよりも社会的分担の意味に着目すべきである。こうなるとアウトソーシングというよりも，アライアンスとよばれるものとなる（以降は第7章アライアンスコンサルティングで述べる）。

④　子会社を作る意味

アウトソーシング先が見つからず，合ミッション性を保てないオペレーションがあるなら，子会社などにして別法人化することである。

オペレーションの子会社をつくる理由に，給与体系を変えること（親会社よりも子会社の給与を低く抑える）を挙げる企業もあるが，問題外である。同一企業内でも給与体系は職務によって違って当然であり，職務間の移動ルールの合理性が担保され，従業員が合意していれば問題ない。

子会社を作る理由は新しいミッション，つまり新しい社会分担を持つ会社を作ることである。配達の子会社を作るのは「弁当のおいしさ」よりも，「届ける」こと自体に楽しさを感じ，そこにミッションを求める配達員が新しい社会分担を求めるためである。

⑤　成果物ごとのリーダー

こう考えていくと機械化やアウトソーシングができない仕事は，むしろ流れ作業をするのではなく，できる限り1人でいろいろなことをやって，成果物を作り上げ

たほうがよいことになる（もちろん今，流れ作業をやっていない企業は先ほど述べたように，すぐに1回は流れ作業化すべきである。そして機械化，アウトソーシング…と進めて，それからである）。

これが近年最終製品メーカーで実践されているセル生産方式[*4]，多能工[*5]の理論的バックボーンである。

しかしどんな企業でも程度の差こそあれ，1人で一気に成果物を作るという体制を作ることはできず，流れ作業的仕事は残る。このとき多くの企業は従来どおり工程，つまり仕事ごとにリーダーを作ろうとする。

成果物に着目したオペレーションをすべきなのだから，これを貫き，成果物の種類ごとにリーダーを作るべきである。これがカテゴリーマネジャー制[*6]の理論的バックボーンである。

もちろん各工程は複数種類の成果物を担当しなくてはならないことが多いが，その「錯綜」というデメリットをあえて受けてでも，合ミッション性を通すべきである。

こうして成果物，そしてそれを使用するシーンに従業員のベクトルが合ったとき，オペレーションはシステムとなり，ムードは高まる。これがオペレーションのシステム化である。

[*4] 屋台方式ともいう。流れ作業ではなく，1人や少人数で多くの工程を担当し，最終製品まで作る。
[*5] いろいろな工程を担当できる技能工。
[*6] カテゴリーとは製品グループのこと。この単位にチームを作り，マネジャーを作ること。

(3) 仕事の楽しさ

オペレーションのムードを高める2つ目のコンサルティングポイントは，チームのメンバーがその仕事自体を「楽しい」と思えるようにすることである。「楽しい」はその仕事を「好きか」ということとイコールである。

これはミッションによる採用，そして適材適所への配置に依存している。適材適所とは決してその仕事の「うまい人」をあてていくことではなく，その仕事の「好きな」人をあてていくことである。「その仕事があまり好きでなくて，うまい人」が「好き」になる可能性は低い。しかし「その仕事が好きで，下手な人」がうまくなる可能性は高い。

こう考えれば人材配置には、ただ外から仕事の適性を見るだけでなく、その人の気持ちを聞くこと、つまりカウンセリングが必須といえる。カウンセリングは面接（人を配置する権利を持った人が、配置される人から希望を聞くというイメージが強い）とはニュアンスが異なり、カウンセラーが、従業員からその気持ちを聞くことである。もちろんカウンセリングはコンサルタントの仕事ではなく（カウンセラーの仕事）、カウンセリングの仕組みをクライアント内に提案することがコンサルティングである。

　仕事も需要と供給であり、すべての人が好きで楽しい仕事に就くとは限らない。しかしすべての人にそのチャンスがあり、カウンセリングを受ける権利があり、人員配置のルールがはっきりしているという仕組みはできるはずである。

　これを考えるとき私はいつもあるシーンを思い出す。ある地域密着型のメーカーへコンサルティングに行き、パソコンのマウスの調子が悪くなってしまった。そのとき、その会社の従業員が頼んでもいないのに、マウスを分解して、修理してくれた。彼は直ったマウスを見て、うれしそうにしていた。これを見て私は思った。「ああこの人はこういう仕事が好きなんだな」。私からすると「そんなつまらない仕事」と感じるものであるが（彼から見ると私の仕事もそう見えるのであろう）、こうして社会は仕事が分担され、企業が生まれ、プロが集い…となっていくのだと感じた。彼はその仕事が「楽しい」のである。その楽しい仕事に出会ったとき、本人だけでなく、まわりのムードをも変えてしまう。

(4)　成果物への愛

　オペレーションのムードを高める第3のコンサルティングポイントは、そのプレイヤーに成果物に対する愛を持たせることである。愛とは「好き」の極限である。全員が持たなくても、一部の人でも成果物へ「愛」を持てばチームのムードは上がる。この愛を持っているオペレーションプレイヤーがリーダーになれば、まわりにその愛が伝わり、さらにムードは上がる。これをコンサルタントは経営者に訴えていくことである。

　ある食品メーカーへコンサルティングに行ったとき、その食堂でそのメーカーの製品が出てきた。私がそれを食べようとすると、近くでじっと見ている人がいる。その人は私が食べ終わると「それどうでした？」と聞いてきた。その製品を作って

いる生産リーダーである。「おいしい」と言うと，すごくうれしそうな笑顔になった。私は「この会社の強さ」はここにあると思った。

コンサルタントは愛の強さをリーダー選定の第一条件とすることを提案する。具体的には，リーダー塾のポテンシャル能力評価の項目に"自社への愛"を入れるなどして，企業がリーダーに愛を求めていることを従業員にはっきりと示す。

（5）　プライド

第4のコンサルティングポイントは，オペレーションを行うプレイヤーにプライドを持たせることである。これが企業全体のムードを高める。工場の品質課なら「品質のプロ」として，配達員なら「配達のプロ」としてのプライドである。

プライドとは家族や周りの人に，「私は××のプロ」と胸を張ることができるかである。プライドの構成要素は知識（プロとしての知識），ノウハウ（プロとしてのやり方を知っている），能力（プロとしてオペレーションする能力を持っている），経験があり，コンスタントに結果を出せることであり，それを誇りにしていることである。プライドを持ったプロは，必ずチームのムードを上げる。

コンサルタントとしてはこのプライドの構成要素を具体化することである。これが148ページの能力ランキング表であり，プライドのバックボーンともいえる。

2－2　仕事のやり方からのアプローチ

チェンジへのもう1つのアプローチは，オペレーションの"やり方"に着目したものである。

（1）　改善シンドローム

成熟した企業のオペレーションには，次のような改善シンドロームという現象がよく見られる。

- 現在やっているやり方（A）を用いて，自らの工程（P）でオペレーションを行うと，a_1，a_2，a_3…（長さ，重さ，数量，時間，コスト…）とさまざまな結果が出る。
- 結果の中でもっとも納得できないもの（たとえば a_2 がうまくいっていない。これをバツ：×と表現する）に着目する。この a_2 が「×」から「○」へ変わるよ

うに，やり方を A′に変える。この A′でやってみて a_2 が目標である「○」となったら終わり，ならないときは A″に変え…といって「○」になるまでやる。
・やり方 A′で○になると，「水平展開」と称して，やり方 B でやっている工程 Q でやろうとする。しかし多くの場合"違う工程"なので，A′がうまく適用されず，相変わらず B でやるか，A′をヒントにして B′にする。
・一方，やり方 A′で工程 P をやってみると，A でやっているときは○だった a_3 が×になってしまい，これを○にすべくやり方を A″に変える。A″に変えると a_1 が×になって A‴に変える…とやっていくうちに，元の A に戻っていたりする。

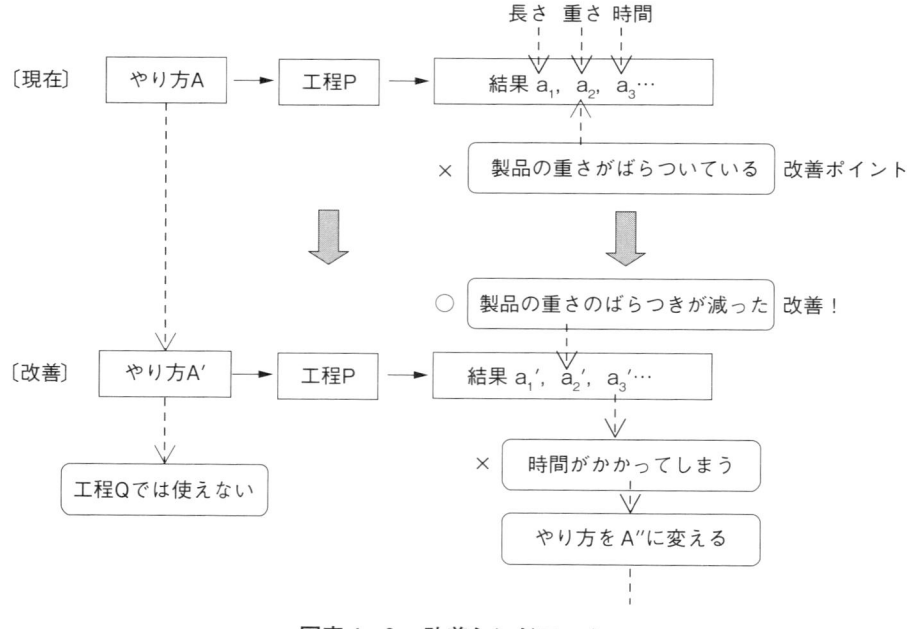

図表 4-2　改善シンドローム

　日本の多くの工場で行ってきた作業改善は，今考えてみれば問題点の解消よりも，先ほどの仕事の単純化が従業員にもたらす弊害を除去することに寄与したものといえる。「仕事を変えることにチャレンジする」というムードアップである。

(2)　やり方のチェンジ

　オペレーションチェンジではこの「仕事を変える」という「ムード」を大切にし

ながらも，改善シンドロームを除去していく。

改善の問題点は，結果だけに着目し，その気に入らない特定の結果だけを「変えよう」としていることにある。

「結果を変える」のではなく「やり方を変える」のであり，やり方に着目するようにコンサルティングする。

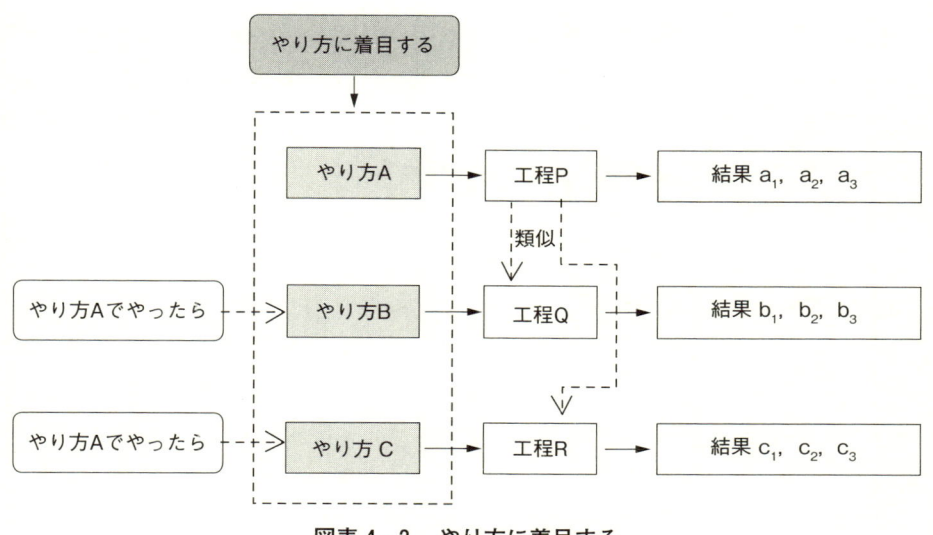

```
やり方に着目する
  │
  ├─ やり方A ──→ 工程P ──→ 結果 a_1, a_2, a_3
  │              │類似
  │              ↓
  ├─ やり方B ──→ 工程Q ──→ 結果 b_1, b_2, b_3
  │              │
  │              ↓
  └─ やり方C ──→ 工程R ──→ 結果 c_1, c_2, c_3

やり方Aでやったら ⇒ やり方B
やり方Aでやったら ⇒ やり方C
```

図表 4-3 やり方に着目する

工程Pのやり方Aについて考えるのであれば，似たような仕事をやっている工程Q，Rのやり方B，Cに着目すべきである。

そのうえでやり方Aで工程Q，Rを，BでP，Rを，CでP，Qをやったとしたら，どういう結果になるかを予測してみる。これを考えていく中で新しいやり方Dを思いついたら，P，Q，Rでやったらどうなるかを考える。

このA～Dのやり方で，P～Rの工程で使うのにもっともふさわしいやり方を考え，発案者がその理由を残しておく（これを仮説という）。もしそれがDなら，やり方Dで1つの工程（たとえばP。これをプロトタイピングまたはパイロットという）をやり，仮説どおりになったかを検証する。さらにその結果を用いて，Q，RにおいてDでやったらどうなるかを考える。

「やり方を変える」のであって「結果を変える」のではない。結果は予測するも

のである。

　弁当工場の例で考えてみよう。X，Y 2つの弁当工場があり，X では注文を受けてからパッキングしており（やり方 A），Y では定時までにパッキングしておいて，注文を受けている（やり方 B）。X で「昼食時間に配達が間に合わない」というクレームが出たので，やり方 A から B に変えた。すると今度は「弁当が冷たい」というクレームが出るといったことが改善シンドロームである。

　まず X で B をやったらどうなるか（クレームが出るか），Y を A でやったらどうなるか（間に合うか）を考えてみる。そうしているうちに新しい C（大口客は客先でパッキングする）というやり方が浮かぶかもしれない。このとき C で X，Y をやったらどうなるかを考え，うまくいきそうなら X でやり，その結果を見て Y でやったらどうかと考えていく。

（3）"変える"という戦略

　オペレーションというルーチンワークがその代表であるが，今多くの企業は「変わりたい」という願いを持っている。これが改善シンドロームをもたらす。しかし「変えるな」と言っているのではない。変えないのならコンサルティングは不要である。

　企業という生き物は変わりたいという"変革"の思いと，このままでいたいという"保守"の思いが常に併存している。変革には変わるための時間と労力が必要であるが，保守には何もいらず，ただ流れに任せるだけである。企業が普通に生きていれば当然のこととして，変革よりも保守のベクトルが働いて企業は変わらない。しかし，変革へのストレスは「明日を夢見ている」企業の若年層を中心にマグマのように企業内に蓄積されていく。

　賢い経営者はこのマグマに気づく。そして思う。「変革しなければ企業が崩壊してしまう」

　コンサルティングを依頼するのはこの変革企業であり，保守企業ではない。これが34ページで述べた変革型アプローチをコンサルティングに用いる理由である。

　オペレーションのチェンジを進めていくと，変えても変えなくてもどちらもメリット，デメリットがあって，「何とも言えない」という状態を迎えることが多い（誰が考えても変えたほうがよいなら，もう変わっているはず）。ここでコンサルタ

ントは「チェンジ」という戦略ベクトルを提案すべきである。「変えても変えなくても同じなら変える」という戦略である。「変えたほうがよいところは変える。変えなくてもよいところは変えない」は戦略ではなく道理である。

　変えないよりも変えたほうが必ず企業のムードは高まる。それが日本メーカーが改善から学んだことである。

（4）　リーダートライアル学習会

　チェンジに戦略ベクトルがあったら，リーダー塾やリーダー教育の一メニューとして「リーダートライアル」という学習会をコンサルタントが提案する。

　この学習会は現場のオペレーションの"やり方"のチェンジについて，リーダー予備軍（リーダーになりたいと思っている人）が自分がリーダーになった立場でテーマを考え（PLAN），自ら実施し（DO），その評価を受ける（SEE）というものである。リーダーになる前に，一度チェンジというテーマでマネジメント（PDS）という仕事にトライするというものだ。単独で実施しても，リーダー塾の一メニューとして取り入れてもよい。

　ここでは60ページの経営塾同様にコンサルタントが講師，クライアントの人事部門（または教育部門）が事務局となり，次のようなステップで進めていく。

ⅰ）リーダートライアル学習会の告知，募集

　事務局が企業内へ「リーダーへキャリアアップするためにはこの学習会を修了することが必要条件であること」を告知する。オペレーションのプレイヤーだけではなく，マーケティングを担当するプレイヤーなどすべてのリーダー予備軍を学習会の受講対象とする。

ⅱ）受講者決定

　事務局が応募テーマや本人の昇格の時期なども考慮して，学習会の受講者を決定する。1回当たり5～10名程度が適正サイズである。

ⅲ）計画書作成

　受講者は自らのテーマにつき，次図のような計画書を作成し，学習会までに事務局へ提出する。

```
┌─────────────────────────────────────────────────────────────┐
│ リーダートライアル学習会  計画書                                │
│                                       年     月     日      │
│ テーマ                                                       │
│ ┌─────────────────────────┐      所属        氏名           │
│ └─────────────────────────┘                                  │
│ Ⅰ 現状の課題              Ⅴ 具体的計画                      │
│ ┌─────────────────────────┐ ┌─────────────────────────────┐ │
│ │                         │ │                             │ │
│ └─────────────────────────┘ │                             │ │
│ Ⅱ チェンジすること  ↓      │                             │ │
│ ┌─────────────────────────┐ │                             │ │
│ │                         │ │                             │ │
│ └─────────────────────────┘ └─────────────────────────────┘ │
│ Ⅲ チェンジの仮説  Ⅳ 達成基準                                │
│ ┌──────────┬──────────┐   補助資料                           │
│ │          │          │   ┌─────────────────────────────┐   │
│ │          │          │   └─────────────────────────────┘   │
│ └──────────┴──────────┘                                     │
└─────────────────────────────────────────────────────────────┘
```

図表 4-4　リーダートライアル学習会 計画書

iv) オリエンテーション

1回目の集合学習会は，オリエンテーションとしてコンサルタント（講師）がマネジメントの考え方（権限委譲，PDCA），チェンジの意味などをレクチャーする。そのうえで各受講生が自らの計画書をコンサルタントにプレゼンテーションする。コンサルタントは「2-1 働く人からのアプローチ」，「2-2 仕事のやり方からのアプローチ」の考え方でその計画書を評価し，コメントする。

v) 計画書再作成

受講生はオリエンテーション終了後，学習会で学んだことをベースとして計画書を再作成し，コンサルタントの合否判定を受ける。不合格の計画書は合格するまで再作成する。合否基準は，オリエンテーションでのコンサルタントのコメントに沿って再作成されているかである。

vi) テーマ実行

その計画を受講生が現場で実行する。実行期間は3～6ヵ月くらいを標準とする。逆にいえば，この期間程度で終わるテーマで参加してもらうようにする。

vii) 報告会

2回目の集合学習会として，テーマの実行終了後に報告会を行う。受講者は報告会までに下図のような報告書を作成し，これをベースにコンサルタントへプレゼンテーションする。コンサルタントは各テーマにつき PDCA の観点から評価する。最後にまとめとして「チェンジ」の意味をレクチャーする。可能であればここでクライアントの経営者に来てもらって「チェンジ」の意思を直接伝えてもらう。

リーダートライアル学習会　報告書				年　　月　　日	
テーマ			所属		氏名
Ⅰ　結果			Ⅲ　結果に至るまでのプロセス		
Ⅰ-1　計画書「達成基準」に対して					
達成基準	達成基準との差異	差異が出た理由			
Ⅰ-2　計画書「仮説」に対して					
仮説	仮説との差異	差異が出た理由			
Ⅱ　結果に対してどう思うか			Ⅳ　とったプロセスに対してどう思うか		
			Ⅴ　今後に向けて		

図表 4-5　リーダートライアル学習会　報告書

3 オペレーション評価

　オペレーションを評価するコンサルティングは，次の2つのフェーズに分ける。

3－1　評価指標の設計

　オペレーションの評価指標は，生産性と品質に分けることができる。この2つはある意味ではトレードオフの関係にあるといってよい。
　クライアントにどうしても数字として表しやすく，利益に直結していると考えられる生産性をその指標とし，品質は「確保」（一定の品質を持っている）としてと

らえがちである。

　オペレーションコンサルティングでは（合理化コンサルティング終了後は）これを逆転させ，生産性は一定のレベルを確保するものとし，品質をオペレーションの指標とする。つまりオペレーションの目標を，生産性を上げることではなく，「生産性を下げずに品質を上げること」にする。

　21ページの付加価値会計をクライアントが合意していれば，これについても次のように説明すれば合意できるはずである。

　「利益＝収益－費用」である。オペレーションにおいて生産性を上げるということは，オペレーションの時間を短縮することである。オペレーションコンサルティングを求めるクライアントの多くは安定期にあり，これによって仕事が減り，人件費が削減される。つまり人件費を落として，利益を上げることになる。

　これを付加価値で考えてみよう。人件費が給与総額とイコール（アウトソーシングなどを含まない）なら，「付加価値＝利益＋人件費」である。生産性の向上では人件費を落として利益を出しているので，付加価値は変わらない。付加価値が変わらないのに，利益を上げるのは21ページで考えた給与ルールに反する。付加価値の一定比率を人件費（給与総額）にし，利益も付加価値の一定比率のはずである。

　そうなると生産性を上げた分は，すべて給与に戻さなくてはならず，言ってみれば時間を短くした分，賃率を上げ，給与は変えないということになる。しかしこれでは時短となった従業員以外は誰も喜ばず，従業員，株主，社会，企業の4者のハッピーを求めた付加価値分配の原則が崩れてしまう。

　仮に生産性向上というリターンをうまく4者に分配できても，生産性向上によって仕事が減っていくのだから，長い目で見ると時短では済まず，従業員を減らさないわけにはいかない。

　企業の存在価値は「仕事を生み出す」場であって，決して「仕事を減らす場」ではない。リストラ，ヒト減らし，コストカットをやってきた企業は，うすうすその矛盾に気づきながら，「生き残りのためにはやむを得ない」と言い訳をして，「泣く泣く」やってきた。しかしこのタイプの企業は決して再生せず，行き詰まりを迎えている。

　品質向上は人件費をアップさせるという現象を生むかもしれない。しかし品質向上は収益を上げ，付加価値を増やし，利益を上げる。そして付加価値の一定比率で

ある給与を増やす（人件費が増えるという現象を反対から見ればこうなる）。

高品質＝高付加価値＝高利益＝高給与である。

3—2　品質と顧客満足度

　オペレーションの指標となる品質は，48ページで述べたように経営の内部目標である顧客満足度の一部である。つまり品質を高めることは顧客満足度を上げることである。ここに経営とオペレーション（いわゆる現場）のベクトルが合い，システムとなる。企業の目指す顧客満足度を高めるということに，自らのオペレーションが関与していることを数字で実感し，品質を高める努力の中で成果物への愛が生まれ，仕事に楽しさを感じ，プライドが持てるようになる。

　生産性を上げてコストダウンしても，成果物への愛も，楽しさも，プライドも生まれてこない。

第5章

マーケティングコンサルティング

1 マーケティングとマネジメント

　企業におけるマーケティングという仕事の最大の特徴は,「売れた,売れない」「ヒットした,ヒットしない」という結果がはっきりと出ることである。そして"マーケティングとして打った手"よりも,どうしても"結果"に目が行ってしまう。戦略,それをベースとしたマネジメント,マーケティング実行行為などはどこかに吹き飛んでしまい,ただただ結果だけを追い続ける。良い結果が出たマーケティングが良いマーケティングである。

　コンサルタントから見れば,「結果が間違いなく出るマーケティングコンサルティング」を請け負うのは難しい。結果は環境（ライバル,景気…）に大きく影響されるからである。請け負ったとしても,結果が出ればそこでコンサルティングは終わってしまい,結果が出ないとクライアントからクレームが出る。

　マーケティングコンサルティングにおける"基本"は,結果をコンサルティングするのではなく,戦略立案,方法論をコンサルティングすることにある。

　ここに適用すべきはマネジメントという考え方である。一般にクライアントがもっともマネジメントしにくいと思っているのがマーケティングである。だから逆にマーケティングコンサルティングでは正々堂々とマネジメントの原理・原則を使う。これが外部コンサルタントの使命といってよい。

　マーケティングコンサルティングはマネジメントの基本＝PDSをベースとして進める。すなわちマーケティング戦略（PLAN）→マーケティングモデル（DO）→マーケティング評価（SEE）である。

2 マーケティング戦略コンサルティング

　マーケティング戦略コンサルティングは次の2つのフェーズに分けて考える。

2−1　マーケット環境の認識

　マーケットとは売り手と買い手がいて,その間を商品が流れていく"場所",あるいはシステムのことをいう。本書でいうマーケティングとは"特定の売り手"がこのマーケットについて考えることを指す。

マーケットは売り手，買い手，商品という3つの要素を持ち，時とともにそのパワーバランスが変化し，その構造が変化していく。マーケティング戦略コンサルティングは対象マーケットの時代認識をクライアントと一致させることからスタートする。どのようなマーケットでも変化するスピードは違うが，同じようにその構造を変化させていく。

（1） 商品中心マーケット

　マーケットは画期的な商品の誕生とともに生まれる。売り手は買い手を意識することなく，自らのアイデアで商品を開発する。インスタントラーメン，缶コーヒー，パソコン，携帯電話，消費者金融，エステサロン…，挙げればきりがない。マーケット誕生時はその商品がマーケットの主役である。

　マーケットが誕生してしばらくは，1種または少品種の商品，1社またはごく少数の売り手（企業）しかいない。この売り手は必死になってその商品を必要とする相手，つまり買い手（顧客）を探す。これがマーケティングの原点であり，マーケット開発とよばれる。

　売り手は商品開発部門と販売部門が一体化し，顧客開拓，商品認知[*1]，商品販売というマーケット開発を全社一丸となって進めていく。そこでこの商品が当たればマーケットは大きく拡大し，当たらなければ消滅していく。

　この時代に売り手からコンサルティングが求められることはあまりない。"当たる"までは全社が一丸となって進んでおり，結果が出るまで他のことを考える余裕がないからである。

　商品が当たって買い手が見つかると，この商品を中心としたマーケットが確立され，多くの売り手がここに参入してくる。マーケットを開発した企業から見れば，自分たちは商品開発・認知に膨大なコストを負担したのに，後から入ってくる売り手はこれを負担せず，"おいしいところ"だけを食べることになる。

　当然のことのようにマーケットを開発する売り手は，他の売り手が参入できないように考える。これが参入障壁とよばれるものである。

　参入障壁のパターンには次図のようなものがある。

パターン	方法	例
法的手段	特許権・商標権・著作権など知的財産権の法律やさまざまな規制によって，他社の参入を妨げる	薬品，IT，機械，インターネットビジネス，金融，公的ビジネスをはじめ，あらゆる業界に見られる
ブラックボックス化	特許（公開される）とは逆に，技術・アイデアを商品からは読み取れないようにして，コピー商品の参入を妨げる	過去 IBM の大型コンピュータ，マイクロソフトの Windows などがあり，IT やネットワーク業界などで多く見られる
マーケット飽和	他社が参入しないうちに，低価格で商品をばらまいて，欲しい人に行き渡らせてしまう	上のブラックボックス化と組み合わせることも多い。IT 業界などでは必ずといってよいほど行われる
流通支配	最終利用者に商品を販売する小売などの「流通」を，自らが作るか，支配して，独占販売していく	日本的流通構造とよばれ，日用雑貨，加工食品など，あらゆるマーケットに見られた。これがしだいに崩壊し，いまだ残っているのは自動車，携帯電話業界など少数
業界団体	売り手企業のいわゆる「業界団体」が，新規参入などの「よそ者」を排除する	ゼネコンなどの公共事業マーケットをはじめとして日本ではいまだ広く見られる。談合体質として海外，マスコミから強く非難され，ゆっくりと崩れている

図表 5 - 1　参入障壁のパターン

　この"参入障壁の確立"がマーケティングコンサルティングの第一歩といえないことはないが，コンサルティング全体として見ればごくレアなケースであり，これがコンサルティングの一分野とは言いがたい。

＊1　商品の使い方や良さを知ってもらうこと。

（2）　売り手中心マーケット

　マーケットが拡大していく中でいつかは参入障壁が破られる。このとき，売り手の目は商品，買い手よりもライバルの売り手へと向かい，売り手間での熾烈なバトルが始まる。マーケット内の商品種は日々増加し，商品価格が下落し，セールス，テレビコマーシャルなど高コストの激しいプロモーションがなされていく。こうなると生き残るのは大手数社であり，しだいに「売っても売っても利益が出ない」というマーケット構造となる。

　このマーケットを自らの意思で出て行く売り手も出てくる。この売り手は自らで新しい商品を開発し，小さな商品中心マーケットを作り，ここに参入障壁を作っていく。いわゆるニッチマーケティングである。

残された大手数社は戦いを続けていくが，しだいにその戦争が消耗戦となり苦しくなってくる。自社商品とカニバリ（共食い）するのがわかっていても，ライバルに勝ちたい一心で，各売り手が新商品（といっても少しひねった商品）を次から次へと出していく。各売り手にとって何の幸せもなく，カネだけがかかるマーケットが作り出されていく。

このときマーケティングコンサルティングのニーズが生まれる。「どうやったら勝てるか」である。そしてその"答え"，つまりコンサルタントが提案すべきマーケティング戦略のベクトルは，「"勝つ"ことなど考えず，戦いをやめて自らの顧客を見る」ということである。

（3） 流通中心マーケット

小売業，卸売業，販売会社といった"流通"は売り手中心マーケットの時代に「売り手の商品を小分けして，消費者などの顧客へ販売する場」として生まれる。

売り手中心マーケットの戦争が拡大していく中で，複数の売り手から出てくる"果てしない種類の商品"がマーケットを行き交うようになり，買い手は何を買ってよいかわからなくなる。ここに売り手によって作られた商品の「置き場」「売り場」ではない「プロの流通」が誕生する。マーケット内にある商品をプロとして分析し，買い手のために厳選された商品を取り揃え，買い手が必要とする商品をタイムリーに提供していくものである。つまり「買い場」である。具体的にいえば，消費財業界における「百貨店」「量販店」「コンビニ」「スーパー」，産業財業界における独立系ディーラー（メーカー色のない販売会社），IT業界におけるシステムインテグレーター（顧客に代わってIT製品の組み合わせをしてくれる），建設業界におけるゼネコンである。

当初売り手は他売り手への優位性を保つべく，この流通の囲い込み（自社商品だけを扱う流通にする）などを図る。しかし，商品種が増えていく中で流通はしだいに買い手という御旗の下（「流通が消費者の声を代弁する」），売り手に圧迫を続け，いつの間にかマーケットの中で主役の座を得るようになる。

こうなると売り手の目は流通へと向けられ，ここに戦略ベクトルを合わせるようになる。流通向けセールス，流通への販売促進費提供，流通のオペレーション支援…。

プロの流通はこの売り手間の戦いを煽る。売り手が競争してくれれば，流通にとってもっとも魅力的な「売り手の価格競争」が起こり，自らに大きな利益をもたらすからである。
　ここで売り手に「流通とどうつき合ったらよいか」というコンサルティングニーズが生まれる。その"答え"も「流通を見ず，ライバルとの戦いをやめて，顧客を見る」である。
　一方，プロの流通側もしだいに流通同士の果てしない戦争となり，やはり消耗戦となって利益が落ち込んでくる。ここに1つのアイデアが浮かぶ。特定の売り手と特定の流通がアライアンスを組むことである。ここにもコンサルティングニーズが生まれる。これについては第7章のアライアンスコンサルティングで述べる。
　そしてそれが成功に終わっても失敗に終わっても，プロの流通にコンサルティングニーズが生まれる。「どうやってライバルの流通と戦うか」である。その"答え"も先ほど同様に「戦いをやめて顧客を見る」である。

(4) 買い手中心マーケット

　コンサルタントがそこへ導かなくても，自然にマーケットの主役は買い手へと向かっていく。流通中心マーケットから流れたものや，売り手中心マーケットから一足飛びに来る場合もあるが，マーケットの終着駅は買い手中心マーケットである。いずれにせよ「競争疲れ」がポイントである。
　ここではニーズキャッチ（買い手の求めるものを届ける），提案営業（買い手へ商品の使い方を提案する），ソリューション（「商品売買でなくその商品で課題の解決を行うサービスとして売る」と考える），お客様相談室といった言葉がキーワードとなる。

2-2　戦略ベクトルの作成

　いずれの時代にコンサルティングを請けようとも，コンサルタントはマーケティング戦略のベクトルを（経営戦略に合わせるべく）次のように方向づけしていく。

(1) 競争から顧客，商品へ

　クライアントの目，特にセールスを含めたマーケティングサイドの目をライバル

企業や流通から，顧客（買い手）と商品の2つに向けさせる。

　ライバルや流通のためにマーケティングコストは一切使わない。戦争は永久に放棄し，軍隊は持たない。

　ライバルを通して顧客・商品を見るのをやめ，顧客・商品を通してライバルを見る。ライバルを戦争相手ではなく，顧客と商品をマッチングするときの障害物として見る。顧客がライバル商品を買ったのなら，どうすればリプレースできるかと考えるのではなく，なぜ顧客はライバル商品を買っているのかを考える。自社商品のことを知らないのか，知っていてライバル商品を買ったのか，それはなぜか…と考えていく。

　流通に対しては「どうやったら商品を扱ってくれるか」を考えるのではなく，その流通に来ている顧客はどんなタイプで，そこではどんな商品が売れているのかと考える。

（2）　顧客を第1キーに

　次に考えるのは顧客と商品のうち，どちらの優先度を高くするかである。これはどちらが大切かということではなく，どちらを先にマーケティング戦略を考えるかということである。

　その答えは顧客を第1キーに考えるべきである。

　企業の意思で顧客を変えることは難しいが，商品は変えられるからである。環境要因（顧客）を考えてから，意思決定（商品）すべきで，意思決定してから環境を考えるべきでない。

　すべての企業のマーケティングは顧客が第1キーである。ここで顧客満足度を目標とする経営戦略とマーケティング戦略はシステムとなる。これをカスタマーマーケティングという。

（3）　売れるものを売る

　マーケティングは「売るための努力」と定義されることが多い。そしてここでもマーケティングは本来のベクトルからはずれてしまう。

　「売るためのマーケティング」では「企業の業績＝商品力×マーケティング力」と考える。同じ商品でもマーケティング力によってその売れ行きが変わる。（ここ

までは合意できるが問題はその次である。）したがって，売れない商品でも売る努力をして売り切ってしまうのがマーケティングである。売れるものを流れに任せて売るならマーケティングはいらない。力のあるセールスマンは売れないものでも売ってしまう。だからセールスなどのマーケティング部隊は「売れない」ことを，「商品のせいにするな」というものである。「うちの商品は力がない」はタブーである。

　本当にこれがマーケティングなのだろうか。

　売れない商品は売れない，売れる商品は売れるのが当然である。企業はゴーイング・コンサーンであり，商品を売り切って終わりではない。今日売ることよりも，それをリピートしてもらう，つまり明日もう一度売れることのほうが大切である。売れない商品を売ってしまえば（本当は買わなかったものを何らかのインセンティブで売ってしまう），その顧客はもう二度と買わない。

　企業の外部にいて冷静なコンサルタントがこれに気づかせる。そしてマーケティングのテーマを「売れるはずの商品が，買うはずの顧客に，何らかの障害物があって届いていない状態の発見」とする。これさえ発見できれば，あとはこの障害物（商品を知らない，良さを知らない，価格が折り合わない…）を取り除く努力をすればよい。この努力が戦略ベクトルとなる。

　こうすることで売れない商品もはっきりし，その売れない理由を考え，どんな商品に変身させればよいかが見えてくる。売れる商品だけを売る。これがマーケティングの王道である。

　マーケティング部門をはじめ，すべての従業員が自社の商品が「売れる」と合意したとき，商品への愛が生まれ，仕事にプライドが生まれる。

3 マーケティングモデルコンサルティング

　次はDO（実行）であるが，もちろんコンサルタントがマーケティングを実行するわけではない。マーケティング実行についてのコンサルティングは，その「やり方」を提案することにある。この「やり方」を一般にマーケティングモデルという。

　従来のマーケティングモデルはマーケティングミックスとよばれるものであった。その代表は4P（Product, Price, Place, Promotion）を組み合わせて，ライバル

などに対して競争優位性を作り上げるというものである。

これに対しカスタマーマーケティングモデルでは，顧客をその対象とし，商品開発とプロモーション*1の2つの領域に分けて考える。

* 1 本書ではセールス，広告，販売促進など「商品開発以外のすべてのマーケティング行動」をプロモーションと表現する。

3−1 商品開発コンサルティング

現代企業において商品開発は最大の経営課題といってもよく，コンサルティングの大きなテーマである。ここでも「売れる商品をコンサルタントが生み出す」のではなく，その「仕組みづくりを提案する」ことが基本である。

商品開発という仕事はニーズ*2とシーズ*3のマッチングである。

ここでは2つのアプローチを使い分ける。1つはニーズを調べ，それに基づいて「こんな商品なら売れる」と仮説を立て，その仮説が商品として実現できるかをチェックするもので「ニーズ仮説・シーズ検証型」という。これは新商品開発というよりも，既存商品の改良のようなステージで用いるアプローチである。

もう1つは自社としてどんな商品を作ることができるのかを考え，それが売れるかどうかを考えていくもので「シーズ仮説・ニーズ検証型」という。世にニーズがまだ生まれていない「ピカピカの新商品」を開発するステージで用いるアプローチである。

* 2 「こんな商品なら買いたい」という買い手の気持ち。
* 3 売り手の持っている技術，ノウハウから「こんな商品なら作ることができる」という売り手の気持ち。

(1) ニーズ仮説・シーズ検証型アプローチ

このアプローチではニーズから生まれる"仮説の見つけ出し"が主テーマとなる。コンサルティングの進め方は次のとおりであるが，牛丼を主力製品とする「日の丸食品」という食品メーカーを例として考えてみる。

① ニーズの表現

ニーズを何で表現するかであるが，他のコンサルティングとの一貫性を考えれば，自ずと顧客満足度となる。50ページで定義したとおり，

$$顧客満足度 = \underbrace{\frac{設計仕様}{絶対満足}}_{仕様適合度} \times \frac{品質}{販売価格}$$

である。ニーズ仮説の時点ではこのうちの「設計仕様／絶対満足」の部分（これを仕様適合度と表現する）を考える。

ここでニーズは2つのものからなる。1つは仕様適合度を測る"項目"である。牛丼でいえば「おいしさ」，「量」，「出てくる時間」といったものであり，207ページで述べたように複数の項目からなる。

2つ目はこの各項目について，絶対満足に現在の商品がどれくらい近いかという「適合度合い」である。たとえば，タレの甘さでいえば「もう少し甘いほうがいい」「甘すぎる」「ちょうどいい」といったものである。

② ニーズ調査の方法

多くの大企業はこのニーズ調査を専門の調査会社に頼んでいた。調査には「実査タイプ」と「ネットタイプ」の2つがある。実査タイプはグループインタビュー（グルインと略すことが多い。6〜10人くらいで司会とディスカッションする）やアンケートなどがポピュラーである。ネットタイプはネットリサーチ会社に登録している人にアンケートをとるというものである。

しかしグルインではいくらなんでもサンプル数が少なすぎる。郵送アンケート，ネットアンケートでは代表性[*4]がポイントといわれてきた。しかしこのアンケートの問題点は代表性ではない。そもそも仕様適合度の項目がわかっていないのにどうやってアンケートをとるかという本質的な問題である。アンケートの場合「牛丼をどう改良すれば満足しますか」という質問に自由記入で書かせると，回答率が格段に下がる。そこで仕様適合度の項目を想定し「牛丼の甘さはどうですか。満足している，いない…」といった選択形式のものとしてしまう。この既成概念が恐い。コンサルティングではこの既成概念を超えて，「こんなところにニーズがあったのか」という意外性を出したい。

コンサルタントはグルインの良さ（自由意見）を生かしてサンプル数の問題を解決する方法を考える。その"基本"は，クライアントがインターネット上に自社商品の広場を作るというものである。牛丼でいえば牛丼ファンクラブである。

インターネット広場には2つのパターンがある。1つは匿名で誰でもが書き込み

できる完全にオープンな広場である。もう1つはSNS（ソーシャル・ネットワーキング・サービス）とよばれるもので，実名公開を原則として，参加の条件を互いの紹介などに限定する会員制のクローズドネットワークである。ここでは後者を選択する。

＊4　アンケート対象が本当に全体を表しているか。

③　SNSへの登録

　SNSへの参加は，小売店舗などの発行している「お客様カードによるメンバーズクラブ」同様に，"登録"という行為を必要とする。お客様カードでは登録に際して住所，氏名，年齢，職業，家族構成，趣味さらには年収まで記入を求めることもある。SNSでも同様に，主催するクライアントがSNSに参加するメンバーから欲しい情報をすべて入手できるようにする。顧客が法人の場合は（法人加入にするよりも）法人担当者が個人加入という形をとる。

　もちろん個人情報保護法を考慮して「集めた個人情報をどんなマーケティングに使うのか。どうやって管理しているのか。どうすれば本人が内容をチェックできるのか」といったことをSNSの規約に盛り込み，掲げる。

　クライアントはSNSのメンバーからさまざまな情報を受け取り，マーケティングに活用し大きな利益を得る。ここで大切なことはGive&Takeである。メンバーが価値のある情報をクライアントに提供するのであるから，クライアントはその対価をメンバーに払うべきである。対価は情報量ではなく，情報の価値に比例して払うべきである。「書いた量」や，先ほどのお客様カードのようにその広場で商品を買った量に応じてキャッシュバックするというのでは辻褄が合わない。辻褄が合わなければ受け取るデータの信憑性は落ち，その価値も落ちる。

　価値あることを提供してくれたメンバーには，それに見合った対価を支払う仕組みを考えるべきである。その具体的方法は後述する。

④　メンバーの募集

　SNSメンバーの募集対象はロイヤルカスタマー＊5およびその予備軍を対象とする。ロイヤルカスタマーの定義であるが，これは「当社の商品をたくさん，あるいは毎日購入してくれる人」とすればよい。

　ロイヤルカスタマーには「たくさん購入している」ということを何らかの形で証明してもらう。たとえば商品にシールを貼っておいて，購入後それを返送してもら

うことでSNSへの加盟ができるといったものである。そしてSNSの加盟によって（先ほどのお客様カードのように）さまざまなプレミアムサービスを受ける。ロイヤルカスタマーというヘビーなファンなので，プレミアムは自社商品に関するものが最適である。新商品を無料で提供したり，食品であればクッキングスクールに無料で参加できたり，さらには後で述べるように自社商品に対して意見を出せば対価が得られる…といったことである。

　ロイヤルカスタマー予備軍の募集についてはSNSのアイデアを使う。たとえば「ロイヤルカスタマーメンバーの個人的紹介のみとする」といったことである。SNSに人数が欲しいと思うときはロイヤルカスタマーに紹介料（当社の商品のようなものでも可）を払い，人数よりも真のロイヤルカスタマー予備軍が欲しいときは，逆に少額の加盟料や一定量の商品購入を条件とする。

＊5　その企業や商品にロイヤルティ（忠誠心）を持ったカスタマー。いわゆる得意客，常連客のこと。

⑤　サイト設計

　次はSNSのサイト設計である。

　まず，何名かのメンバーに，SNS上でブログを立ち上げてもらう（必ず「やりたい」という人はいる）。ブログの特徴は，読んだ人がコメントを書け，トラックバック[*6]ができることである。

　SNSを主催しているクライアントはこのコメントとトラックバックによって，特定のテーマに関する意見を「芋づる式」に集めることができる。

　SNSと各ブログをつなげるものとして「ポータル（玄関）サイト」を作る。SNSにメンバーがアクセスするとき，最初に見るページであり，次のような項目を入れておく。

項目	内容
メニュー	SNS 内のサービス，ブログなどを表示する。
コミュニティルール	「この SNS は何に使うものなのか（自社の商品を改良しお客様の満足度を上げるなど）」「個人情報保護ポリシー」「やってはいけないこと（やった場合は退会など）」「やってほしいこと」「ブログの開設の仕方」などを閲覧できるようにする。
主催者ブログ	クライアントをパーソナル化（㈱日の丸食品なら「日の丸君」という形で擬人化）して，彼が日記をつけるという形でブログを 1 つ作る。この日記にはクライアントが考えていること，やっていることなどを書いていく。もちろんコメント欄，トラックバックもある。
掲示板	メンバーが何を書いても OK の掲示板を作る。この中に特定のテーマ（「牛肉の産地」）について，メンバーが自由にフォーラム＊7のようなものを作れるようにしておく。またご意見コーナーを設け，商品へのクレームなどを積極的に受け付ける。
商品評価コーナー	新商品，リニューアル中の商品，既存商品などについてキャンペーン期間を設けるなどして，メンバーに意見を聞く。
商品使い方コンテスト	ブログ，掲示板でも書かれるが，商品のユニークな使い方に関して，キャンペーン期間を設けてコンテストを行う。牛丼であれば牛丼の新しい食べ方に関してアイデア（冷めたらお酢をかけて食べるとおいしい）を募集し，それを他のメンバー，クライアントなどが評価して懸賞金や懸賞品を提供する。
新商品アイデアコンテスト	メンバーから新商品に関するアイデアを募集するコーナー。常設にしても，キャンペーンにしても OK。

図表 5-2　SNS サイトの項目

これらをまとめてポータルサイトを作る。たとえば次図のようなイメージである。

＊6　自分自身のブログにリンク（そのページにクリックすると飛ぶ）したことを相手に伝えること。
＊7　広場や掲示板の中に，特定テーマについての広場を作ったもの。

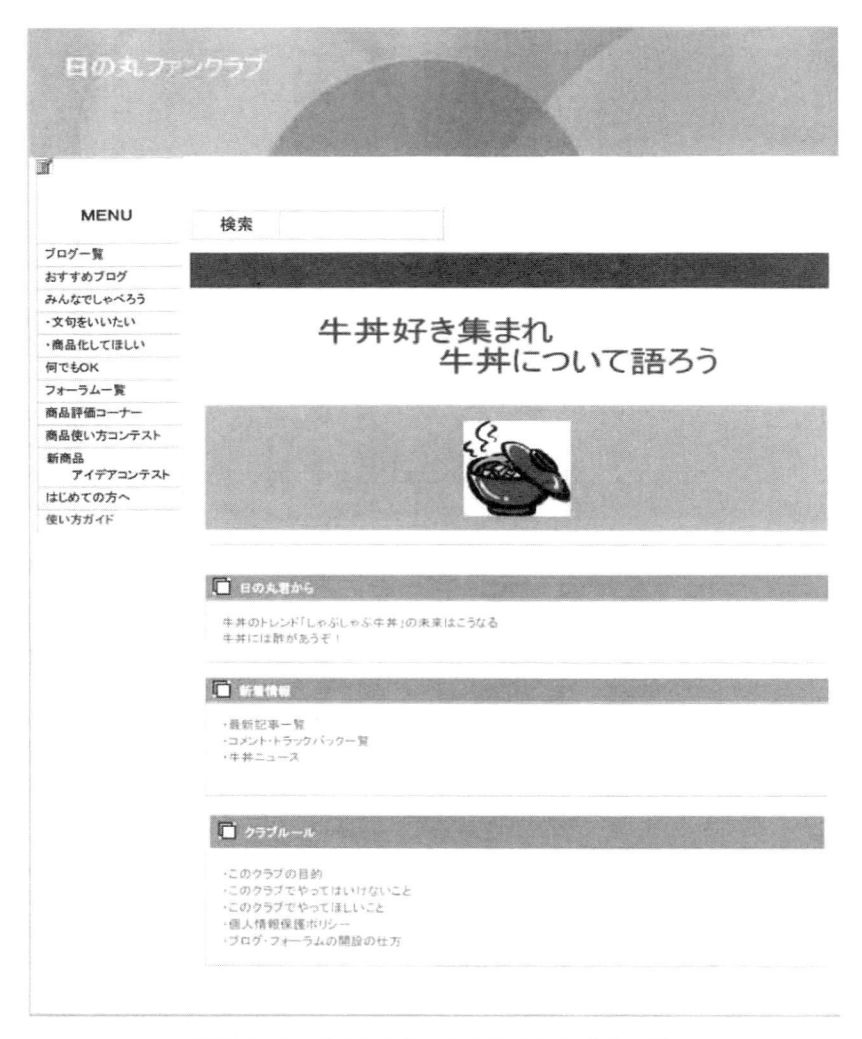

図表5-3 SNSのポータルサイトのイメージ

⑥ ニーズの整理

商品改良に関するニーズはブログ，掲示板，フォーラムなどSNS内のさまざまな所に現れてくる。整理の方法はケースバイケースであるが，たとえば概要を表形式にまとめ，その表から個別の意見のページへ飛ぶようにリンクを張っておく。

表で整理する第1キーは当然のことだが商品である。多くのクライアントは下図のように商品が階層性を持っている。

```
                    ┌─── プレミアム
         ┌─ レトルトタイプ ─┼─── エブリバディ
         │            ├─── チャイルド
 牛丼 ──┤            └─── シルバー
         │
         └─ フリーズタイプ ─┬─── 10人前セット
                           ⋮
```

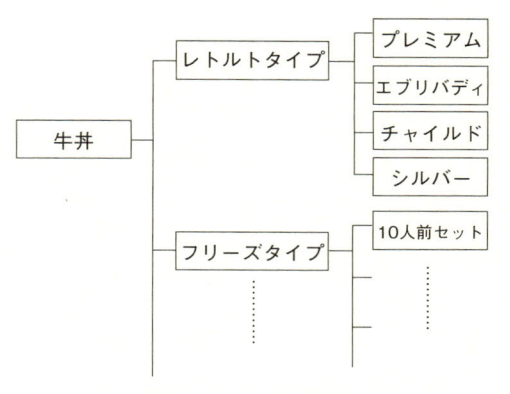

図表5-4　商品階層図

　挙がった意見を図表5-4のどこかの箱に入れていくような感じで整理する。牛丼全体に対する意見なら牛丼の箱に，プレミアム商品ならプレミアムの箱に…という感じである。

　次に商品ごとに集まった意見を項目ごとに分ける。「おいしさに関すること」「分量に関すること」…といったものである。これが202ページの仕様適合度の項目にあたる。これも階層的にとらえ，下図のように整理する。

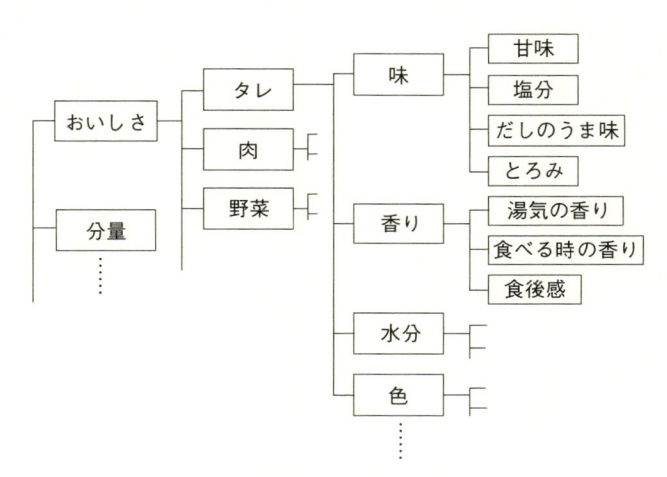

```
                 ┌─ タレ ─┬── 味 ──┬─ 甘味
                 │       │         ├─ 塩分
       ┌─ おいしさ ─┼─ 肉 ─┤         ├─ だしのうま味
       │         │       │         └─ とろみ
       │         └─ 野菜 ─┤
   ──┤                  │── 香り ─┬─ 湯気の香り
       │                            ├─ 食べる時の香り
       │                            └─ 食後感
       └─ 分量              水分  ─┬
         ⋮                  色   ─┬
                                   ⋮
```

図表5-5　項目階層図

　次に各項目について評価点を考える。甘味であれば「ちょうどよい」という絶対満足内容を「真ん中」として，上下につけていく感じである。ランキングはケース

バイケースである。

　たとえば「甘さはちょうどよい」が5点,「もう気持ちだけ甘いほうがよい」4点,「少し甘いほうがよい」3点,「もっと甘く」2点,「甘さがあまり感じられない」1点,「甘さがない」0点とし,反対側に「もう気持ちだけ甘さ控えめ」6点,「もう少し甘味を取って」7点,「甘すぎる」8点,「甘くて食べられない」9点といった感じである。

　この評価点が202ページの仕様適合度の"度合い"である。これを表にしたり,グラフで表したりする。グラフのスタイルもケースバイケースであるが,意見の数がそれほど多くない場合はプロット表,多いときはヒストグラムなどを使うとよい。

　プロット表とは図表5-6のようなものである。絶対満足の項目ごとに縦軸に評価点,横軸に時間（こうすると発生順になる）などをとり,一つひとつの意見が該当する位置に点を打っていく。そのうえで各点から元の実際の意見に,いつでも飛べるように関連づけておく。

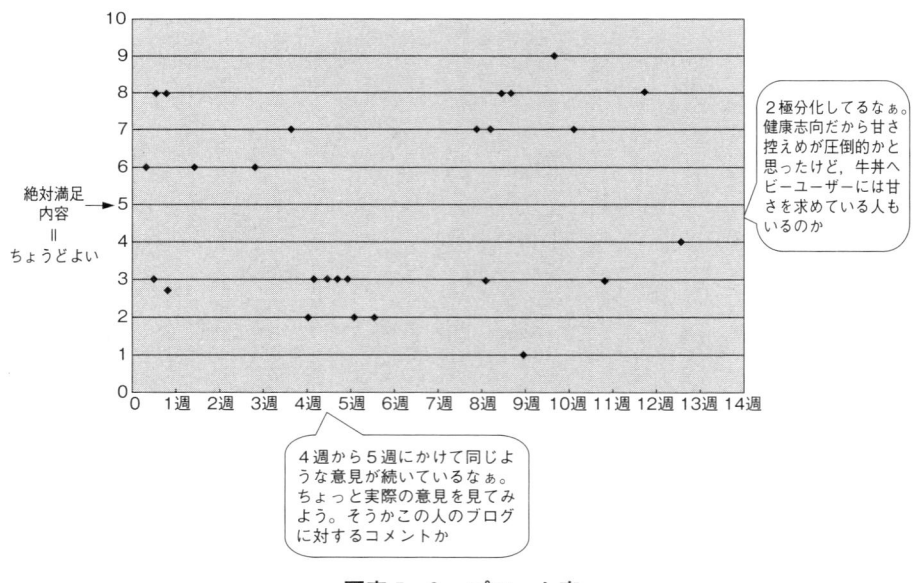

図表5-6　プロット表

　末端の箱の整理が終わったら,上の階層の整理もする。207ページの「プレミアム」「エブリバディ」「チャイルド」「シルバー」ごとの整理が終わったら,これを

すべて1つにする。そしてさらに、レトルトタイプの箱に貼りついている意見も足して、同じようにプロット表かヒストグラム（下図は「レトルトタイプの甘さに関する例」）にする。

（このゾーンをどうやって拾うかだな）

（絶対満足の意見はあまり出なくて当然）

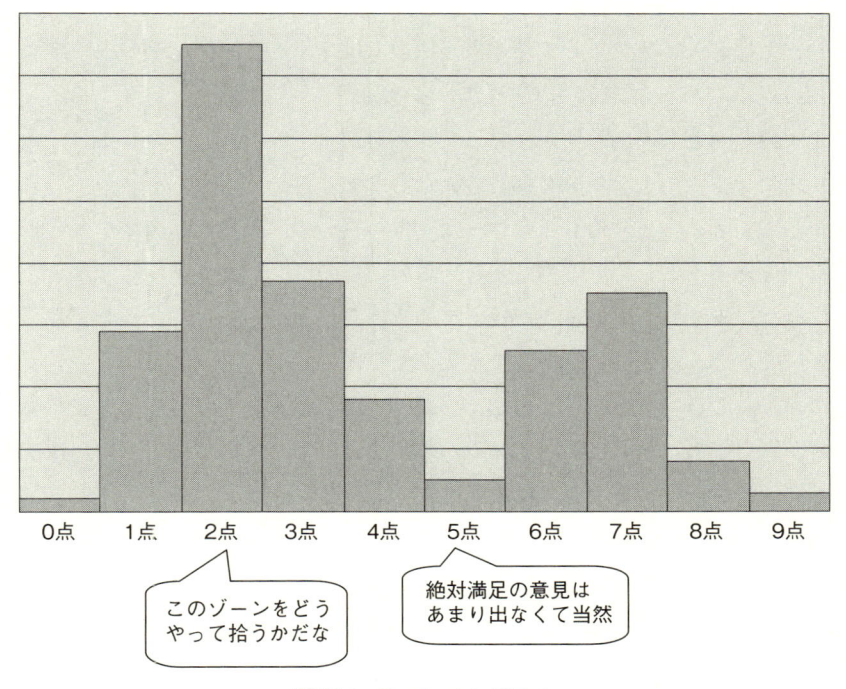

図表5-7　ヒストグラム

　これら整理されたニーズをもとにシーズで検証、つまり商品化していくのだが、これについては次の（2）で併せて述べる。

（2）　シーズ仮説・ニーズ検証型アプローチ

　ニーズに頼りすぎると商品改良はできても、新しいマーケットを切り開くような画期的な商品は開発できない。牛丼のファンに牛丼についていろいろな意見を聞いても、えびチーズ丼のアイデアはなかなか生まれてこない。これが大企業において、ニーズを追いかけすぎて画期的な商品を開発できず、コピー商品のようなものが増え、企業として活気を失ってしまう原因といえる。

　もう1つの商品開発のアプローチはシーズ、つまり作る側からまったく新しい商

品を考えるということである。「売れるかどうか」という考えから入るのをやめ，「何か新しいものを作れないか」というアプローチをとることである。

ここでのコンサルティングは次のように進めていく。

① 誰がアイデアを出すか

この答えはシーズアプローチなので，顧客ではなくクライアントの中の誰かである。（もちろん，シーズを持っていないコンサルタントではない。）クライアントの中でまず浮かぶ"ものさし"が「マーケットを知っている人」ということである。セールスマンやマーケティング部門の人たちである。

しかしよく考えると，そもそもマーケットの買い手，既存商品に関する情報を超えたものを作ろうとしているのだから，この"ものさし"はあまり意味がない。しかもマーケットを知っている人だけでアイデアを出していくと，どうしても「既存の顧客に売れそうな商品」を中心に考えがちである。

ここではむしろマーケットから遠く，既存の商品と買い手の関係をあまりよく知らないが，自社のシーズ（技術，ノウハウ）をよく知っている人（工場，技術部，開発部門，研究所…）を中心に構成すべきといえる。

② アイデア出しの組織

新商品開発の"アイデア出し"では質より量が求められる。私はさまざまな企業へのコンサルティングを通して，"アイデア出し"には次のような特徴があることがわかった。

(a) アイデアを出せる人と出せない人がいる。出せない人は「他人のアイデアを否定する」（そんなのできない，そんなの売れない）。また，出せる人はどんなことに関してもアイデアを出せ，出せない人はどんなことに関してもあまり出せない。

(b) アイデアは「さあ出そう」と意気込んだときではなく，何かの拍子に「ふとひらめく」ことが多い。ブレーンストーミング[*8]ではアイデアが出ないのに，終わって家に帰ったら，良いアイデアが浮かんでくることも多い。しかしそのアイデアをいつの間にか忘れてしまう。

(c) 誰かがアイデアの突破口を開くと，次々とアイデアが出る。

(a)の特徴から"アイデア出し"は「アイデアを出せる人だけで行うべき」ということになる。「アイデア出しの力」は一般に創造力とよばれ，持って生まれた

ものが強いといえる。したがって,"アイデア出し"のメンバー選びには,創造力という能力を評価すればよいことになる。この能力評価は75ページのポテンシャル能力評価を使えばよい。創造力はセミナー,塾などのグループディスカッションで「他人と違うユニークな意見を出しているか」という点を見ればはっきりとわかる。

（b）を考えると,固定的な組織や会議で決められた時間内にやるべきものではない。「アイデアを出す」ということを本業にせず,別の本業の仕事を持ちながら,ふとひらめいたアイデアを,出たときにどこかに「登録する」という形にする。一方でこのアイデアはヒット商品という大きな業績を企業にもたらす可能性を秘めているのであるから,この"アイデア出し"もその人の仕事として評価し,貢献度に応じて給与を払うべきである。そう考えると本業の仕事はそのままにして,新商品開発委員として任命すべきである。

そして新商品開発委員長（この人だけはこれが本業）から,各委員はアイデアの量（いくつ出したか）と質（良いアイデア）について評価され,それによって業績給を得るだけでなく,そのアイデアから生まれた新商品の売上の一定比率を報酬として受ける形とする。

＊8　頭を柔らかくして自由に話し合う会議。

③　アイデア出しの方法

（c）を考えて,企業内のネットワーク掲示板[*9]に「新商品開発の広場」を作る。広場のメンバーはクローズドであり,新商品開発委員だけとする。ここでメンバーが好きなときに思いついたことを書き,他のメンバーは自分の好きなときにこれを見て,意見を足していく。

この広場では,各委員が自由な話題でフォーラムを立ち上げ,その話題ごとに各人が意見を出していく。この場合,話題・意見（この２つがアイデア）はどんなに抽象的でも,もちろん具体的でも構わない。たとえば,話題として「豚丼」というフォーラムを立ち上げ,他のメンバーが「豚ならキャベツが合う」「丼やめてラーメンのほうがいいんじゃないか」「それならキャベツでなくキムチにしよう」「キムチには意外とマヨネーズが合うぞ」とチャット[*10]をし,場合によってはその人が「豚マヨ・キムチラーメン」のフォーラムを立ち上げるといったものである。

広場の管理人は新商品開発委員長であり,彼がこのアイデアを商品化という仕事ではなく,アイデアの「ユニークさ」だけで評価する。

これとまったく同じことが前述のSNSでの掲示板やフォーラムを使ってやることも可能である。しかしそこにはあっと驚く新商品のアイデアはあまり出ない（SNSメンバーはアイデアを出すこと，新商品を作ることが仕事ではないので）。
　そこでSNSではキャンペーンとして，特定のテーマで新商品開発コンテストを開く。「牛丼に代わる新しい丼のアイデア」というものだ。むろん，コンテストなので賞金や賞品があり，その審査基準は「売れそうか」ではない。「ユニークか，おもしろそうか」といったことだ。つまり商品化されなくても賞がもらえる。そしてここでのアイデアは新商品開発委員の広場でもチャットされ，アイデアはどんどんふくらんでいく。

＊9　多くの大企業ではグループウェアなどを用いて従業員同士のコミュニケーションネットワークを持っている。なければYahoo！などに無料で簡単に作ることができる。
＊10　ネットワーク上でのおしゃべり。

④　商品化
　商品化は商品化センターという専任部署で行う。商品化してこれを売っていくのであるから，予算目標を持ち，損益責任を負い，その業績によって評価される人が行うべきである。
　先ほどの商品改良もこの商品化センターが担当する（これが「ニーズ仮説・シーズ検証型」の「シーズ検証」にあたるところ）。商品化センターのメンバーの本業は商品化であるが，全員が新商品開発委員も兼務する。商品化センターにも当然，センター長というマネジャーがいる。
　商品化センターのメンバーは，新商品開発広場やSNS内のブログ・掲示板・商品開発アイデアコンテストなどから新商品のヒントをもらい，自らが特定の商品化のリーダーとなることを宣言する。「豚マヨ・キムチラーメンの商品化は私がリーダー」というものだ。複数の人が同一のアイデアで立候補したときは，早いもの勝ちではなく商品化センター長が適任者を選定する。
　商品化リーダーになったら，1ページ程度に商品コンセプトをまとめ，社内のネットワーク掲示板に"社外秘扱い"でこれを貼り出す。そして企業内のすべての人から，この商品コンセプトに対しての意見を掲示板で募る。
　商品化センター長はこの意見の状況を見て，自らの判断で「商品化準備完了」を宣言する。準備完了となった案件は，商品化リーダーが商品コンセプトをこれらの

意見に基づきブラッシュアップする。そのうえで商品開発会議（販売部門，マーケティング部門，開発部門，工場などのオペレーション部門，経営者および経営スタッフなどで構成）に提出し，商品化するかどうかをそこで議論する。場合によってはロイヤルカスタマー中心のSNSの掲示板でもその意見を募る（「豚マヨ・キムチラーメンを食べてみたいですか」など）。

この会議での意見をもとに商品開発責任者（CPO「チーフプロダクトオフィサー」などの名称を持つ商品開発担当の役員。トップが兼任してもよい。244ページのCIOを参照）が意思決定する。

⑤ テストマーケティング

商品化が決定したら，先ほどの最終商品コンセプトをもとに，具体的な商品機能，商品名，価格，パッケージ，参入障壁などを詰めていく。ここでの中心人物は，もちろん先ほどの自ら手を挙げた商品化リーダーである。

彼がこの新商品のためのフォーラムなどをSNS内に立ち上げ，これを機に新メンバー（新商品のロイヤルカスタマーになりそうな人たち）の募集も行う。SNSでの募集時期はその商品の参入障壁にもよるが，もっとも早いとき（特許など参入障壁が確保できているとき）で「商品化を決定してすぐ」である。一方，もっとも遅いときで「技術的な検討事項がすべて終了し，試作品ができた頃」となる。

SNSメンバーには試作品を提供し，メンバーの周囲の人（家族，友人，仕事仲間…）への商品紹介とその反応，主な見込み客[11]の像，商品改良のアイデア…と

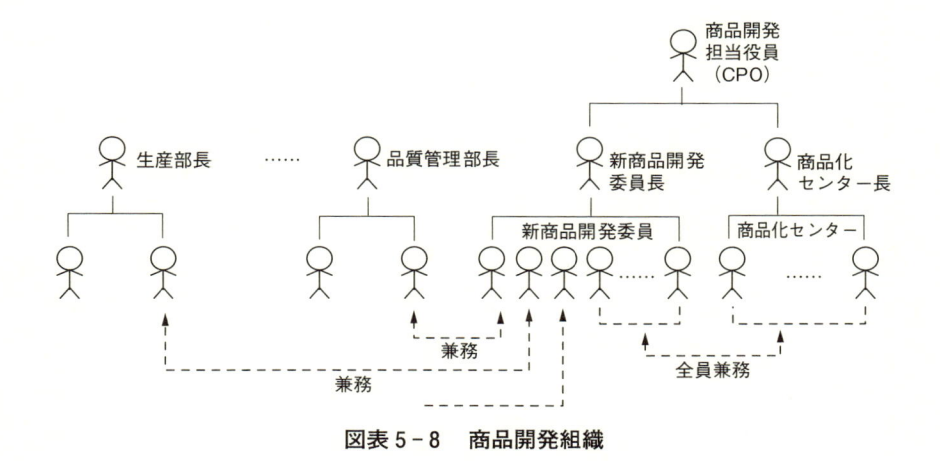

図表5-8　商品開発組織

いった意見を募る。そして良い意見に対しては対価を支払う。

　従来のテストマーケティングをSNSで行うものであり，これが「ニーズ検証」にあたる部分である。

＊11　買ってくれそうな顧客。

3－2　プロモーションコンサルティング
（1）　プロモーションの位置づけ

　カスタマーマーケティングのプロモーションコンサルティングにおいては，まず「プロモーションは顧客への情報提供である」と定義する。

　競争戦略型のマーケティングでも顧客へ情報提供は行う。その情報の多くは自社商品の長所であり，裏を返せばライバル商品の短所である。これを広告，セールスマン，パンフレットなどのプロモーションツールを使って，顧客に訴えていく。

　しかし，これはよく考えると論理矛盾である。膨大なコストをかけて一生懸命訴えているのは「自社商品はライバル商品に勝っている」ということだろうが，自社商品がすべての面でライバル商品に勝っているはずはない。それならライバルは打つ手がないはずである。結果としてやっていることは情報の自己都合による選択であり，偏重であり，「自社商品の良さを説明し，ライバル商品の良さを何とか見せず，冷静な比較力，判断力なき顧客に買ってもらう」というものである。

　もちろんライバルも同じことをやっている。顧客からすれば，これによって情報のバランスがとれるのではなく，錯綜，混乱してしまう。「どちらの言っていることが本当か？」

　顧客が消費者であれば，購買が仕事でないため，わけがわからなくなってしまい，不安になり，かえって購買をためらってしまう。買い控えをし，特定の商品が勝ち抜くのを待ってしまう。これがトップブランド現象（トップ商品だけが極端に売れる）を生み，トップ取り競争が始まる。

　顧客が企業のときは逆に冷静になる。つまりすべての情報を受け取り，何を買っても同じだと判断すると，売り手を競争させ，見積合わせなどによる購買価格のダウンを狙う。そのため売り手の激しい価格競争が生まれる。

　プロモーションコンサルティングでは，顧客の購買行動に合わせて冷静な情報，歪みのない情報をすべて隠すことなく伝える努力をするようにクライアントへ働き

かける。すべての情報を提供して，顧客がすべてを知れば必ず買ってくれるという仮説に立つ。「買ってくれない」と思うなら情報を変えるのではなく，商品を変える。もっといえば，買うはずの顧客にしか情報を渡す必要はないと考え，プロモーションの集中化を図る。

(2) プロモーションミックス

「プロモーションの要素をどのように組み合わせるか」ということをプロモーションミックスという。このプロモーションの要素を情報提供媒体と考え，Merchandise（商品自身），Man（人），Media（情報媒体）の3Mで考える。ここでは各媒体ごとに認知力（世にその商品があることがわかり，その使い方がわかる），決定力（購買する）および情報量を考え，コストとの比較で選択，組み合わせを考える。もちろんクライアントの商品によって異なるが，基本は次のとおりである。

① Merchandise

メーカーの製品でいえば，製品自身に付けられる情報である。ブランド（信頼情報，このブランドなら安心），機能（おいしさ，成分，スピード…），パッケージ，価格，使用上の注意，操作説明書…といったものである。商品パンフレットやショールーム，小売業の店舗（照明，棚，店内広告…）などもこれに含まれる。

認知力は低く（顧客が商品にたどりつかないと見ることができない），決定力は高く（実際に商品を買うか，買わないかを決めやすい），情報量は使い方などに関する情報がやや少ない。また，コストは比較的安いことが多い。

② Man

セールスマン，店員といった「人」が情報発信するものである。Manの情報提供媒体としての長所は，相手の反応に合わせて，持っている情報を選んで伝えられることである。一方，短所はどうしても「売りたい」という気持ちが出て，情報を歪めたり，隠したりするリスクを抱えていることである。

したがって，認知力は高く，決定力がやや低く，情報量は極めて大きい。またコストも比較的高い。

③ Media

テレビ，新聞などのマスメディアが主流で，ここに有料で情報提供するものであ

る。認知力は極めて高く（特にテレビコマーシャルのようにメディア使用料が高いほど認知力は高い），決定力は低く，情報量は極めて少なく，コストは認知力に比例して極めて高い。

この決定力の低さ，情報量の少なさ，コストの高さを補うものとして注目されているのがインターネットである。現在のインターネットプロモーションは稚拙であるが，インターネットをテレビコマーシャルのような強烈なプロモーション媒体に変身させようといろいろな企業が頭をひねっている。

インターネットのプロモーション媒体としての使い方の基本は未だ見えないが，これが次世代の主役となることは確実であり，コンサルタントとしてはその使い方を常にウォッチングしていくことが求められる。

これら一般事項とクライアントの商品特性を考慮して，次のようなポジショニンググラフを作成する。そのうえでプロモーション媒体のポートフォリオを考える。

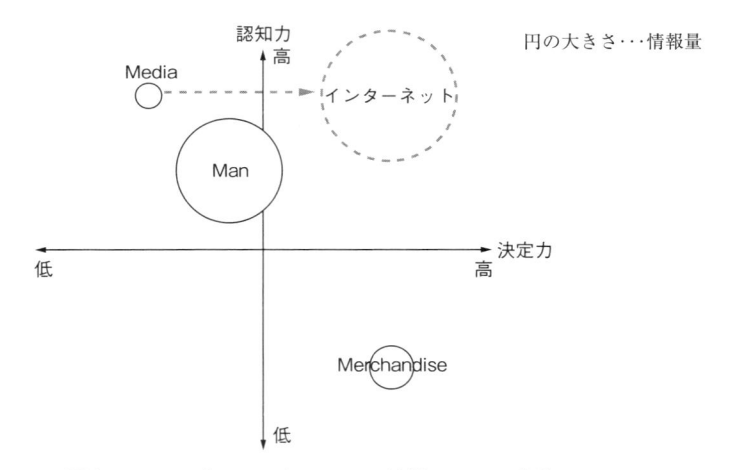

図表 5-9　プロモーションのポジショニンググラフ

（3）　プロモーションモデルの設定

プロモーションミックスが確定したら，具体的なプロモーションモデル（やり方，プロセス）を考える。

たとえば，法人顧客に事務機器を販売しているメーカーで考えてみよう。産業財メーカーの一般的なプロモーションモデルは次のようなものである。これをベース

としてクライアント独自のプロモーションモデルを一緒に作り上げていく。

```
ターゲットモデル      ----→  見込み客の発見
       ↓
アプローチモデル      ----→  見込み客へのアプローチ
       ↓
インタビューモデル    ----→  見込み客へのニーズインタビュー
       ↓
ソリューションモデル  ----→  ニーズを商品でソリューションする方法
       ↓
プレゼンテーションモデル ----→ 見込み客へソリューション方法の提示
       ↓
クロージングモデル    ----→  購入後のリスク分析
       ↓
フォローモデル        ----→  購入客への定期訪問
```

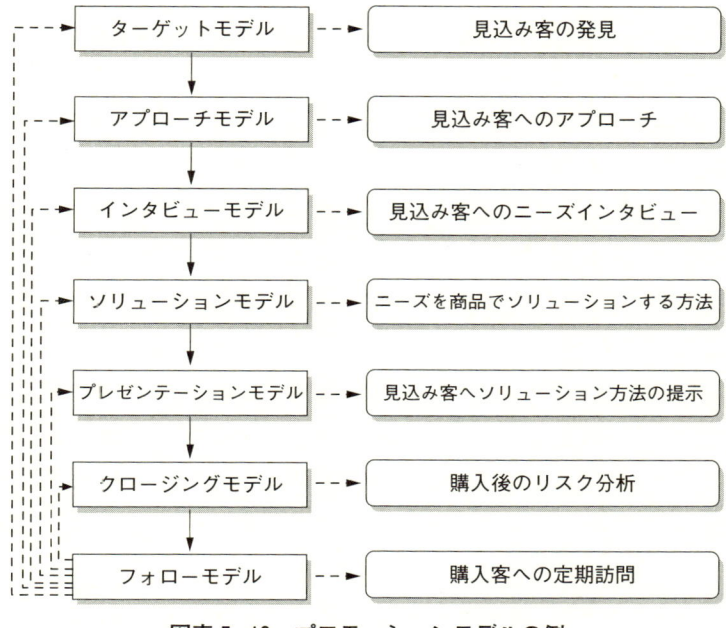

図表 5-10　プロモーションモデルの例

- **ターゲットモデル**　自社商品がどういう使い方をされているかを情報収集し，このようなタイプの顧客のこのようなニーズに対し，このように応えることができるはずだという仮説を立てる。たとえば「50坪以下のオフィスで従業員が50人未満のIT指向のオフィスであればスペースを有効活用したいはずだ」と考え，「自社の折りたたみタイプの事務机がここに売れるはずだ」というようなものである。
- **アプローチモデル**　見込み客の姿が見えたら，ここへアプローチする方法を考える。ここでのテーマはどうやったら見込み客に会えるかではなく，どうやって見込み客に先ほどの仮説を伝えるかということである。
- **インタビューモデル**　アプローチした見込み客を通して，その仮説の妥当性を確認する。この際はインタビュー（面談）が一般的である。決して売り込むのではなく，仮説と実際のニーズの違いをとらえるために行う。
- **ソリューションモデル**　インタビューモデルで得たニーズに対し，具体的にどの

ように自社の商品，さらには他社の商品を組み合わせていくかを考える。

　見込み客のオフィスに，どのタイプの机を置き，椅子を置き，IT機器を置くかを検討し，かつそれによってスペースがどの程度効率的になるかを考え，提案書などにまとめる。

- **プレゼンテーションモデル**　ソリューションモデルで考えた解決策（商品ではなく）を見込み客へ説明する。
- **クロージングモデル**　顧客は購入後，その商品が期待どおりでなかった場合（リスク）を考え，これが最後のためらいとなることが多い。このリスクについて検討し見込み客へ渡す。このリスク対応に見込み客が納得したら契約（クロージング）となる。
- **フォローモデル**　顧客が購入後，当該商品で期待どおりのニーズを解決しているかを定期的に情報収集する。相談窓口やヘルプデスクのように困ったときの窓口でなく，ニーズ解決の度合いを何とか情報収集する。フォローにて収集した情報は他の顧客へ伝えるとともに，次の商品開発およびプロモーションの仮説に役立てる。

プロモーションモデルの設定はオペレーションコンサルティングのときと同様に，「売れるはず」という自社商品への愛を生み，プロモーションという仕事の楽しさを知り（顧客のニーズを解決していく。がんばって売りつけるのではない），そこにプライドが生まれるようになる。

　このプロモーションモデルは企業のタイプによってさまざまであるが，産業財メーカーなど法人向けビジネスでは上のようなソリューションモデル（商品を売るのではなく，顧客の課題を解決すると考える），消費財メーカーや小売など個人向けビジネスでは次図のようなAIDMAモデルなどが代表といえる。

```
Attention  （注意）⇒ 商品情報や商品の使い方を提案して、注意を引く
    ⇓           → 食品でいえば献立情報を提供
Interest   （興味）⇒ 消費者がこのうちの一部の情報に注目。さらにそれについての情報提供
    ⇓           → 何分くらいでできるのか、どんな作り方か、どんな味か（試食）…
Desire     （欲求）⇒ その献立にしようかと思う
    ⇓           → 価格情報を提供
Memory     （記憶）⇒ 覚えておいて他に必要な食材もさがす
    ⇓           → 他の食材情報もその場で渡す
Action     （行動）⇒ 購買決定
                → 購買データとして集める
```

図表 5-11　AIDMA モデル

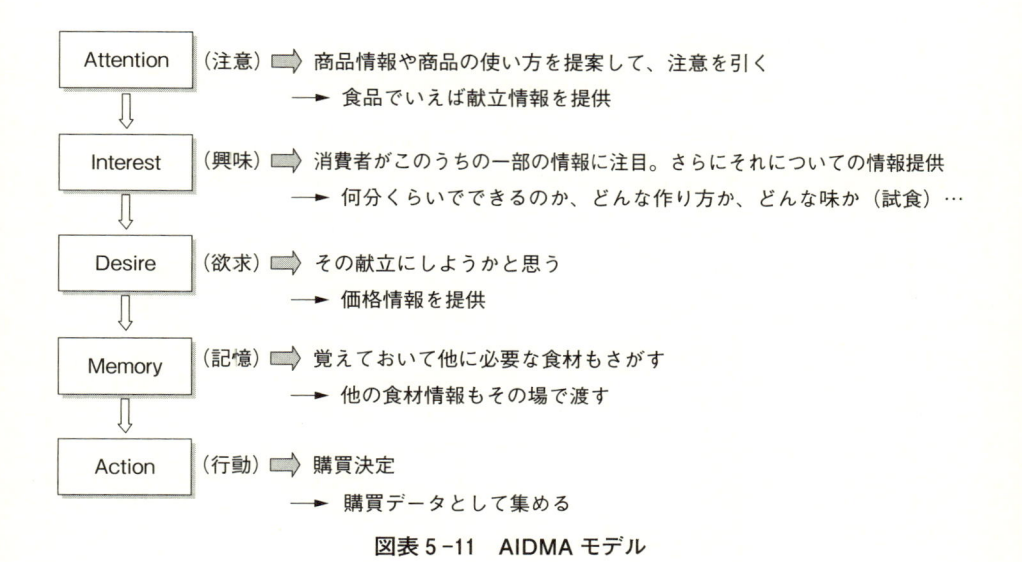

ここに Follow（フォロー）というステップを加え，購買後の状況をとらえようとするのが一般的である。

プロモーションコンサルティングにおいて大切なことは，他社に負けない強力なモデルを求めるのではなく，プロモーションを実行しているメンバーが合意でき，プライドを持って実行できるモデルを考えることである。したがって，他社でも用いられているごく一般的なモデル（多くの企業で合意を得て，実際に使っているもの）をベースとし，これをクライアントが使いやすい形に手直ししていくというアプローチが妥当である。

4 マーケティング評価コンサルティング

これまで述べてきたように，マーケティングにおいては「売る」ことと同じくらいに「売った後どうなっているかを評価する」ことが大切である。クライアントが気づかない点であり，マーケティングコンサルティングで注力すべきテーマである。ここでは 2 つの点に留意する。

（1） 顧客満足度を評価する

　マーケティング評価の指標は，当然のことではあるが経営目標の顧客満足度である。マーケティングで考えれば，顧客満足度は商品購入後（マーケティング実行後）の顧客評価である。ここでは次の2つがコンサルティングの基本である。

　1つは「何としても評価する」という意思である。仮に顧客満足度を正確に評価できなくても，「正確さ」よりも「やる」ことのほうが大切である。250ページの予測システムでも述べるように，やればしだいに満足度という実態に近いものが測定できるようになる。やらなければ精度は上がらない。

　具体的には49ページで述べたようなアプローチをとるのが基本であり，それが無理ならリピート率，来店客数，あるいは利益そのもの（52ページで述べたように「顧客の満足が当社に利益をもたらした」と考える）でもよいから，それを顧客満足度と社内では表現するようにする。

　もう1つはPDCAの「CA」（CHECK&ACTION）である。CAのためには実行結果のほかに，実行前に予測する仮説（計画）が必要である。つまり「こうすれば～という理由で，顧客満足度が高まるはずだ」という仮説を持つことである。

　これがなければ差異分析ができない。それは仮説の正しさを証明することが目的ではなく，仮説との違いを見つけ，明日の「より良い仮説」を立てることにある。特にマーケティングにおける顧客満足度評価は，明日の顧客満足度を高めることが目的で，昨日の満足度という業績を出すためのものではない。

　これを忘れると，つい評価段階で顧客満足度が高まるように評価してしまう。たとえば顧客満足度アンケートが何とか良くなるように，顧客へのアンケート方法を考えてしまい，良い結果が出ると喜び，悪い結果が出ると悲しむ。顧客満足度を高めるのは計画，実行段階であり，評価段階で高めては意味がない。

（2） マイナスの顧客満足度

　マーケティング評価の2つ目のポイントは，マイナスの顧客満足度ともいえる"不良"についての対応である。

　何度も述べてきたように，顧客満足度は次のように定義される。

$$顧客満足度 = \frac{設計仕様}{絶対満足} \times \frac{品質}{販売価格}$$

（設計仕様／絶対満足 → 仕様適合度）

　ここで顧客満足度が仮説どおりにならないとき，4つの要因が考えられる。1つは仕様適合度の項目が違ったためである（「スピードを上げる」ことではなく，「軽さ」が満足度のポイントだった）。これは顧客によって違うのは当然である。したがって，「満たさないまま」か，設計仕様項目のプライオリティ（スピードから軽さへ）を変えるかである。

　2つ目は202ページで述べた仕様適合の度合いである。「おいしく」作ったはずなのに，顧客が「おいしい」と感じなかったときである。これについてはなぜ「おいしい」と感じないか，どうすれば「おいしい」と感じるか…と考えていくことである。まさにマーケティングの原点である「売れる商品」を考えることそのものである。

　3つ目が販売価格である。「高い」というものである。これは多くの場合設計仕様とのバランス（500円もしたのにこの程度では…）であり，より高品質の設計仕様にして価格を維持するか，価格を下げる努力をするかである。

　問題は4つ目の品質である。つまりマーケティング実行時に渡した「設計仕様」という情報と，商品自身が違った場合である。言ってみればマイナスの顧客満足度，顧客不満足度であり，広い意味での不良（クレーム，エラー…）である。この不良に対する対応が企業の生死を決めることもある。たった1つの不良が企業に死をもたらすこともある。

　この不良については次の点をクライアントに理解させる。

① 不良をなくすことはできない

　人間がやる仕事（機械がやるものでも）にはエラーはある。これをなくすことはできない。たとえば，食品メーカーで自社の商品に異物（入っては困るもの）が入らないようにはできない。そもそも異物が入っていないことが証明できない（全部開封して調べたら，売るものがなくなってしまう）。

② 不良を減らすことはできる

　不良が発生する確率を落とすことはできる。これが「品質を上げる」（品質向上）ということである。そしてある行為によってどれくらい上がるかは統計学的に計算

できる。また，統計学的に一定の品質水準にあることは証明できる（これを品質確保という）が，不良のない状態（これを絶対品質という）にはたどりつけない。

③　不良が出たらどうするか

　どんなに品質向上しても不良は出るのだから，出たときのことを考える。出ないことを祈っても仕方がない。「出すな」と経営者が命令するのはもっと意味がない。出たときどうするかを「出ないうちに決めておく」ことである。これをコンティンジェンシープラン*1という。

　世間で品質が高いといわれている企業において，このコンティンジェンシープランを考えないまま（高品質だから不良は出ないと考える）不良が出ると，高品質という評判のためにかえって企業の命を落とす。

　たとえば顧客からクレームが入ったら，重要なクレームであればあるほど，調査が終わってから公表するのではなく，まずは「当社へ××というクレームがあったが現在調査中」と事実を速やかに公表する。この不良がマスコミで報道される場合，そのタイミング（公表が先か，スクープが先か）が命とりになる。これがコンティンジェンシープラン，すなわち「不測のリスクが発生したときの基本的方針をあらかじめ冷静なときに決めておくこと」であり，外部にいて冷静なコンサルタントがこれを主導する。

*1　緊急事態計画，不測事態対応計画と訳される。要するに不測のリスクへの対応を考えておくこと。

④　不良を減らす仕組みが救う

　不良というリスクには減らす（予防）ことのほかに，発生してもダメージを減らすこと（発生時対策）がある。

　この発生時対策の1つが先ほどのコンティンジェンシープランである。ややこしいが，実はもっとも基本的な発生時対策は「予防」である。予防という「不良を減らす仕組み」を持っていることである。「不良を減らす仕組み」があっても不良は出る。不良が出たとき企業としてもっとも恐いのは「こんな対策も打ってなかったのか」「ズサンな管理体制」といったマスコミの批判である。予防はこれをプロテクトできる。

　ISO9000，14000などはここに本質がある。ISOをとったから安心なのではなく，ISOを取っていないで何かあったら大変ということである。

⑤ 不良についての情報収集，提供

　以上の4点をクライアントの全従業員に徹底する。これが不良に対する内部統制（113ページ参照）である。

　経営者には工場などのバックエンドのオペレーション部門よりも，顧客，社会に近いフロントエンドのマーケティング部門に対してこれを強く統制するようにコンサルティングする。

　品質不良をもたらしたとき，オペレーション部門（ここで不良が発生している）はどうしても冷静さを失ってしまうが，せめて顧客，社会と接するマーケティング部門（セールスを含め）は冷静に企業が受けるダメージを小さくする方向で，これに対処するようコントロールする。そして不良はいち早く発見することがもっとも大切だということを理解させる。

　そして隠れてしまいがちな軽微な不良を，マーケティング部門が顧客満足度（顧客不満足度）として，自らの職務として積極的に集める。そしてこの情報収集という仕事を業績評価，能力評価に反映させる。

　この情報を用いて品質向上をオペレーション部門において行うとともに，マーケティング部門が顧客へこの不良情報を積極的に提供すべきである。「他のお客様は当社商品にこんな不満をお持ちだとおっしゃっていますが，お客様はどう思われますか？」という質問である。これをクライアントができたとき，マーケティングコンサルティングは終了する。

第6章

ITコンサルティング

1 IT と経営者

ITコンサルティングにおいてキーマンとなるのは，情報システム部門や担当者（以下，これらをすべて「情報システム部」と表現する）ではなく経営者である。

(1) 経営者から見た IT

企業のサイズを問わずITは経営者にとってなかなか手強い相手である。それはITが過去の経験が通用しない分野に見えるからだ。

経営者から見たIT以外の経営要素（財務，組織，オペレーション，マーケティング…）は，ゆっくりと過去の経営経験が積み重なっていく。そしてこれらの要素を幅広く経験した経営者の手によって，その戦略を変化させていけばよい。

しかしITはいつも"ある日突然"である。まるですべての経験を一気に破壊してしまうようにも見える。SCM，CRM，RFID，ユビキタス…。何の前触れもなく新しいITキーワードが現れてくる。いつまでたっても，いくら経験しても，ITは経営者から見ると，唯一コントロールできない魔物であり，ブラックボックスである。

そして多くの経営者は，自然に次の2つのタイプに分かれていく。

① 無関心型

経営者がITに無関心となってしまい，情報システム部に任せっきりの企業。多くの場合，情報システム部は孤立し，情報システムは一般従業員からは完全にブラックボックスとなる。

各部門のプレイヤーはブラックボックス化した情報システムに対して常に不平・不満を持ち，「使いづらい」「仕事に使えない」と嘆いている。

リーダーはプレイヤーよりやや年を取っていることもあり，ITなしでもやっていける（今までなくてもやってきた）と思い，しだいに無関心となり，外部からの刺激（顧客からのデータ要求，ネットワーク接続要求…）がない限り，情報システム部に要望さえも出さない。

一方，情報システム部は従業員のITリテラシー[*1]が低いために使えない，使わないと思い，ITの操作教育などを実施する。

[*1] ITの操作能力。

② フォローアップ型

　経営者がITに無関心ではいけないと思い，何とか"人並みに"と思っている企業。常に業界内の他企業のIT活用をチェックし，自社が乗り遅れていないかということばかりを気にしている。「××をしたい」という積極的なニーズはないので，当然のことのように"隣と同じIT"を導入する。ERP，SFA，データマイニング，ナレッジマネジメント，J-SOXといったマスコミをにぎわすキーワードに，経営者は言葉の意味さえもわからないまま，投資していく。

　ITを使う現場はこの波に乗らざるを得ず，何とか使おうとする。しかし導入目的が「隣が入れているから」では，どのようにITを使えば幸せになるのかがわからない。とりあえず現場でITの得意な人をITリーダーにして，彼の指導のもと何とか使う。

　情報システム部は現場が「使っている」ことに満足してしまい，「使ってどうなったか，何が変わったか」といったことまでは頭が回らない。

　この2つのタイプ以外にも「優位型」とよばれる企業もある。「他社が持っていないITで勝ち抜こう」と思っている企業である。しかしそれはごく少数であり，かつそこにITコンサルティングのニーズはない。

(2) コンサルティングから見たIT

　コンサルタントは，この現状をどうとらえるべきだろうか。そのポイントは「そもそもなぜITだけが経営者からこんなに離れ，ノーコントロールになってしまうのか」という"そもそも論"である。

　それは経営者がITの"技術"に着目してしまい，その"難しさ"にギブアップしてしまうからだ。しかし「商品の配送車両をどんなものにするか」を考えるとき，「エンジンがどうなっているか」なんて考えるだろうか？　配送する商品の量，頻度を考え，配送車にどれくらいのパワーが必要か，そこにどれくらいのカネをかけるのか，何年くらい持たせて，支払いはリースか一括か…と考えていくはずである。

　ITも"普通の投資"と同じである。経営者は技術よりも経営とのインタフェースを考えることである。経営者にとってITの中身はブラックボックスで何の問題もない。ITと経営とのインタフェースだけをコントロールし，自社の手で作ろう

第6章　ITコンサルティング　　227

としない（自動車の部品を買ってきて組み立てる企業などない）。もちろんこの開発をコンサルタントが担うはずはなく，プロのITベンダー[*2]にすべて任せる（もっといえばその責任をとらせる）。このブラックボックス性がITコンサルティングのポイントである。

ITコンサルティングはIT投資コンサルティング，IT組織コンサルティング，IT利用コンサルティングの3つの領域を持つ。

*2 ITを商品とする企業。

2 IT投資コンサルティング

経営から見ればITは投資対象である。他の機械，建物などの設備と同様に投資し，そこから営業キャッシュフローを生んで回収していくものである。経営者にこの点を確認させたうえで，IT投資コンサルティングに入る。

ここでは個別の投資案件についてその可否を考えるのではなく，IT投資に関する経営者の意識を改革していく。IT投資戦略のベクトルを一緒に作っていくと考えてもよい。この戦略の実施（実際に投資する）は経営者の本業である。

IT意識改革，IT投資戦略ベクトルのポイントは次の点である。

2—1　投資する対象

1つ目のポイントはそもそもIT投資によって「何を買っているか」である。

従来の一般的なIT投資では，企業側からITベンダーへ「何が欲しいか」を言い（場合によってはITベンダーに「買うモノ」を提案してもらい），ITベンダーが見積書を出し，その見積書をベースに金額折衝し，モノとカネで合意が得られれば投資，というよりも購入する。この物品購入パラダイムでは，購入企業がITベンダーとの折衝によって「うまく金額を10万円下げる」と利益が10万円上がり，逆にITベンダーの利益が10万円下がる。つまりゲームの理論でいうゼロサムゲーム[*1]となる。だから購入企業としては「ITベンダーの見積金額を1円でも下げる」ために，他のITベンダーからも見積を取って，競争させようと考える。まさに個人が自家用車を買う感覚である。

一方，このゲームをITベンダーから見ると，「どうせ値引きを要求されるのだ

から，少し高めに価格提示して，ギリギリここまでなら下げよう。うまくいけばこのまま…。まさかライバルはダンピングして来ないよなあ」というものだ。

　こうなると購入企業とベンダーとの戦いとなる。その戦いにコンサルタントが加勢しても幸せはない。仮にコンサルタントが価格を安くすることができたとしても，それによって IT の品質が落ちていないかどうかを確認することができない。クライアントは購入した後は，価格より IT 自身を見るようになり，そこに問題があると，クレームの矛先は IT ベンダーだけでなく，それを決めたコンサルタントにも向かってくる。

　IT 投資コンサルティングでは「モノではなく，サービスを買う」ととらえ，IT から受ける"サービス"に投資すると考える。自動車を買うのではなく，配送サービスを買うと考える。サービスと考えれば，着目すべきは IT の性能や IT ベンダーの原価ではなく，そのサービスの価値である。配送サービスでいえば，自動車の性能（エンジン，何人乗り，車内スペースの広さ…）よりも配送時間であり，一度に何個運べるか，配送品質…といったことである。

　このサービス価値の原点は「そのサービスを受ける目的」にある。業務合理化による時間短縮なのか，データ提供によって仕事がうまくいくことなのか，顧客へのサービス向上なのか，商品価値を上げるのか…といった IT に投資する目的である。この目的こそが経営の決断である。

　サービスに投資すると考えれば，その価値に当然のように着目し，投資額との比較になる。こうなれば先ほどの"ゼロサムゲーム問題"は解決できる。金額折衝よりも「価値の高いサービス」を求めることが大切となり，それをサポートしたコンサルティングの価値も高まる。

　ここから先の「IT ベンダーとのつきあい方」は，次節で述べることとする。

＊1　両者の利益の和は常にゼロとなるもの。

2－2　耐用年数

　2つ目のポイントは「耐用年数」という概念である。これは IT 以外のすべての投資について普通に経営者が考えることであるが，なぜか IT ではこれが考えられない。

　IT 業界ではバージョンアップ戦略というものがごく普通にとられている。IT ベ

ンダーが顧客へ一度ITを販売したら，その改良を少しずつ切れ間なく続けていく。これによってIT全体を一気に捨て，他のITベンダーへリプレースされることを防止できる。

しかし少し考えればわかるとおり，改良を続けていけば信頼性は下がり，コストも知らず知らずのうちに増えていく。家でいえば，とりあえず1階部分を作り，2階，3階と積み上げていくようなものである。1階部分を作るときには3階まで作る"設計"をしていないので，3階建てにすると1階に負荷がかかってしまう。そこで1階も改築する。1階を改築すると今度は2階，3階にも影響が出るので改築する…といったことを永遠に繰り返していく。

こう考えれば一度は「一気にITを捨てるタイミング」を作る必要があることがわかるはずだ。一度これをやれば，「次に入れるIT」は最初から「いつ捨てるか」を決められる。少し賢い経営者は他の設備投資（特に「システムとして一連の動きをする設備」）ではこうやっているはずである。

ITの耐用年数を5年（法的にはパソコン以外はほとんどが5年）と考えれば，新規IT導入コストが当期損益に与える影響は1/5程度であり，キャッシュフローの状況で一度捨てるタイミングを作る。ITは決して特別な投資ではないことを経営者に認識させることが大切である。

2—3　投資額
（1）　ITの予算化

3つ目のポイントは"いくら"，つまり投資額についてである。

多くの企業ではIT投資額の決定が極めてアバウトであり，経営者のマインド（「なるべく安く」「まあこれくらいのカネなら」）に大きく左右される。これが先ほどの「ゼロサムゲーム問題」を生む元ともいえる。

ここでは他の設備投資などと同様に経営計画の一部として，つまりITも投資予算として考えるようコンサルティングする。

予算化の方法としてすぐに考えられるのは「費用対効果」である。しかし費用はITベンダーから見積をとればよいが，効果はクライアントが考えなくてはならない。効果さえもITベンダーに見積ってもらうと，当然のように"大きめ"（そのITを買ってほしいのだから当然のことである）となる。そこでコンサルタントに

これが求められる。

しかしこの効果算定が極めて難しい。ITは多くのものが組み合わさって，1つのシステム（各要素が有機的につながっているという意味）となっている。本来"効果"といえば，そのシステムが「ない場合」と「ある場合」の比較をしなくてはならない。しかし「ない場合」などは想定できない。今やほとんどすべての企業は，このITなしでは仕事ができない。

そこで現在のシステムに"ある部分"を追加すると考えてみる。しかし費用は追加コストで測れるが，効果はどこまでが既存部分で，どこからが追加部分かの判断がつかない。たとえば現在の情報システムに新しい機能を追加すれば，当然のことながら既存の情報システムにもシナジーが生まれてしまう。この既存のシステムにも生じる効果を考慮すると極めて大きくなり，どんどん追加，修正すべきとなってしまう。これが先ほど述べた「捨てる」という意思決定ができない原因となり，結果的にはコストアップとなってしまう。

（2） 付加価値分配

ここでは費用対効果ではなく，給与のときのように「分配」という考え方を用いる。分配の原資としては給与同様に付加価値でもよいし，売上，粗利，営業キャッシュフローなどクライアントが納得するものならなんでもよい。

具体的なIT投資予算の立案ステップを，「売上高300億円，粗利率20％の流通業」の例で考えてみよう。ここでは粗利を"分配の原資"として考えてみる。

① 年間予算枠の決定

粗利（300億円×0.2＝60億円）の何％をIT投資に回すかと考える。コンサルタントがこう言うと，多くの経営者は「普通はどれくらいか」と質問する。この「普通は」という感覚がIT投資では大切である。つまり他社はどれくらいITに投資しているかということだ。コンサルタントとしては，この"普通"を常に意識して調べておく。私なら「この企業サイズで，この粗利率の流通業なら1％程度」（売上対比で考えるのなら0.2％）と答える（これは156ページの教育の場合よりも多くの企業のデータが公開されており，コンサルタントとしては"普通"を出しやすい）。コンサルタントがこの"普通"を持っていないときは，教育の場合のようにクライアントの現在の投資額を推計し，これと粗利との比をベースとして考える

（今より上げるか，下げるか）。

ここで粗利60億円に対して，IT分配率1％で年間6,000万円の投資を"普通"と考える。

② 目に見えるコストと目に見えないコスト

ITコストには「目に見えるコスト」（機器導入費，システム開発費，保守費など支払額として認識できるもの）のほかに，他の費用を増加させる「目に見えないコスト」（コンピュータを置く場所代，オペレーション人件費，電気代，通信費などIT以外の費用と合算されて，わからなくなってしまうもの）がどうしても発生してしまう。これを加味して考えていくことをTCO（Total Cost of Ownership）という。

この「目に見えるコスト」と「目に見えないコスト」の比を出す。この段階では"新しいIT"を考えていることが多いが，現在のITで「ざっと」どれくらいの比となっているかを考え，その比を採用して問題ない。多くの企業では目に見えないコストが全体コストの30〜50％（ITを外注している度合いによって異なる）程度に入っている。例の企業で「目に見えないコスト」を"ざっと"総コストの40％とすると，予算化すべき「目に見えるコスト」は3,600万円／年（全体の60％）となる。

③ イニシャルコストとランニングコスト

イニシャルコスト（初期費：導入時に発生する費用。機器導入費，システム開発費）とランニングコスト（維持費：導入後に発生する費用。保守費，ソフト修正費，消耗品費など）に分ける。多くの企業ではイニシャルコストとランニングコストの比が"ざっと"1：1となる。例の企業ではイニシャルコスト1,800万円／年，ランニングコスト1,800万円／年となる。

④ イニシャルコストを出す

ここで気をつけなくてはいけないことは，イニシャルコストも"年当たり"として計算していることである。イニシャルコスト予算1,800万円／年で耐用年数を5年とすれば，初期投資額は9,000万円となる。

つまり耐用年数5年として初期費9,000万円をITに投資とすると，これ以外に年間1,800万円のランニングコスト（目に見えるコスト）が会計上発生し，IT費用トータルとして（目に見えないコストも含めて）粗利対比1％（売上高対比0.2％）

の費用が発生することになる。これが"普通"であり，IT 投資に積極的な企業なら 2 ～ 3 ％程度の投資だってあり得る。その判断はまさに経営者の意思決定である。

この IT 予算の範囲内で，IT ベンダーから「もっとも価値の高いサービス」を購入していくと考える。

```
売上高300億円、粗利率20%の企業 ⇒ 粗利の1％をITへ投資
                                        ↓
・場所代                           6,000万円／年を投資        ・ハードウェア購入費
・電気代                                                      ・システム開発費
・通信費                                                      ・情報システム部の人件費
・現場のオペレーション人件費
                    ↓                              ↓
              目に見えないコスト              目に見えるコスト
                    ↓                              ↓
              2,400万円／年                    3,600万円／年
                                          ↓              ↓
                                    ランニングコスト   イニシャルコスト
                                          =              =
                                    1,800万円／年    1,800万円／年
                                                          ↓
                                                     耐用年数5年
                                                          ↓
              IT予算 ・初期投資額 9,000万円（5年耐用） ← 初期投資額
                    ・保守費 1,800万円／年              9,000万円
```

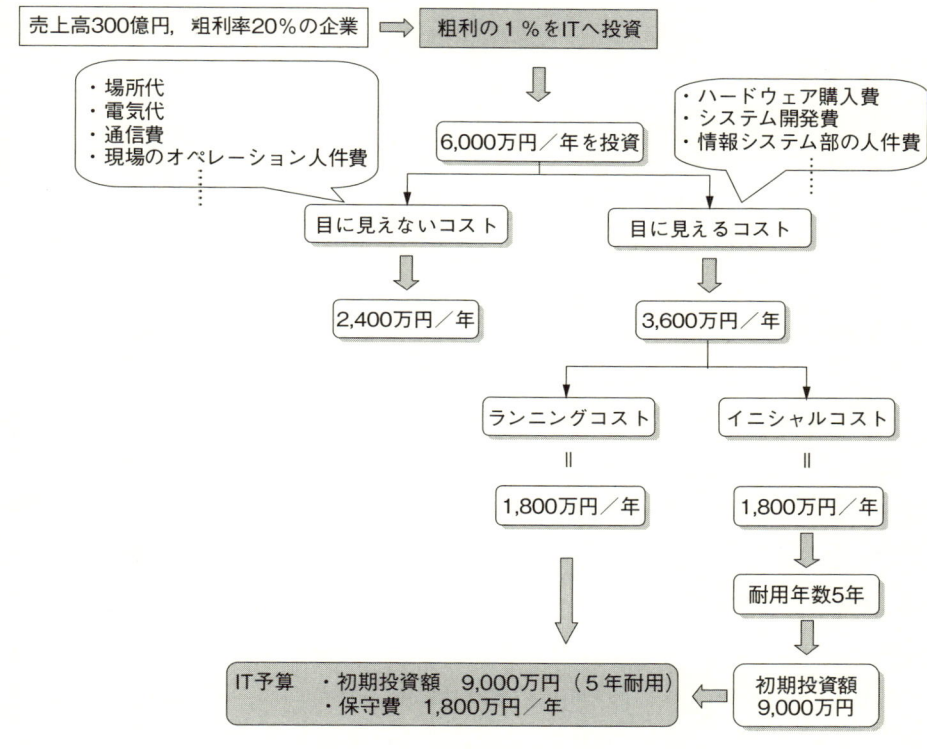

図表 6 - 1　IT 投資額の決定フロー

3 IT 組織コンサルティング

IT 組織は大きく 2 つに分けて考える。1 つは外部組織としての IT ベンダーである。どんな企業でも IT は自社ですべてを行うことはできない業務であり，外部組織としての IT ベンダーが必須である。もう 1 つは情報システム部を中心とする内部組織である。この 2 つに分けてコンサルティングを進めていく。

3−1　ITベンダーとのつき合い方

　経営者から見ると，ITのブラックボックス性からITベンダーとのつき合い方は極めて難しく，そのコンサルティングニーズは高い。そして当然のことながら技術面については，経営者，コンサルタントよりITベンダーのほうが圧倒的に上位に立つ。

　ここでは「ITベンダーに対する考え方」「具体的選定方法」「ITベンダーの実際」という3つのテーマについてコンサルティングを行う。

（1）　ITベンダーに対する考え方

　「クライアントがITベンダーをパートナーとして考える」ようにコンサルティングするのが基本である。

①　稼働責任

　ITは多くの要素を持っており，クライアントはそれぞれ異なる専門ITベンダーからこれを購入していることが多い。パソコン・サーバーなどのハードウェア・基本ソフト，表計算ソフト・データベースソフト・ERPパッケージ・セキュリティソフトなどのソフトウェア，ネットワーク，ヘルプデスク*1などITの構成要素は果てしなくあり，ベンダーも果てしなくいる。冷静に考えれば，これだけのものを選定し，組み合わせ，それをうまく使っていくことなど素人には不可能なことはわかると思う。

　しかし，多くのクライアントはこの難題に無謀にもチャレンジしている。少しでもITコストを安くしようと思い，ハードウェア，ソフトウェア，ネットワークなどの各専門ベンダーと折衝し，導入し，そしてその「つなぎ目」で困っている。「ハードやソフトのバージョンアップタイミングが部署によって違うので混乱する」「システムを直そうと思っても，誰に相談していいのかさえわからない」…

　ITは1つのベンダーに一括して委託し，あえてブラックボックス化して，そこから受けるサービスを購入すると考えるべきである。そしてこのITベンダーにシステム全体としての稼働責任を負ってもらい，何かあったときにはすべてリカバリーしてもらう（もちろんその分のカネを払う）。見方を変えれば，サービスレベル（どれくらいきちんと動くか）についてITベンダーと合意することであり，これをSLA*2という。時が経って古くなったシステムを入れ替えるのではなく，新し

いサービスをそのITベンダーに要求すると考える。こうやって机上で冷静に考えれば、「これがベストだ」と経営者なら納得できると思う。

ITベンダー側もシステムインテグレーション、ソリューションビジネス、アウトソーシングビジネスと称し、それを望み、その体制を整えつつある。

*1　ITを使っていて困ったときにサポートをしてくれるサービス。
*2　Service Level Agreement：企業とITベンダーがサービスのレベルについて合意すること。

② セキュリティ

ITベンダーを絶対的に必要とする理由はもう1つある。それはセキュリティ*3である。

ITベンダーはセキュリティ事故が恐いためか、セキュリティソフトを販売する程度で「お客様の自己責任」として自社のITサービスから除外していることが多い。しかしこのセキュリティこそ、素人にはとても手に負えない分野であり、ITベンダーに求める重要なサービス項目である。セキュリティの考え方についてコンサルタントは以下のようにコンサルティングする。

*3　ここでは外部から守ることだけでなく、インテグリティ（過失、事故によるリスク）も含めてセキュリティと表現する。

i) セキュリティシステムの値段

セキュリティというのは、ネットワーク、情報システムなど特別な世界のものではなく、「悪い人や事故から身を守る」という人類古来からある考え方である。インターネットなどはこのセキュリティリスクを高めたものといえる（悪い人が悪いことをやりやすくなった）。

1億円の現金（ITの世界ではデータと考える）を守る例で考えてみよう。1億円の現金（データ）を守るには、金庫（ファイアーウォール*4など）と鍵（ID、パスワードなど）を用意するのがノーマルである。ここでの最初のテーマは1億円の現金（データ）を守るには、いったいいくらの金庫（セキュリティシステム）を買えばよいかである。セキュリティの教科書には「『リスクの発生確率（なくなったり、壊れたりする確率）』×『リスクによって生じるダメージ（そのときの損害額）』で『リスクの期待値』を出し、その期待値以下に金庫（セキュリティシステム）の値段を抑えろ」と書いてある。しかしリスクの発生確率、損害額など普通は計算しようもない。

＊4　システムへのアクセスを制限すること。

ⅱ）合いカギ

　とりあえず500万円の金庫を買ったとする。次に考えるのは「カギをなくしたり，カギが壊れたとき」である。カギをなくすと1億円の現金（データ）が使えなくなり，1億円損してしまう。カギがなくても開くものは金庫といえない。つまり500万円の金庫を買うと「1億円損する」というリスクを抱えることになってしまう。

　この"答え"は合いカギを作っておくしかない（というよりも人類は歴史上これしか思いついていない）。そしてこの合いカギはノーマルなカギを持っている人ではなく（カギを2つ持っていたら，同時になくしてしまう），カギの"プロの管理人"に預けておくべきである。これがITベンダーである（もちろんコンサルタントは管理人にはなれない）。

ⅲ）セキュリティ保険

　しかし世の中に万全の金庫（セキュリティシステム）などあるはずもない（金庫はいずれかの条件で"開く"のだから，絶対安全な金庫などない）。したがって，"金庫破り"をされること（データがなくなる）を考えておく必要がある。ここにも人類はすでに保険というアイデアを持っている。皆が同時に被害を受けるのではなく，ごく少数の人がかなりレアなケースとして被害を受けるときは，「被害を受けない人たち」が「受けた人」の損害を共同で持つというものである。セキュリティサービスについては，この保険をも一括して任せられるITベンダーを探すべきである。

ⅳ）セキュリティ投資額

　万全な金庫はないのだから，「どの程度の金庫でがまんするのか」（どの程度のセキュリティレベルを求めるか）ということがコンサルティングテーマとなる。はっきりしているのは価格が高いほど強い金庫であり，守るものの価値が高いほど「金額の高い金庫」にすべきということである。さらにいえば，これらは保険とセットとなるはずである（一定のセキュリティシステムを持った人だけが保険に入ることができる）。ここで最初の課題「いくらのセキュリティシステムにするか」に戻る。

　この答えは231ページのIT投資予算のときと同様に"普通"である。つまりIT投資額（守るべきITの価格）の一定比率をセキュリティにあてると考えて，そのセキュリティ投資額を考える。この一定比率（セキュリティ投資額／IT投資額）

はITベンダーに確認することがベストだと思う（そのITベンダーが扱った他の企業の例を求めればよい）。ITベンダーとはセキュリティ投資額に合意して，それに見合うセキュリティサービスを保険とセットで提案してもらう。

v）セキュリティ事故

セキュリティ事故が起きてしまった企業にとっての"運命の分かれ道"は，「カギはかかっていたのか」である。220ページの不良とまったく同じ考え方である。「ずさんな管理」と書かれれば企業の命は終わりになる。

企業から見れば自社のオフィスにカギをかける意味は，「泥棒に入られないため」ではなく（泥棒はカギを壊して入ってくる），入られても「カギをかけていたのだから」と社会に弁明できることである。

vi）セキュリティと従業員

セキュリティを経営者が考えるとき，もう1つの観点がある。それは企業で働く従業員へのマナーである。残念ながらセキュリティ犯罪は従業員が関わっていることも多い。

従業員の目の前に1億円の現金を置いておくのは失礼である。そして「盗んでもバレないかもしれないが，盗むな」と注意書きを貼っておくだけでは経営者の怠慢である。

それがデータなら，盗んでもその犯行が見つかりにくいだけでなく，被害者が誰かもわかりづらい（コピーしてもデータは消えない。名簿のデータが盗まれても誰がどんな被害を受けるかがイメージしづらい）。

1億円の現金を金庫（セキュリティシステム）に入れ，カギをかけ，管理人室に置いておいても，盗む人はいるかもしれない。しかしこれは犯罪を犯そうというはっきりとした意思の下にやっているのであり，この行為を完全に防ぐことは不可能である。カギは人間という弱い動物の「出来心」をプロテクトするものであり，犯罪者からカネ（データ）を守るためだけのものではない。

今まで述べてきたセキュリティに対する考え方は，すべての内部統制（113ページ参照）に適用されるものである。コンサルタントは「企業内に適切な内部統制の仕組みを持つのは経営者の責務であり，従業員へのマナーである」ことをセキュリティを通してコンサルティングする。

③　パートナーとしてのつき合い方

　こう考えるとITベンダーはクライアントから見れば単なる"業者"ではなく，経営の中のIT機能を分担してもらうパートナーとして存在することになる。経営者はITベンダーを単なる購入先，外注先ととらえず，メインバンク，顧問税理士，顧問弁護士などのように経営のパートナーを選択するという気持ちで見る必要がある。

　そのためには経営者にITベンダーの責任者とも会わせ，互いの関係を両社が理解し合うようにコンサルティングをする。両社がパートナーとして，どのような目標（コストダウン，収益向上，顧客サービス向上…）を目指すのかをはっきりさせ，かつその目標を両社がどのように測定し，確認していくかを決めさせる。売上の向上を目指して「新しいセールス支援システムを入れる」のであれば，どんなシステムにするのかを話し合う前に，経営者はITベンダーの責任者へそのシステムにどういうことを期待するのか，目標売上がどれくらいかをはっきりと提示し，ITベンダーもその経営パートナーとして目標達成に努力し，かつその達成に応じた配分（つまりカネ）を得るべきである。

　そしてITベンダーもソリューションビジネスとしてそれを望んでいる。

（2）　ITベンダーの選定方法

　パートナーになるITベンダーを，次のようなステップで選定するようコンサルティングする。

① 情報システム委員会を作る

　まずは「どのようなサービスをITベンダーへ要求するか」（「何を買うか」ではなく）というニーズを確定する必要がある。このために情報システム委員会という組織を作る。各部門（経理部，営業部，社長室…）ごとに情報システム委員を選び，彼らがその部門のメンバーからITへのニーズ，不満などをヒアリングする。そのうえでこれを持ち寄って情報システム委員会で話し合い，調整する。

　28ページの経営戦略委員会同様に，委員は現在の職務を持ったままであるが，経営戦略委員会のように「経営戦略を提案したら解散」というテンポラリーな組織ではない。ITベンダー選定後も，引き続き委員会は定期的に開催される。これ以上の詳細は内部組織の項で述べる。

② 提案要求書を作る

　委員会で挙がったニーズについて経営者，情報システム部に優先順位づけさせる。
　これが終わればITベンダーへ提案書を求める。そのために情報システム部がコンサルタント指導の下，提案要求書（Request For Proposal：RFP）というドキュメントを作る。RFPにはどんなIT，情報システムにするかは一切書かず（これをITベンダーに提案してもらう），IT導入の目的，それによって達成すべき目標，ニーズの優先順位と予算を書く。ここで大切なことは予算額を必ず提示し，その範囲でベストな提案を要求することである。そうすれば金額と提案内容を同時に審査しなくて済む。

③ 提案ITベンダーの選定

　次に提案書を求めるITベンダーの選定である。従来からハードウェア，ソフトウェアなどを買っている企業を含めても構わないが，すべての機能を一括して提供できるITベンダー（235ページで述べたシステムインテグレーター）を3〜5社程度見つける。インターネットなどを使って調べれば数多くのシステムインテグレーターが見つかる。そこからの絞り込みは，そのITベンダーを利用している他企業に「そのベンダーがどんなサービスを提供しているか。そのレベルは…」といった"評判"を聞くのがベストである（少し賢いITベンダーは，このためにどんな顧客へ，どんなサービスしているかをWebサイトなどで公表している）。ITベンダーの業界については次項で解説する。

④ 提案書のプレゼンテーション

　3〜5社のITベンダーにRFPを元に提案書を作成させ，その内容をトップまたは「トップからITに関してすべての権限委譲を受けたCIO」（244ページ参照）にプレゼンテーションさせる。そして彼が納得いくまでその説明を求める。トップ，CIOに「内容が難しい」といってコンサルタントに任せるようなことはさせない。パートナーを選ぶのはその投資責任をとるトップ，CIOの使命である。自らの権限で，自らの責任で，ITへの投資を意思決定するための情報をここから入手する。

⑤ ITベンダー審査

　ITベンダーの審査項目はケースバイケースであるが，一般的には提案力（自らのニーズをこの提案は解決してくれるか），担当SE[*5]の能力（信頼できるか，わかりやすく説明してくれたか，クライアントの言葉が通じたか…），サポート力

(SE以外の体制，保守，ヘルプデスクなど），パートナーとしての魅力度（自社のビジネスとの関連など），および金額（総額は予算として概算提示しているが見積条件，課金体系など）程度の項目とする。

審査項目が確定してから下図のような審査表を作成する。

*5　システムエンジニア。システムを企画，設計，開発する人。

各欄にコメント，点数を記入

審査項目		A社	B社	C社
総合提案力				
	ニーズ理解度			
	サービスレベル			
	サービス価値			
担当SE能力				
	ITレベル，信頼性			
	業務理解力			
	説明力			
パートナー魅力度				
	他社でのサービスレベル			
	ITサポートレベル			
	ヘルプデスク・保守・保険体制			
金額				
	イニシャル			
	ランニング			
	⋮			
総合評価				

図表6-2　ITベンダー審査表

この審査表はコンサルタントが作るのだが，あまり項目数を増やさないほうがよい。

これを使ってトップまたはCIOが情報システム部，コンサルタントの意見などを聞いて，5点法や10点法で採点し，「トップまたはCIOの意思」で1社に絞る。

⑥　トップ会談

選定終了後，ITベンダーの責任者（契約相手と考えてよい）とトップが面談し，パートナーシップを誓う。このイベントはトップの責任感，情報システム部の安心

感とともにITベンダーの担当SEの緊張感を高める。

⑦ 契約

その面談後，契約する。契約は基本契約と個別契約に分けて行う。基本契約はセキュリティ，システムダウン時の対応，守秘義務，著作権，発注手段，瑕疵担保責任[*6]，開発の指示・責任など全体共通項目について契約する。個別契約は各サービスについてそのレベルをSLAとして合意する。

*6 購入後のITに欠陥がある場合にITベンダー側が負うべき責任のこと。

(3) IT業界

経営者から見て，IT業界はブラックボックス性を持ったわかりづらい業界といえる。そのためコンサルタントが「IT業界に関する情報」を提供することは経営者にとって極めて有益である。この概要を以下に示す。

① IT業界の歴史

ⅰ) IT業界の誕生

IT業界（194ページでいうITマーケット）はメインフレーム（大型コンピュータ）という商品誕生とともに生まれた。したがって，大型コンピュータメーカーがその原点である。

コンピュータはそのハードウェアとともにソフトウェアが必要であり，当初はその開発を利用企業側の情報システム部などが担ってきた。そしてこれを外注するという形でソフトハウスが生まれる。

ⅱ) システム開発の時代

メインフレーム時代はソフトウェアの移植性[*7]が低かったため，しだいにこのソフトウェア開発という仕事もコンピュータメーカーごとに集約されていく。そしてハードウェア，ソフトウェアをコンピュータメーカーがセットで提供するシステム開発というビジネスへ発展する。これが235ページで述べたシステムインテグレーションである。

日本では1980年代に入って，このシステム開発が一気にピークを迎え，日本中のシステムが刷新されていく。そしてシステム開発ビジネスはバブル崩壊とともに一気に縮小する。

ⅲ) ITベンダー

システム開発終了によって，IT 利用企業の情報システム部にも人の余剰感が生まれる。そこでこの部門を情報システム子会社としてスピンアウトさせ，他社のシステム開発も請け負うという動きが活発化する。

またデータベース，ネットワーク時代への移行でビジネス領域は拡大し，ネットワーク業界などさまざまな業界とコンピュータ業界はボーダレスになっていく。この頃コンピュータ，ネットワーク，データベースなどを包括したものとして"IT"（Information Technology）という言葉が生まれ，IT を商品とする企業は IT ベンダーとよばれるようになる。

iv）ソリューションビジネス

IT ベンダーは異業種参入，ボーダレス化の流れの中で激しい価格競争の時代を迎える。そしてこれをパソコン＆サーバーというハードウェアの低価格化，ERP パッケージ*8 などのソフトウェアの低価格化が追い打ちをかける。

しだいに IT ベンダーは低価格化の限界を感じ，サービスの高付加価値化を目指す。それが現代の IT ベンダーのキーワード「ソリューションビジネス」である。システムを提供するのではなく，顧客が抱えているさまざまな課題に対し IT による解決策（これがソリューション）を提案し，その解決を支援することを本業としようとするものである。そしてソリューションを担う IT ベンダーはソリューションベンダーとよばれるようになる。

自然の流れとして，顧客へ提供する IT に関しソリューションベンダーは責任を負うようになり，SLA が一般的となり，そのサービスはアウトソーシング*9 へと進化していく。

*7　あるコンピュータで作ったソフトウェアが別のコンピュータで動くこと。
*8　パッケージソフトとはオーダーメードではなく出来合いのソフトウェアのこと。ERP（Enterprise Resource Planning）パッケージとは企業全体の仕事をサポートするパッケージソフトのこと。
*9　システムを動かすことも含め一括で請け負うこと。

② ソリューションベンダーの類型

IT をブラックボックス化して一括して任せるにはソリューションベンダーが最適といえる。というよりもソリューションベンダーはこの"ニーズ"によって生まれた業態である。彼らは次のように分類される。

i）コンピュータメーカーグループ

従来のコンピュータビジネス，システム開発ビジネスを支配してきたコンピュータメーカーを中心とする企業グループである。数百社単位でグループを作り，ソフトハウス，販売会社，データセンター[*10]，ネットワーク会社，保守サービス，さらには教育ベンダー，物流会社，部品工場…といったITに関するあらゆるタイプの企業が存在している。グループ内の各企業はシステム開発時代にコンピュータメーカーからのスピンアウトによってできたものである。

この数百社もある企業のほとんどが一気にソリューションビジネスを志向したため，場合によってはグループ内で競合し，顧客から見るとどの企業がどういう特徴を持ち，どういうことを目指しているのかわからなくなってしまった。

ここ数年はその交通整理を必死に行い，顧客の業種や規模別にチームを作っていくことで体制を整えつつある。

[*10] データの処理を行うセンターまたはそのビジネスのこと。

ⅱ）独立系ソフトハウス

ソフトウェア開発をその主力ビジネスとして誕生したもので，次の3つのタイプに分けられる。

- **下請型** 資本関係はないが，コンピュータメーカーなどから安定的な注文を受けてきたソフトハウスである。元請が顧客と接してきたため，顧客から距離がありソリューションベンダーへの変身はもっとも遅れている。ソリューションではなくパッケージソフト，セキュリティソフト，特殊なソフトウェア部品などに特化していこうとする企業も多い。

- **元計算センター型** 高価格のメインフレームを共同利用するコンピュータセンターとして誕生し，ソフトウェア開発の需要増大でそれがビジネスの中核となったもの。今は原点に帰るべく，ソリューションをさらに一歩踏み込んだ「アウトソーシング型のデータセンター」への変身を図っている企業が多い。

- **パッケージ型** パッケージソフトの開発・販売を行ってきた企業である。企業向けのパッケージが統合してERPとなっていく中で，この価格競争を避けるべくソリューションベンダーを志向している企業も多い。

ⅲ）異業種参入型

次のようなものが代表的である。

- **スピンアウト型** 先ほど述べた大企業の情報システム部がスピンアウトしてでき

たITベンダーであり，社名の頭に親企業の名前が入っている。親企業のITだけでなく，グループ企業，取引先企業などのソリューションにもチャレンジしている。この中でも金融業界からのスピンアウト組は「××研究所」という社名にすることが多く，ソリューションビジネスだけでなく，ITコンサルティングさらにはその他のテーマコンサルティングも手がけている。

● **ネットワーク会社** ネットワークキャリア（自社でネットワークを持っている），ネットワークベンダー（ネットワークに付加価値をつけて提供）もソリューションビジネスを志向している。システム開発ではなく，ネットワークをベースとしてITをインテグレートするよう提案している。
● **ITメーカー** IT機器などのメーカーがソリューションベンダーを志向していくことも多い。たとえば，プリンターメーカーがプリンターをベースとしてオフィスソリューションを行うというものである。マーケットの先端にいるメーカーの販売子会社がこれを担当することが多い。
● **コンサルティングファーム** ITコンサルティングやその他のテーマコンサルティングをやってきた企業が事業拡大のために，ITそのものの提供を含めてサービスしようとするものである。

3—2 IT内部組織

ITの内部組織のコンサルティングテーマは「IT責任者」と「IT組織構造」の2つである。

（1） IT責任者

IT責任者としてCIOというポストを作るようにコンサルティングする。

CIO（Chief Information Officer）とはアメリカで生まれた執行役員の発想から来ている。アメリカにおける"上場大企業"の代表的コーポレートガバナンスにおいては，まず株主（stock-holders）が各々の利益代表者として複数の取締役（directors）を選ぶ。取締役は日本でいう監査役的な立場で，株主に代わって経営をチェックする。次に取締役は実際に経営を遂行するメンバーとして，執行役員（executive officers）を選ぶ。そのうえでこの執行役員のリーダーとして，CEO（Chief Executive Officer）を選ぶ。CEOは取締役の監視下で「経営に関する意思決定の

最高責任者」となる（実際は取締役のリーダーである"会長"とCEOを兼ねることが多い）。つまり本書でいうトップである。

しかし，CEOはすべての経営要素について適切な意思決定を下せるとは限らない。そこでCEOはオペレーションが苦手ならCOO（Chief Operation Officer），ITが苦手ならCIOへ，財務が苦手ならCFO（Chief Financial Officer）へと，権限委譲を行う。

執行役員制をとっていない企業においては，CIOというのもおかしな話だが，IT組織コンサルティングでは"CIO的発想"を使い，トップがIT責任者へITに関する権限を委譲すると考える。（本書ではこの委譲された人をCIOと表現する。）

トップは企業内でIT，情報システムについての計画を作ることができ，従業員をリードし実行させられる人をCIOに選び（自分自身の手でそのIT計画を実行する必要はない），自らの責任の下に彼が作る「計画」に対して意思決定し，自らもその計画のもたらす結果に責任を負うというスタンスをとる。

（2） IT組織構造
① IT組織の課題

企業へITが導入された当初は経理事務，伝票作成などいわゆるオペレーションがその対象であり，手作業からの移行という面で多少の混乱はあっても，比較的スムーズにIT化は進んでいく。

このオペレーションのIT化が済むと，オペレーションで発生したデータをマネジメントなど別の仕事に使う「情報システムの時代」を迎える。この際次のような3つの問題が発生する。

ⅰ）リテラシーの低い人が複雑なデータ分析をする

企業の上位に行くほど，マネジメントという「毎日違う非定型な仕事」をするため，マクロな時系列データを，非定型に加工して使う必要がある。したがって，このマネジメントという仕事には，コンピュータと会話してデータを自分の手で自由に加工するというITリテラシーが求められる。

一方，企業の上位に行くほど年齢が上がっていくのが普通である。そして年齢が高くなるにつれて，リテラシーがどんどん低くなっていくのも事実である。時代がどんなに進んでも，ITがどんなに進化してもこれは変わらない。

つまりリテラシーの低い上位層ほど，難しいITを操作して，非定型で複雑なデータ分析をしなくてはならないことになる。「リテラシーの低い人を対象に操作教育をすればよい」と思うが，教育してもなかなかリテラシーは上がらない。

ⅱ）下位層が非定型処理

企業の下位に行くほど，ミクロなデータをいつも同じ形で，リアルタイムに処理していく。ここでのテーマは処理のスピードである。ところがこの層は年齢が若く，リテラシーの高い人が多くいるため，非定型な分析ツールで自分流に工夫をして仕事をしようとする。エクセルなどは典型的な非定型ツールだが，これを使うことで自分のエクセル，君のエクセル…ができて，エクセルファイル同士の不整合が生じ，混乱を招き，データの共有化が難しくなっていく。

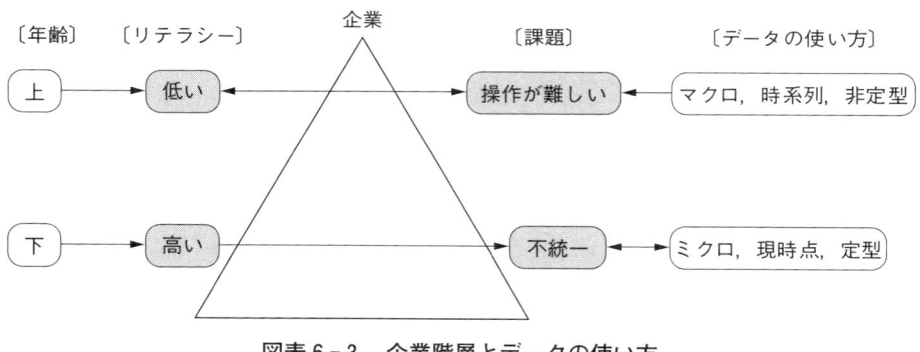

図表6-3　企業階層とデータの使い方

ⅲ）データが共有できない

データがうまく共有できない理由はもう1つある。

「共有」というステージでは，データを「入れる人」と「使う人」は別の人である（これが「共有する」という姿）。「入れる人」は「手元にあるデータ」を共有データベースに入れても，自分の仕事には何の幸せもない。一方，「使う人」は「入れる人」がデータを入れてくれれば，自分が入れる手間なくしてデータを使うことができ，ハッピーである。このとき経営者が何の手も打たず，「入れれば皆が幸せになるんだから，きっと入れてくれる」と期待しても，データは共有データベースに入らない。

全国に営業所を展開している機械販売会社が，顧客への提案書や営業プロセスを

全国で共有するというシステムで考えてみよう。この営業共有データベースを作るのは簡単である。市販のデータベースシステムなどを使って，提案書や営業ドキュメントにさまざまなキーを付けて，データベース化すればOKである。しかし，すばらしい提案書を作ることができるトップセールス（先ほどの「入れる人」）からすると，この共有データベースには魅力がない。自分が作ったものより"良い提案書"がここには入っていないことを知っているからである（もちろん自分が入れた提案書を見ても何の幸せもない）。もっともデータを入れてほしいトップセールスが受けるメリットがもっとも小さい。これではこのトップセールスの結論は「入れても仕方がない」である。

これをコントロールするのがITマネジメントである。経営者がコストをかけてでも「共有する」と決めたら，トップセールスは企業の一員として入れる義務を持ち，仕事として他人が見てもわかるように（メンテナンス履歴，営業経緯…）入れなければならない。そしてその"入れ方"によって人事評価を受けるというものである。

② IT組織イメージ

これら3つの課題を同時に解決するIT組織として，情報システム部，情報システム委員会を考える。

238ページで述べたように，情報システム委員会の委員は通常のチームのメンバーから，そのチームの仕事がある程度わかり，ITに興味があって，リテラシーの高い人を，現在のポジションはそのままにして指名する。情報システム委員は従来のチームで通常の仕事をやりながら，そのチームの情報システムの問題点，ニーズをまとめ，そのニーズの解決具合で人事評価を受ける。

併せて各委員はチーム内の他のメンバー，特に上位層のリテラシーを補うヘルプデスクの役割を果たす。だからこの委員はITリテラシーの高い人である必要がある。どうしてもチームにいなければ，情報システム部員を逆にマトリクス的に（情報システム部員と兼務して）現場へ配置する。

この委員会も通常の組織のようにリーダー・プレイヤーの関係を持ち，委員のリーダーには情報システム部員がやはり兼務でなる。リーダーは各委員が挙げるニーズをとりまとめ，併せて各委員の行うヘルプサービスという仕事のマネジメント（その仕事の計画立案，指揮・命令，コーチ…）を行う。さらにこのリーダーは，

経営者など末端のチームに属さない人のヘルプデスク機能を担う。

また情報システム部員（情報システム委員会のリーダー）は各委員を通して組織の下位層に対し，「表はこう作る」「ファイルはこう付ける」とコントロールしたり，共有データベースの入力コントロール，使用状況チェック，セキュリティコントロールなどをしてITマネジメントの企画者，実施者として機能する。

委員長はCIOが兼務する。

IT組織における各セクションの役割を整理すると次のようになる。

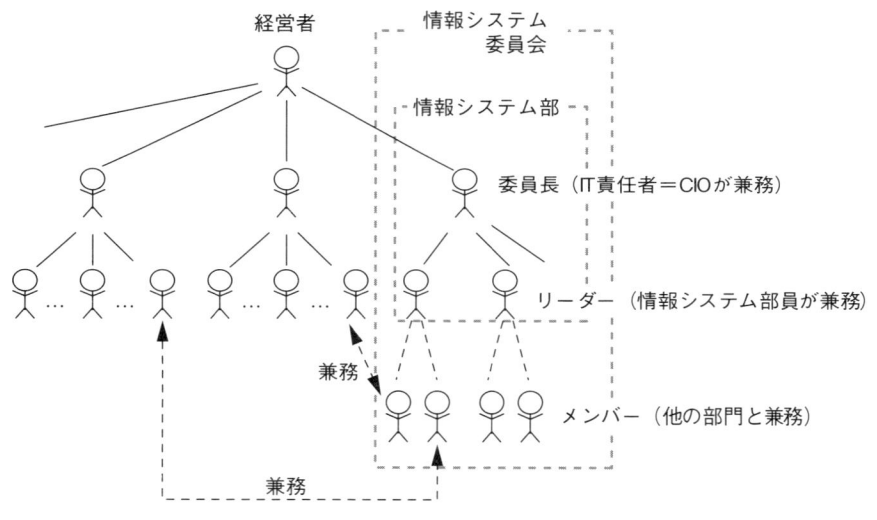

図表6-4　情報システム委員会

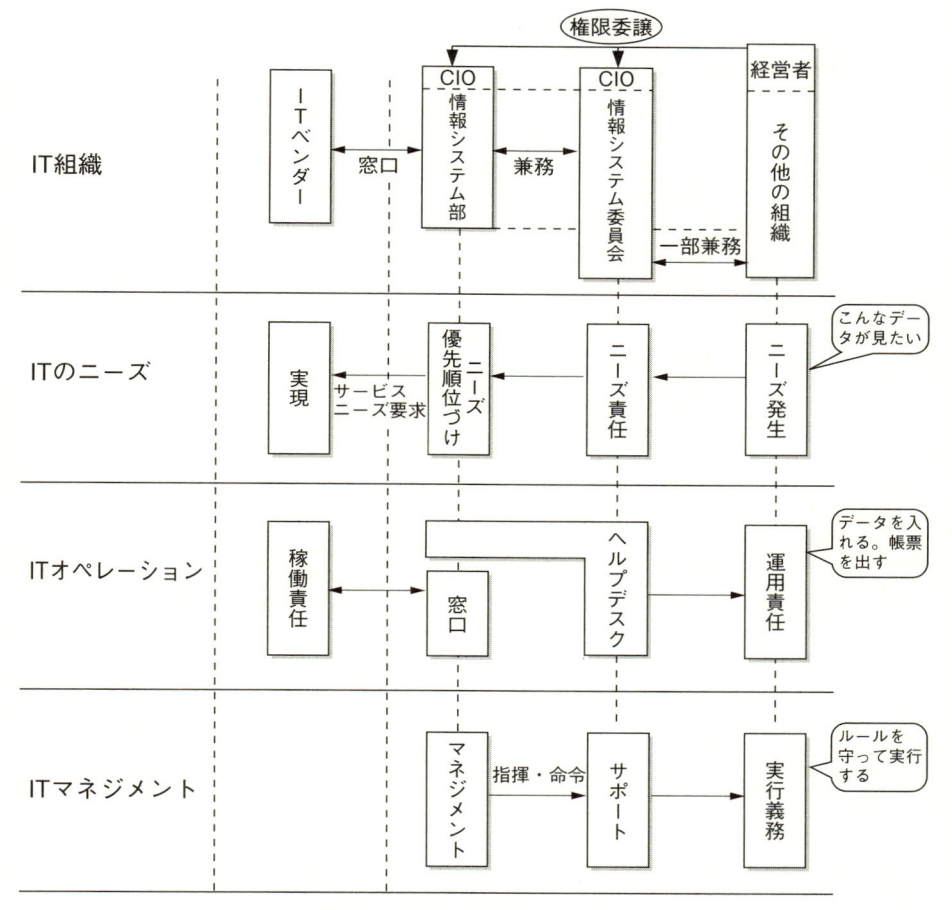

図表6-5　IT組織のイメージ

4 IT利用コンサルティング

　ITの利用に関するコンサルティングは，各テーマコンサルティングの一部として行うことが原則である。多くの場合，テーマコンサルティングの結果として必要となった仕組みを，ITで実現するというものである。
　ここでは現代のIT利用のトレンドであり，IT利用コンサルティングの"基本"となるものとして，予測システムと顧客データベース志向という2つのコンサルティングテーマについて説明する。

4−1　予測システム

（1）　予測システムの構造

ITを使った予測システムとは下図のようなイメージである。

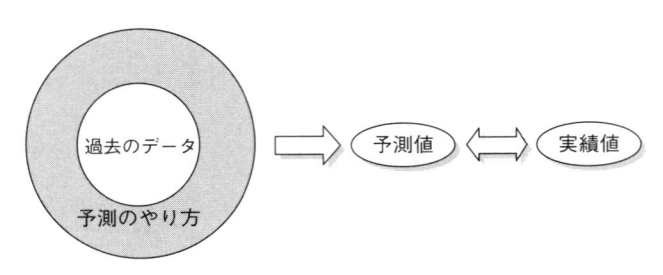

図表 6-6　予測システムの構造

ITによる予測システムは，「過去のデータ」をベースとして「予測のやり方」を使って「予測値」を出し，しばらくして「実績値」が出るというものである。そしてこれが繰り返し行われていく（1回しか予測をしないなら，IT化する必要はない）。

ITで予測を「やらない」「やりたくない」，あるいは「できない」と思っているクライアントは，予測値と実績値が一致しない（予測がはずれる）ことを「やる前に」恐れている。

しかし，もしやってみて「予測値≠実績値」だったら何が悪いのだろうか？　過去のデータが悪いわけはない。もちろん「そのやり方が悪い」ので「当たらない」といえる。ではどうしたらよいのだろうか。これには1つしか答えがない。実績値がわかった今になってみれば，どうすれば「予測値＝実績値」になったのかを考えることである。つまり結果が出てから，「予測のやり方」を変えて，「当たる」ようにする。そしてこの新しいやり方を使って，次の局面で予測してみて…ということを繰り返していくことである。

たとえば毎月の売上を予測しているとしよう。1ヵ月目に「予測のやり方1」で予測し，予測値1が出た。そしてまもなく実績値1が出た。もちろん予測値1≠実績値1なので，予測値1＝実績値1（あるいはもっとも近くなるようにする）という「予測のやり方2」に修正する。2ヵ月目に「予測のやり方2」で予測値2を出し，実績値2が出る。もちろん予測値2≠実績値2である。そこで予測値1＝実績

値1，予測値2＝実績値2となるような"やり方"を考えたいが，なかなかうまくいかない。次善の手は「予測値1－実績値1」，「予測値2－実績値2」の和が小さくなるように予測のやり方を考えることだ。つまり予測の誤差を最小にするやり方である。そして3ヵ月目，4ヵ月目とこの誤差をどんどん出し，その和が小さくなるようにやり方を変える…とやっていけば少しずつ「当たる」ようになっていくのがわかると思う。これが回帰分析とよばれるもので，「予測のやり方」の代表選手である。

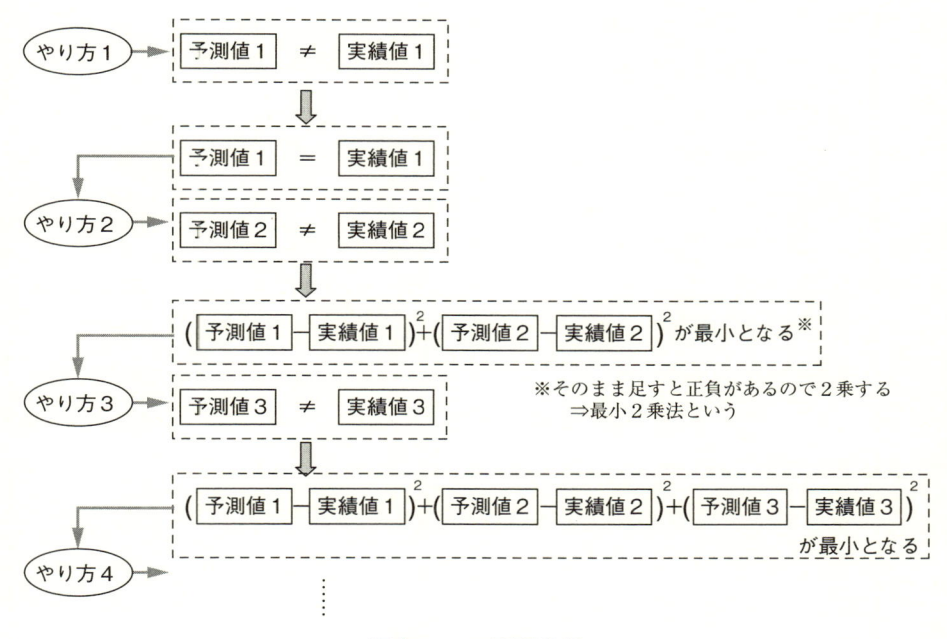

```
やり方1 → [予測値1] ≠ [実績値1]
              ↓
やり方2 → [予測値1] = [実績値1]
         [予測値2] ≠ [実績値2]
              ↓
やり方3 → (予測値1 − 実績値1)² + (予測値2 − 実績値2)² が最小となる※
         [予測値3] ≠ [実績値3]
              ※そのまま足すと正負があるので2乗する
               ⇒最小2乗法という
              ↓
やり方4 → (予測値1 − 実績値1)² + (予測値2 − 実績値2)² + (予測値3 − 実績値3)²
              が最小となる
              ⋮
```

図表6-7　回帰分析

（2）　予測の考え方

この予測システムについて，コンサルタントはクライアントへ次のような説明を行う。

①　「やる」という意思決定

予測はやらなければ当たらない。そして「当たり方」は「予測をやった量」で決まる。図表6-7を見ればわかるとおり，図表6-6の予測システムの「過去のデータ」は「過去の実績値」だけではなく，「過去の予測値」を必要とする。この「過

去の予測値」の量がその企業の予測力となる。

　コンサルタントの仕事は，個々の予測のやり方を教えることよりも（情報システム部やITベンダーが考えればよい），経営者にこの予測システムのパラダイムを理解させ，「予測をITでやる」と意思決定させることにある。

② 予測とマネジメントシステム

　この予測という構造は，57ページの「マネジメントサイクル＝PDCA」と同じである。予測のやり方を考え（PLAN），やってみて（DO），実績との"違い"を見つけて（CHECK），やり方を変える（ACTION）。

　したがって，すべてのマネジメントに予測システムは適用できる。

③ 予測と予想

　"やり方"を臨機応変に人間のカンで変えたり，やり方をブラックボックスにして，何とか当たるように，人間が直接「未来値」を出すものは，予測ではなく，予想という（競馬の予想のようなもの）。

　予測は"やり方"を周りの人に説明できるが，予想はできない。予測は"やり方"を議論するが，予想は「なぜ当たらなかったのか」という結果を議論する（というよりも「当たらなかった」のは誰の責任かを指摘しあったり，責任の押し付け合いをする）。現在のITでは予測の"やり方"はプログラム化（"やり方"をITに教える）できるが，予想の"やり方"はプログラム化できない。予測はエクセルなどの表計算ソフトを使えば誰でもできるが，予想は経験とカン（あわせて「はずれても構わん」という度胸）を必要とする。

　人間は予想が得意で，ITは予測が得意である。もちろん経験，カン，度胸も大切な経営要素だが，予測を使わない手はない。

　ITの予測値に，予想という人間の得意技を生かすように指導するのがITコンサルティングの基本である。

4－2　顧客データベース志向

(1)　従来の情報システムの問題点

　クライアントの情報システムは，次のような2つの特徴を持っていることが多い。
・「仕事の合理化」をベースとしており，「仕事の結果生まれるデータ」を他の仕事にも生かすというパラダイムとなっている。

・データ活用のキーは組織（部，課…），商品であり，この単位にデータが集計される。

ITコンサルティングでは合理化よりもデータ活用を前面に出す。そのうえでデータ活用のキーを顧客へと持っていく。つまりITを顧客データベース志向とすることをコンサルティングの基本とする。

ここでは「顧客の顔が見える企業」（商品を直販しているなどして，自社の商品を誰が買っているかがわかる）と「顧客の顔が見えない企業」（流通などを通して販売するなどして，直接誰が買っているかがわからない）に分けて考える。

（2） 顧客の顔が見える企業

ここではコンサルタントがクライアントの情報システム部などに対して，以下のようにデータベース化するようコンサルティングする。

① 顧客データの整理

自社で持っているマーケティングデータを，データベースソフトを使うなどして顧客単位に整理する。顧客データベースの項目は大きく，「顧客属性」「購買履歴」「マーケティング履歴」の3つに分けて考える。

さらに顧客属性はID[*1]とセグメントキー[*2]に分ける。顧客が個人であるときはもちろん個人情報保護法に則って収集したデータのみを使う。つまり顧客にマーケティングに使うことを合意してもらったデータだけを使う。

購買履歴は「この顧客がいつ何を買ったか」というデータ，マーケティング履歴は「過去この顧客にどんなマーケティングをし（ダイレクトメールを打った，セールスが訪問した…），それに対して顧客はどういう反応をしたのか（メールに返信があった…）」というデータである。

[*1] 氏名，電話番号，メールアドレスなど顧客を識別するデータ。
[*2] 顧客を分類するためのデータ。個人であれば年齢，職業，ライフスタイル…。法人であれば業種，従業員数，売上，所在地…。

② 貢献度を考える

ここでは「誰が自社の大事な顧客か」ということが原点であり，その"大事さ"を貢献度という数字で表す。貢献度は企業によって異なるが，一定期間内の売上，粗利がその代表であり，データベースの購買履歴から顧客ごとに計算する。この貢

献度を使って下図のような3つのタイプの顧客に分類していく。

- ロイヤルカスタマー ⇒ 当社にとってもっとも大事な顧客
- ロイヤルカスタマー予備軍 ⇒ ロイヤルカスタマーになる可能性あり
- ゲスト ⇒ ロイヤルカスタマーになる可能性なし

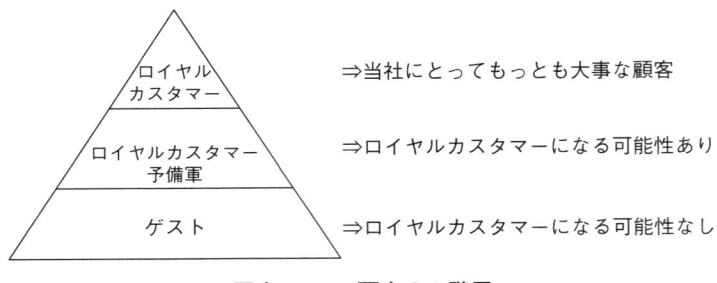

図表6-8　顧客の3階層

③　顧客の分類

各顧客の貢献度を用いて先ほどの3つに分類するのであるが，ここでは一般にABC分析[*3]が用いられる。

顧客を貢献度（たとえば前期の売上高）の高い順にソートし，縦軸を累積売上高，横軸を各顧客として，そこにNo.1の顧客の売上をプロットし，さらにNo.1とNo.2の売上を足してプロットし…という形で下図のような累積グラフを書いていく。

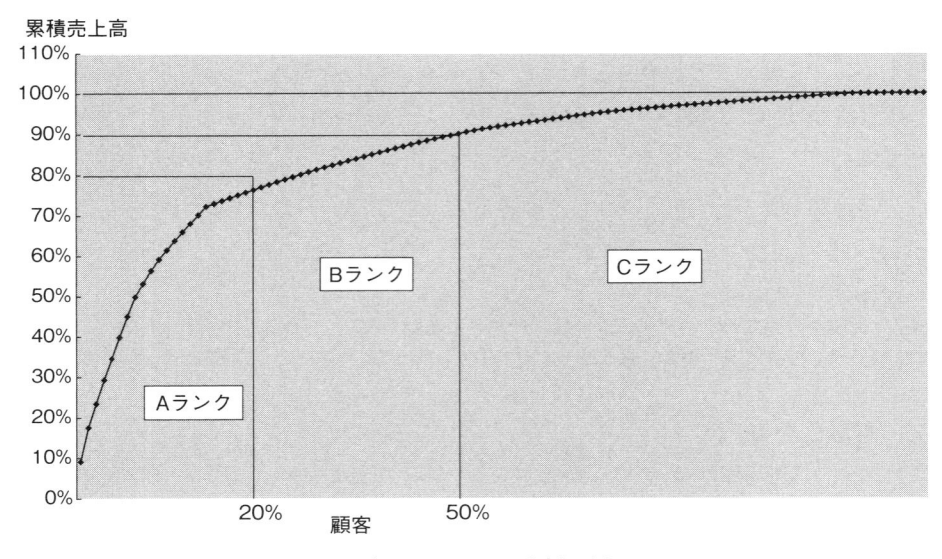

図表6-9　ABC分析の例

このグラフには20対80の法則がよく表れてくる（もちろん表れないこともある）。上位20％くらいの顧客が売上全体の80％くらいを占めるというものだ。さらに顧客を全体の50％まで持っていくと売上全体の90％にまで達することが多い。このような基準で顧客をAランク，Bランク，Cランクにざっと分ける。

顧客数が少ないときはこのA, B, Cが「ロイヤルカスタマー」「予備軍」「ゲスト」という形で進めていってもよいのだが，顧客数が多いときはこれではやや人間の持つ直感とは異なることが多い。顧客数が多い企業で，ロイヤルカスタマーとして人間の感覚と合うのは全体の5％（20人に1人くらい），予備軍は70％（一般客という感じ）くらいである。

この場合はAランクの顧客だけでもう一度ABC分析を行う。そうするとAランクの顧客にも20対80の法則が見え，そのうちの20％（AA，全体の4％くらい）でAランクの80％（全体の64％くらい）の売上となる。このAAランクが人間の感じるロイヤルカスタマーに近い。さらにCランクでもう一度ABC分析を行い，ここでCランクとなった顧客（CC，全体の25％）をゲストと定義する。これでロイヤルカスタマー予備軍はざっと70％くらいとなる（正確にいうと「なることが結構ある」）。

*3　あるものをA, B, Cというランクに分けて考えること。

④　ロイヤルカスタマー像を作る

こうして分けられたロイヤルカスタマーのデータ（顧客属性，購買履歴，マーケティング履歴）を用いて，その像を作っていく。つまりロイヤルカスタマーとそれ以外の顧客の「違い」を見つけていくことである。これには以下の2つのアプローチがある。

・顧客データベースを使ってロイヤルカスタマーの像を統計的に分析する。
・人間がデータや実際の販売現場を見て，ロイヤルカスタマーの像を仮説として考え，それを顧客データベースで検証する。

コンサルティングにおいては後者のアプローチが有効である。確かに前者は判別分析，因子分析などの手法を使って像が「きれいに」出てくることも多い。しかしこういった「美しく，素人には理解できない難しい手法」を使うと，クライアントから見るとプロセスがブラックボックスとなり，像の直感性が落ちる（本当にこれが「ロイヤルカスタマーの像なの？　どうして？」）。そのため「像が見えても戦略

が立案できない」(そのロイヤルカスタマーにどうアプローチしてよいかわからない) となってしまう。

　後者はクライアントのマーケティング部門とコンサルタントが，データを見て一生懸命考えていくことである。たとえば「30代の独身女性が当社商品のロイヤルカスタマーの像ではないか」と考えれば，30代の独身女性とそれ以外の顧客の売上平均値を比較する。さらに30代の独身女性をロイヤルカスタマーとそれ以外の顧客に分け，他の属性（勤務先，ライフスタイル，住宅…）を比較することでロイヤルカスタマーの像をより細かくとらえていく。そしてロイヤルカスタマーのデータから30代の独身女性のデータを取り除いて，その残りのデータから第2のロイヤルカスタマー像を見つける。たとえば女子大生，30代の共働き女性…といったことである。

　ロイヤルカスタマーの像が見えたら，この人たちにVIPサービスを提供する（これをCRM[*4]という）とともに，予備軍の中からロイヤルカスタマーと同じ属性を持っている顧客を見つける。そしてその人に何とかロイヤルカスタマーになってもらえるようなサービス（インターネットを使ってクーポン券を配布，イベントの開催…）を考える。

*4　Customer Relationship Management：顧客との良好な関係を維持していこうとする考え。

(3)　顧客の顔が見えない企業

　これは消費財メーカーが流通を通して販売している場合などに見られる。最終消費者が自らの商品を買うシーン，使うシーンを，メーカーが直接的には見ることができないものである。

　このとき用いられるのがエリアマーケティングという手法である。これは自社の最終顧客をエリア（地域）ごとに区切って考えるものだ。これについては次のような説明を行う。

> **エリアマーケティングの説明**
>
> 　エリアマーケティングの原点は，この細分化されたエリアごとに生まれる「商品・サービスへの顧客全体の需要」（これをパイという）である。パイの単位は金額（円）でなく，個数，台数，容量などの「量」である。このパイを次図のように考える。

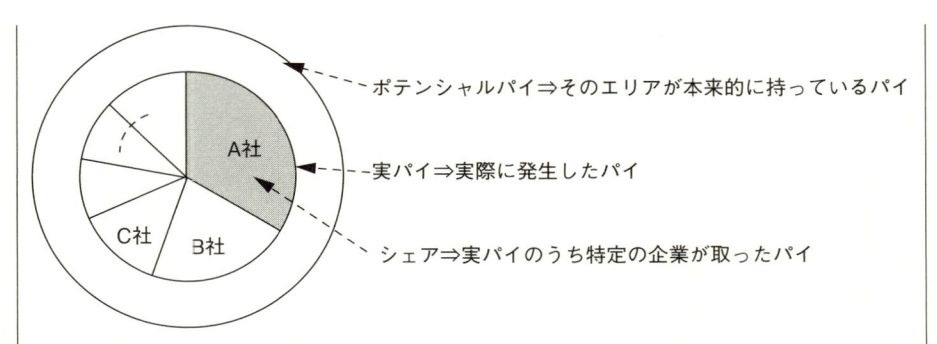

図表6-10　エリアマーケティングのパイ

ビールでいえばポテンシャルパイとは，そのエリアで，ある期間に（1日，1ヵ月，1年など）ビールを飲みたいと思っている人たちが求めている総量である。しかしビールを飲みたいからといって必ずしも飲むわけではない。家にいてビールがない，酒屋が近くにない，価格が高いから飲まない…といったことである。

実パイとはポテンシャルパイのうち，その期間中に実際にビールを飲んだ量のことである。この実パイをマーケットにいる売り手（各ビールメーカー）がシェア（「山分けする」という意味）する。

これをクライアントに理解してもらったうえで，次のようにコンサルティングを進めていく。

① データのエリア化

自社が持っているマーケティング，会計などのデータを，データベースソフトを使うなどしてエリア単位に分ける。エリアにうまく分けられないデータは，各エリアのポテンシャルパイの大きさで按分する。

② ポテンシャルパイの推定

エリアごとのポテンシャルパイを，エリアの属性データ（人口，企業数，面積など主にそのエリアの"大きさ"を表すもの）を使って推定する。

たとえばビールでいえば，「完全に商品が浸透してしまっているエリア」の販売量（ポテンシャルパイ＝実パイのエリア。コンビニや自販機があって，ビールが欲しいときにいつでも手に入る地域で「売れているビールの量」）を，そのエリアの大きさ（たとえば成人人口）で割る。これで成人1人が飲むビールの量（これをユ

ニットパイという）が出る。残りの各エリアは成人人口を調べ，ユニットパイを掛ければエリアのポテンシャルパイを出すことができる。もちろんこのパラメータを成人人口以外にも増やしていくこともできるが，あまり複雑に予測しても「労多くして功少なし」である。

この地域ごとの属性データ（年齢別人口，世帯数…）やユニットパイなどはインターネットから手に入るものも多い（特に人口，世帯数などはかなり細かいものがエクセルデータとして入手できる）。何もなければ自社データなどから推定するしかない。

③ 実パイの調査，推定

各エリアの実パイ（自社と類似の商品を扱っているライバル企業を含めたそのエリアでの総売上）を調査する。コンサルタントは202ページのニーズ調査同様に，この調査も専門の調査会社に頼むべきではない。クライアントが手に入れられる資料（業界団体の資料，インターネット，自社データ，セールスマンの目…）を使って，コンサルタントとクライアントが何とか推定するほうが，費用対効果は圧倒的に高いし，使い勝手のよいデータ（どうやって算出したのかがわかっている）となる。ここで大切なことは，「正確に調査すること」よりも「実パイをエリアごとに大体押さえること」である。

④ 顕在率の算出

「実パイ／ポテンシャルパイ」で顕在率をエリアごとに出す。

⑤ 戦略立案

ここまでのポテンシャルパイ，実パイ，シェア，顕在率をすべてエリアデータベースに登録する。このエリアデータベースをもとに，エリアごとにマーケティング戦略を立てていく。

ここから先はそれぞれの企業によって異なるのだが，多くの企業では最後に出した顕在率をベースとして，エリア戦略を作っていく。おおまかにいえば次のようなイメージである。

- **顕在率の高いエリア**　このタイプのエリアはシェアに着目する。エリアの実パイに占める当該商品売上の割合である。この個別エリアシェアと全社のトータルシェア（平均シェアといってもよい）を比較する。

    「エリアシェア＜トータルシェア」のエリアは，「もっと売れていいはずのエリ

ア」となり,商品認知などのプロモーションを行う。

「エリアシェア＞トータルシェア」のときはポテンシャルパイの拡大を考える。ビールでいえば「飲みたい」と思うニーズを刺激することである。たとえばビールが「油っこい料理に合う」というイメージを払拭して,「和食にビール」といった提案をしていく。

- **顕在率の低いエリア**　ここが重点エリアとなる。そのエリアのポテンシャルパイが,実パイとして現れない理由（たとえば商品が認知されていない,買う店がない）を自社セールスマンを使って調査し,その理由を排除するためのマーケティング（商品認知のプロモーション,チャネル開拓）を展開していく。

第7章
アライアンスコンサルティング

これまで述べてきたように，現代の多くの企業の戦略ベクトルは，「ライバルとの競争」や「取引先との交渉」（228ページのゼロサムゲーム的要素を持つ）から「利益をもたらしてくれる顧客」へと向かっている。その中でライバル企業や取引先とは戦ったり，価格交渉したりするよりも，手を組むことを考え始める。これがアライアンスである。特に成長の止まった「成熟業界」において顕著に見られる傾向である。金融業界，小売業界，エレクトロニクス業界，自動車業界，薬品業界など挙げればきりがない。

　アライアンスにおいては各企業から中立な"第三者"を必要とする。そのためアライアンスコンサルティングはコンサルタントにとって花形商品といえる。

　本章ではこのアライアンスコンサルティングについて，アライアンスの課題とその解消，アライアンスモデルとそのコンサルティングの進め方，そして最後にまとめとしてアライアンスコンサルティングのポイントという順で述べていく。

1 アライアンスの課題

　アライアンスを考えたクライアントが解消すべき課題は次の5点である。
① 独立性

　アライアンス（alliance）とは，そもそも国家同士が戦争など共通の目的を達成するために結ぶ同盟をその語源としている。企業経営におけるアライアンスの最大の特徴は，A社とB社（むろん3社以上のこともある）が独立しているということである。

　アライアンスの第1の課題はここにある。同盟を結んだA社とB社の意思決定基準は何で，最終意思決定者は誰かということである。

　A社とB社の独立性をキープしたまま，新しい意思決定ルール（××ページの秩序といってもよい）を作らねばならない。
② 目的

　A社とB社がアライアンスを組むには必ず共通の目的がある。この目的は共通の顧客であったり，新製品を作るためであったりとさまざまである。

　独立した企業に共通の目的があれば当然のことではあるが「共通ではない個別企業としての目的」が存在する。しかもこれが共通の目的とはトレードオフの関係に

なっていることも多い。

この共通以外の目的とのコンフリクトを，どのように解消していくかが第2の課題である。

③ 時間的継続性

アライアンスはある特定の目標を達成したら終わりというものではなく，時間的継続性を持つものをいう。たとえば「ある特定の製品を共同開発したら解消する」というのはアライアンスではなく，コラボレーション，協働などと表現される。

アライアンスとは特定の目的のために継続的な同盟を結ぶものであり，共通部分を組織面で考えると，共同プロジェクトチームや委員会的なものではなく，ある程度固定的な組織を要求するものである。

アライアンスの第3の課題はこの時間的継続性にある。まずこれによりアライアンスする双方に"ためらい"が生まれる。相手先への信頼感，固定組織への投資不安といったものである。

次に時間的継続性といっても，M&Aとは異なり，解消が可能なことである。アライアンスの合意は両者の同意でOKである。しかし解消をどうするかはあらかじめ決めておかなくてはならない。これは同意ではなく，基本的にはどちらかが申し出れば解消となるのであろうが，いつでもその申し出が可能なのか，解消によって相手先に損失が生まれたら…といったことを考えなくてはならない。

解消のルールがはっきりしていないとアライアンスの合意は難しい。

④ 共有資源

A社とB社がアライアンスをするとき，各社が持っている経営資源（ヒト，モノ，カネ，ブランド，ノウハウ，情報…）を一部共有することになる。A社から見るとB社の経営資源の一部が利用できることになる。

一般に他社経営資源を獲得するには事業譲渡，M&A，ライセンシング（その資源の使用料を払う）などの方法がある。アライアンスにおける他社経営資源獲得は，最後のライセンシングの一種であるクロスライセンシングと考えられる。つまり他社資源の使用料を自社資源の使用料で相殺するというものである。

クロスライセンシングが成立する条件は次の2つのいずれかである。
・両者の持っている経営資源が両方揃わないとある業務を実行できない
・互いに共有する経営資源の価値が等しい

第7章 アライアンスコンサルティング

前者は相互補完性のある特許などに見られ，アライアンスというよりもクロスライセンシング契約という形で，資源共有だけが目的のことが多い。

　アライアンスにおけるクロスライセンシングの大半は後者であり，ここに第4の課題がある。経営資源の価値を誰がどうやって判断するかである。これが多くの企業がアライアンスに踏み切れない，相手に踏み切ってもらえない理由の1つとなっている。

　さらにこの共有経営資源は，時間とともに価値が変化していくことも大きな問題である。A社とB社がアライアンスして1年経ち，A社からB社の共有経営資源を見ると，もはや価値がなくなってしまっているということも多い。

　特に共有経営資源がノウハウ，情報などの場合にはそれが顕著である。B社の供与したノウハウをA社はこれを実行することで学習してしまい，A社自身のノウハウになってしまうという現象である。ここにも企業がアライアンスに踏み切れない理由がある。

⑤　益の分配

　A社とB社がアライアンスを組む本来の目的は，単独で事業を行うよりも何らかのシナジーが期待できることにある。アライアンスシナジーとしては，先ほどの共有資源以外にもたとえば次のようなものが考えられる。

・重複している機能が効率化されるとともに，互いの弱い機能を補うことができる。
・共通の顧客に対する商品ラインナップが強化され，プロモーションも効率的に行うことができ，収益が向上する。
・A社，B社がともに持っていない資源を開発するとき，その投資負担が軽減される。特に研究開発，ノウハウ，システムのようにその成果物を両者で同時に利用可能でコピー性が高いものは，アライアンスメンバーが増えるにつれ，その分担は「割り算」的に下がっていく。

　このシナジーにもアライアンスの5つ目の課題がある。それは共有で得たシナジーという益を，独立企業各々にどういう比率で分配するかということである。アライアンスが解消していく最大の理由がこれであり，「分け前でもめる」というものである。

2 ITによるアライアンス課題の解消

この5つの課題のかなりの部分をITが解消してくれる。

（1） ネットワークによる会計
① 共同出資会社

A社とB社がアライアンスを組むとき，先ほど述べたように固定的なアライアンス組織を必要とする。そのもっともノーマルなものがA社とB社による共同出資会社である。

ここではまずA社とB社の経営者（およびそのスタッフ）は，アライアンスにおけるカネ以外の共有資源（ヒト，ノウハウ，ブランド…）および共同開発する資源（新製品，情報システム…）を前もって明確にし，その価値評価（カネに換算）を共同で行う。

次にその共同会社への投資金額のバランスを決める。これは共有する経営資源の価値を考慮して，共同開発資源（共有資源，投資されたカネはここに使われる）の投資分担金額を決めることと同じである。この合意が得られれば共同出資会社の設立となる。

設立後，共有資源の1つである「ヒト」の中から，共同出資会社の経営者を，A社，B社の経営者（ともに株主として）が共同で選定する。この共同出資会社の経営者がアライアンス計画を作り，A社，B社経営者の了承を得て，権限委譲を受ける。これによってアライアンスの第1から第4までの課題を一気に解決する。

② ITによる分配

ノーマルな会社であれば，以降A社とB社は株主としてのみ存在し，投資の見返りに配当を得ていくのだが，アライアンスではまだ仕事が残っている。先ほどの第5の，そして最大の課題である"分け前の分配"である。

共同出資会社は主にA社，B社に対して何らかのサービスを提供するはずである。そしてそのサービスの対価，および外部から受けた対価により，共同会社としての業績（リターンという表現のほうがぴったり）が生まれる。一方，A社，B社にもアライアンスによるシナジーリターン（A社，B社の業績も向上する）が生まれる。

このすべてのリターン合計を出資比率をベースとした一定のルールで分配する必要がある。極めて複雑な会計処理であるが，この業績算定，分配にはネットワークを中心とするITがスピード，正確さ，そして公平さにおいて大きな力を発揮する。
　これがなかったり"いいかげん"だと，アライアンスがうまくいってリターンが大きいときほど分け前でもめてしまう。過去のアライアンスは「うまくいくまではがんばっていたが，うまくいくと"もめて"解消してしまう」という不幸な現象を示している。多くの場合，その原因はこのネットワーク会計システムの欠如である。

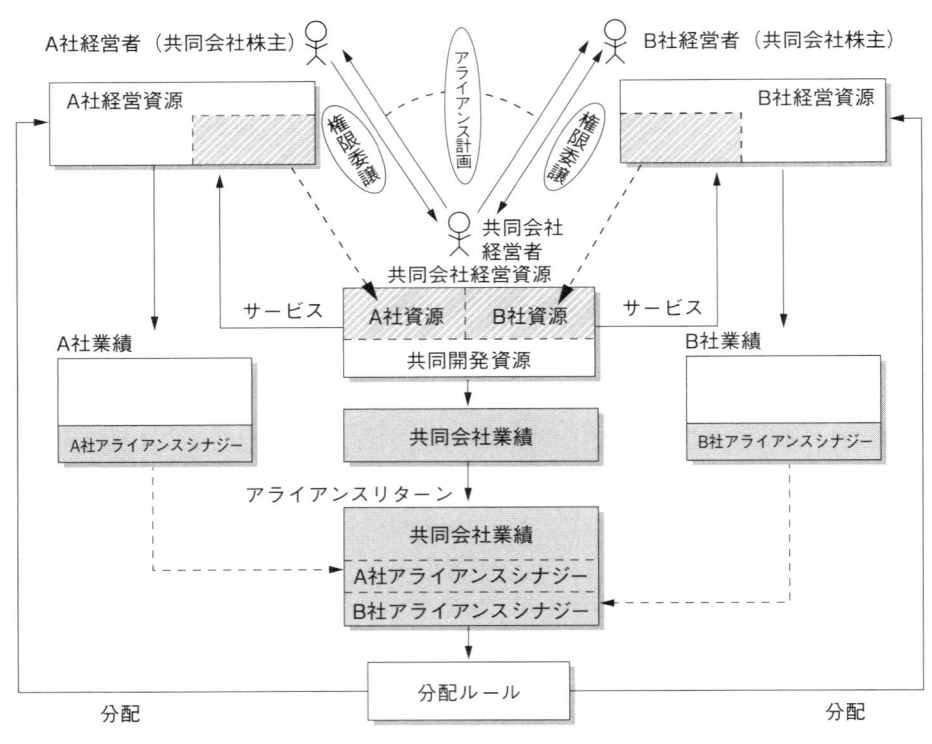

図表7-1　ネットワーク会計のイメージ

(2) インターネット

　インターネットの各要素も先ほどの課題，特に第4の共有資源についての課題を解消してくれる。
① ネットワークとしてのインターネット

アライアンスは企業が多く集まるほど，シナジーが発揮されることが多い。しかしいきなり多数の企業という形は難しく，有志が集まり，徐々にメンバーを増やしていくことが多い。

A 社と B 社がアライアンスを組むと，それぞれが持っている企業内の情報システムの一部を互いにネットワーク接続する必要があり，互いにとって最良の形で，かつなるべく安いコストで行おうと考える。A 社と B 社の情報システムの共通部分を生かして，異なっている部分を調整していくというものである。こうして A 社と B 社がつながって，C 社がここにつなげようとすると，すべてこれに合わせなくてはならない。必ずしも C 社にとって使いやすいものとは限らず，しかも A 社，B 社よりもコストがかかることになる。そのためメンバーが増えないというのが，過去のアライアンスの典型といえる業界ネットワーク（業界 VAN などとよばれた）や協同組合ネットワークの失敗である。

しかし，インターネットの現代では A 社，B 社，C 社がすべてインターネットに接続すればよく，メンバー全員がほぼ同等のコストを負担していくことになる。最初にアライアンスするときに将来のメンバーを考慮しなくても「とりあえず」ネットワーキングができる。

現在の経営者たちには"業界 VAN"や"協同組合による協業"の失敗を身をもって経験し，それがトラウマのようになっている人が多い。IT は変わり，時代は変わったことをコンサルタントは伝えていく。

② メール，掲示板

アライアンスを組んだ際，オフィス統合などができることは少なく，遠隔地の人と効率よくコミュニケーションしなくてはならない。またアライアンスでは 1 つの案件でも，意思決定の関係者は多く，コミュニケーションコスト，ロスが増大することが考えられ，アライアンスに踏み込めない理由の 1 つになっていた。

これをクリアするのがメール，ネットワーク掲示板などの非同期コミュニケーションである。これによって新しいネットワークでの意思決定ルールを作ることができる。弊社もいろいろな企業，コンサルタントとアライアンスしているが，「メールなき時代には不可能だっただろう」と思っている。

③ Web 技術

アライアンスにおいてメンバーはさまざまなものを共有，メンテナンスする必要

があり，このオーバーヘッドコストの負担や分担でアライアンスできないことも多い。共有のパンフレット，マニュアル，店舗…といったものである。これらの多くはいわゆる Web 技術で解決される。Web サイトは素人でも簡単に作成でき，自社サイトとのリンクも簡単にできる。インターネット上での共同店舗，e マーケットプレイスなどはこの典型といえる。

(3) IT 商品

ERP パッケージ，ASP[*1]，データセンターなど IT 商品も先ほどの 5 つの課題の解消をサポートする。

ERP パッケージでは同一の業種・業態は同じパッケージプログラムを使い，かつ全社のデータを 1 ヵ所で一括管理することを提案している。また一貫性があるので業種・業態の異なる企業同士のデータのやりとりもスムーズに行うことができる。これによって，アライアンスメンバーが同一（または同一の考え方）のソフトウェアを使うことでシステム開発コストがダウンするだけでなく，仕事のルールが統一され，かつデータの共有も可能となる。

アライアンスの編成時にそのための共有のソフトウェアが必要になることも多く，これをどちらがどういう形で負担するかを決められないことが多い。しかし ASP によって初期投資コストがなくなり，かつこの利用コスト分担もはっきりする。また，アライアンスメンバーが共有するデータをどこでどうやって持つかでもめることが多い。これもデータセンターという共有スペースがこれを解決する。

[*1] Application Service Provider：ソフトウェアなどをインターネット経由でレンタルサービスすることおよびサービスする事業者のこと。SaaS（Software as a Service）もほぼ同意。

3 アライアンスモデルごとのコンサルティングテーマ

アライアンスモデルは次の 3 つに分けることができる。

(1) 水平型アライアンス

水平型とは同業者によるアライアンスである。ここでは共有資源の幅が広く，深く，さまざまな面で効率化され，共通の顧客への情報提供力が高まるといったさま

ざまな点で，シナジーが極めて大きい。しかし，①で述べた５つの課題を正面から受ける可能性も大きいタイプである。

たとえば，同業の部品メーカーであるA社とB社が，アライアンスを組んで共同でeマーケットプレイス*2を作り，同業他社にも呼びかけて，そこで顧客である製品組立メーカーへ販売するというアライアンスで考えてみよう。

eマーケットプレイスは売り手と買い手の出会いの場である。買い手にとっては売り手を簡単に競争させることができ，同じものを安く手にすることができるという大きなメリットがある。

一方，A社，B社のような売り手は新たな買い手を見つけるというメリットもあるが，競争させられ，ディスカウントせざるを得なくなるというデメリットも伴うことになる。水平アライアンスにおいて同じような製品を作ったり，共同販売をしたりすると必ずといってよいほど起こる問題である。「どちらが共通の顧客に売るか」ということである。

この解決策は相互補完性の高い商品（商品が競合せず，かといってまったく違うというものでもなく，同時購買率が高い）を扱う企業同士でアライアンスするか，一定のルールを作っておいて合意するか（たとえばどちらがその顧客に売っても両社に一定のリターンがある）である。

後者の場合はむろんのこと，前者の場合でも投資負担とその回収ルールが必要となる。そう考えていくと，どうしても一定の会計単位（ルールを決めて，投資や分け前を計算する）が必要である。この解決策としては②の（1）で述べた共同出資会社を作るなどして，ネットワークによる会計を行うことである。

*2　インターネット上での市場。

（2）　垂直型アライアンス

垂直型とは常時取引をしている企業同士がアライアンスを行うものである。先ほどの例でいえば，A社が製品組立メーカーとアライアンスを結ぶということである。

垂直アライアンスはメンバーに中核となる企業がいるかいないかで，2つに分かれる。前者を中核型，後者を対等型とよぶ。

① 中核型アライアンス

中核型アライアンスのほとんどは，中核企業が大企業，その他のメンバーは中小企業というタイプである。日本では古くから大手メーカーに見られるものであり，上流の下請工場，下流の特約卸＊3，直系卸＊3をメンバーとするいわゆる「系列」である。

　この中核型では①で挙げたアライアンスの課題を，中核企業がプロフィットセンター（すべての投資を負担し，アライアンスリターンをすべて享受する），残りの中小企業はコストセンター（かかった費用はすべて中核企業に負担してもらえる。中核企業からのコストダウン，売上予算達成などの要求はあるが，基本的に経営は安定する）という形でほとんどがクリアされる。

　そしてたった1つ残るのが第3の課題の「時間的継続性」である。アライアンス解消による中核企業のダメージはほとんどないが，その他のメンバー企業はコストセンターからのいきなりの独立を求められる。ここにアライアンスコンサルティングのニーズが生まれる。

　彼らはアライアンス内でいつの間にか特定の機能しか分担しなくなっている。そのためアライアンスの解消（解体という表現のほうが合っている）は，企業存続の危機となってしまう。下請工場ではマーケティング機能（顧客を見つけること），特約卸などではマーチャンダイジング機能（品揃えを考えること）という本質的な機能欠如をもたらす。その機能を自社ですぐに作るというわけにはいかない。そこで水平型，対等型，アウトソーシング型といった新しいタイプのアライアンスを作っていくことを目指すことになる。このパートナーをクライアントとともに探すというのが，ここでのアライアンスコンサルティングの基本となる。

＊3　ともに特定メーカーの製品に限定して販売していく卸売業。

② 対等型アライアンス

　垂直型アライアンスにおける対等型というのは，売買取引などを行う同士が，対等な立場でアライアンスを組むものである。

　A社の製品をB社に売るという「取引」の世界は，228ページで述べたゼロサムゲームの要素を持っている。A社が10円値引きすると（10円の損），B社は10円得するというものである。

　この取引というゼロサムゲームから脱却して，A社とB社が「消費者の受け入れられる製品を共同で作り，互いの幸せを求めよう」として，同盟を組むと対等型

アライアンスとなる。メーカーと流通でこれを行うと，SCM（Supply Chain Management），製販同盟などとよばれる。この例で対等型アライアンスについて考えてみよう。

ここには2つの大きな課題がある。

ⅰ) 分配

たとえば消費財メーカーと取引先の卸売業，小売業がアライアンスを組む場合で考えてみよう。まずどこまでがアライアンス範囲かを決定しなくてはならない。いわゆる中間流通部分をアライアンスするとなると，概念的には次のようになる。

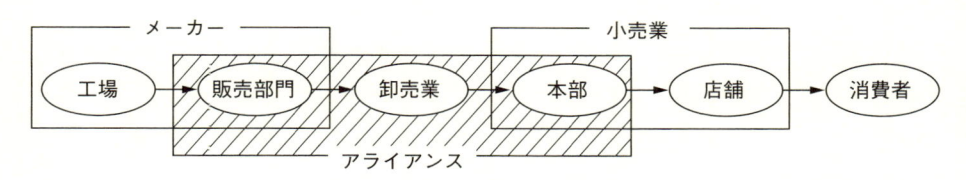

図表7-2　垂直アライアンスモデル

上図の斜線部分がアライアンス部分（共有資源）となる。ここでこの部分を共同子会社化できれば，先ほど述べたようにかなりの課題が解消される。しかし多くの場合これができない。

小売業から見るとメーカーが複数必要（大型店舗では特定メーカーの製品で店舗を埋められない）であり，メーカーごとに共同出資会社を作るわけにはいかない。そこで取引（メーカーから卸へ売る，卸から小売へ売る）を通して，リターン分配をしなくてはならなくなる。

では何をリターンするかであるが，「利益」とすると図の斜線部分を会計単位として損益計算するしかない。

この会計単位で利益を上げるには3つの方法がある。1つは売上の増大である。しかしこれは店舗の個別目的であり，上図のようにアライアンス部分ではないと考えるなら，この損益会計の対象外となる。つまり売上増大による利益の増大はすべて小売業で受け取り，アライアンスリターンにはならない。

2つ目は売上原価であるが，これも同様に，メーカーの工場原価に依存しており，このコストダウンによる利益アップはすべてメーカーが受け取るのがノーマルである。

第7章　アライアンスコンサルティング　271

こうなると3つ目の販管費のコストダウンがその本線となる。これをコストダウンするために取引コストの削減，物流効率化などを考え，そのリターンを各社の投資分担比で分配する。これをネットワーク会計で行う必要がある。

　一方，在庫削減をアライアンスのリターンと決めたら流通在庫[*4]を把握し，その圧縮のためにスピードアップ（リードタイム圧縮），需要予測などを共同で行っていく（250ページ参照）。

　このリターンも同様に分配しなくてはならないのであるが，在庫圧縮の効果を利益，キャッシュフローといった会計結果で把握し，分配していくことは極めて難しい（主なリターンは機会損失の削減と考えられる）。

　流通在庫削減は明らかにメーカー，卸売業，小売業の3者にリターンがあるのだからといって，とりあえずこのリターン分配法をうやむやにして，見切ってアライアンスしてしまうことも多い。そして仮に効果が上がっても，そのリターンのバランスの悪さ（たとえば小売の店舗だけが在庫圧縮の恩恵を受けるなど）から，アライアンスが解消してしまうことも多い。

　逆にいえば，この益の分配が第三者であるコンサルタントの出番である。何度も述べてきたように，分配は結果が出る前なら合意できるルールはある。だから分配ルールをコンサルタントが考えて，アライアンスメンバーの合意をとっていくことは必ずできるはずである。

ⅱ）売買関係

　対等型アライアンスにおいて「分配」とともに挙げられるもう1つの課題は，売り手（メーカー）と買い手（小売）という売買関係である。

　メーカーから見ると特定の小売業と手を組むことは，他の小売業と敵対関係（とまで言わなくても良好な関係を保つことは難しい）となってしまう。特に消費財メーカーが自社製品について，1つの小売チェーンだけに売るということは考えづらい（小売業のプライベートブランドとして提供することはあっても）。

　小売業から見ると，ある商品について1つのメーカーとだけ手を握ると，他のメーカーの製品は置けないことになり，他のメーカーがヒット商品を生んだとき，ライバル店舗に負けてしまう。

　対等型アライアンスではⅰ）のリターンとⅱ）のデメリットを比較して，その意

思決定をせざるを得ない。そして一度アライアンスをしたら，多少デメリットが生じても（最初からわかっていることなので），それを続行するという経営の意思が必要である。そうでなければアライアンスを組む意味，そしてアライアンスの最大のポイントである相互の信頼感は生まれない。このリターン，デメリット情報をきちんと整理していくことがコンサルタントの仕事であり，経営者がそれをベースにアライアンスの意思決定をしていく。

＊4　流通段階にある商品在庫のこと。メーカーの在庫＋卸売業の在庫＋小売業の在庫。

（3）　アウトソーシング型アライアンス

　企業は経営体として，ライン業務（本業）以外にもさまざまなスタッフ機能が必要となる。IT，人事，経理，総務…といったものである。

　一方，このスタッフ機能を本業としている企業もあり，それらの企業に委託したほうが合理的なことも多い。たとえば情報システムの開発，資金の調達，教育…といったものである。そして180ページで述べたようにライン業務であっても，ミッションからはずれたものは委託することも多くなっている。

　この委託を進めていくうちに，それが企業の業績を大きく左右するものも対象となってくる。このような委託のことを一般にアウトソーシングとよんでいる。代表的なものは，従来では資金の調達・運用を特定の銀行に委託するメインバンクであり，近年では234ページで述べたようにITがもっとも注目を集めている。

　アウトソーシングは「する側」，「受ける側」の双方の業績に影響を与えるという意味で，一種のアライアンスといえる。これを両者から見ていこう。

①　アウトソーシングする側

　238ページのITコンサルティングで述べたように，「仕事を外注するのに，より安くより良い企業を探す」という考えを捨て，「アライアンスパートナー」を見つけるという気持ちを持つことが大切である。このアライアンスによって時間的継続性，クロスライセンシング性を持ち，コストダウンだけでなく，高いシナジーを生んでいくと考える。そしてその関係が深まってくれば，両者で共同出資会社を作り，「固い契り」を誓い合うべきである。

　またアウトソーシング型アライアンスではこれを一括で行うことが原則となる。IT機能をアウトソーシングするならこれをすべて出し，「する側」には残さないこ

とである。こうしないとアライアンスの投資分担，そしてそれによるリターン分配が複雑になりすぎる。

② アウトソーシングを受ける側

「受ける側」の最大のポイントは，アウトソーシングによるアライアンスリターンを何にするかをはっきりと決め，分配ルールを決めることである。分配ではなく受ける側が料金としてもらう形を取ると，先ほどのゼロサムゲーム的要素を持ってしまう。（「受ける側」が価格を下げた分「する側」が利益となる。）アライアンスリターンを両者で分配するという原理・原則を守ることである。

4 アライアンスコンサルティングのポイント

アライアンスコンサルティングを行っていくポイントを，「①アライアンスの課題」で挙げた課題ごとに考えてみる。すでに述べてきたことと重複する面も多いが，アライアンスコンサルティングのまとめとして書いておく。

① 独立性

アライアンスにおいてはメンバーは独立であり，絶対的なリーダーはいない。むろんコンサルタントはこのリーダーになるのではなく，コーディネーターの役割を果たすことになる。そしてそのコーディネートのポイントはコンフリクトが起きてから仲裁するのではなく，コンフリクトを事前に予測し，その解決法を決めておくことである。コンフリクトは起きてしまうと，どう解決すればどちらが有利かということがわかるが，発生する前なら比較的冷静に皆が第三者として（得する立場になることもある，損する立場になることもある）の判断・合意が得られる。過去のアライアンスなどの例をよく調べ，起きうるコンフリクトを挙げておくことがコンサルタントの仕事といえる。

② 目的

これは各アライアンスメンバーにアライアンス部分と独立部分をはっきりと区別させ，できれば覚書などの書面として残していく。日本的商慣行ではファジーにしたがるが，ここをいかに緻密にやるかがコンサルタントの腕である。そしてリスクを感じたときは，法的にすっきりさせることである。つまりアライアンス部分の法人化である。本来なら持株会社を作り，経営を統合させてしまうことがもっともリ

スクヘッジとなるが，この場合誰が持株会社のトップとなるかが問題となってしまう。これまで述べてきたように共同出資会社の設立のほうがノーマルである。

③ 時間的継続性

これも日本的商慣行ではファジーにしがちであるが，これによって親・下請の解消で何が起きたかをきちんと説明し，期限は明確にすべきである。5年といった時間的制約を設けた場合，「5年後には各社に解消の権利がある」ということを意味し，途中解消にはペナルティーを決めざるを得ない。売上10億円といった目標達成型でも，やはり「いつまでに」ということを決め，このときまでに達成しなかった場合は「目標修正」「期間延長」「アライアンス方法変更」「解消」などのオプションを用意しておくべきである。

④ 共有資源

資源共有の基本はその資源をカネに換算することにある。研究者，セールスマンなど"人"を出す場合でも給与分担ではなく，その能力を何らかの形で測る必要がある。ノウハウ，ブランドなども同様である。これについては⑤とともにコンサルタントが考えていく。

⑤ 益の分配

これは先ほど述べたネットワーク会計しかない。そしてそのポイントは会計ルールの設計である。ここがまさにアライアンスメンバーから中立なコンサルタント（どんなルールになっても利害を受けない）の出番である。ここでの会計ルールは116ページのユニット会計の考え方とほぼ同じである。

■著者紹介

内山　力（うちやま・つとむ）

1955年　東京都生まれ
1979年　東京工業大学理学部情報科学科卒業，日本ビジネスコンサルタント（現日立情報システムズ）入社。
　　　　その後退職してビジネスコンサルタントとして独立。
現　在　株式会社MCシステム研究所代表取締役
　　　　中小企業診断士，システム監査技術者，特種情報処理技術者
　　　　（URL）http://www.mcs-inst.co.jp

（著書）
『誰でもできる！マーケティングリサーチ』，『「人事マネジメント」の基本』，『微分・積分を知らずに経営を語るな』（以上PHP研究所），『数字を使える営業マンは仕事ができる』，『マネジャーが知っておきたい経営の常識』，『IT活用の基本』，『中小企業診断士』（以上日本経済新聞出版社），『コーポレート・イノベーション』，『「あなたの会社選び」をコンサルティングします』（以上産業能率大学出版部），『コンサルタント論』，『マネジャーのためのケーススタディブック』，『まわりから「仕事ができるね」と言われたい』，『企業の見方』，『コンサルティングセオリー』，『ソリューションビジネスのセオリー』，『ビジネスリーダーのセオリー』，『人材育成のセオリー』，『計数分析のセオリー』，『セールスのセオリー』，『会社のナレッジ』，『経理のナレッジ』，『マーケティングのナレッジ』，『ITのナレッジ』，『生産のナレッジ』，『流通のナレッジ』，『法律のナレッジ』，『経済のナレッジ』（以上同友館），他多数

2009年9月5日　第1刷発行

経営コンサルティングの基本
　　　──コンサルティングのメニューとその進め方

　　　　　　　　　　Ⓒ著　者　内　山　　　力
　　　　　　　　　　　発行者　脇　坂　康　弘

発行所　株式会社　同友館　　東京都文京区本郷6-16-2
　　　　　　　　　　　　　　郵便番号　　113-0033
　　　　　　　　　　　　　　電話　03(3813)3966
　　　　　　　　　　　　　　FAX　03(3818)2774
　　　　　　　　　　　　　　http://www.doyukan.co.jp/

落丁・乱丁本はお取替え致します。　　装丁＝市川きよあき事務所
　　　　　　　　　　　　　　　　　　藤原印刷／東京美術紙工
ISBN978-4-496-04546-2　　　　　　　　Printed in Japan

　　本書の内容を無断で複写・複製（コピー），引用することは，
　　特定の場合を除き，著作者・出版社の権利侵害となります。

内山 力のセオリーシリーズ

各巻 定価1,890円（税込）好評発売中！

コンサルタント
SE

指導
コンサルティングセオリー

問題解決
ソリューションビジネスのセオリー

ビジネスリーダーのためのセオリーシリーズ

ビジネスリーダーのセオリー

ビジネスリーダー

スペシャリストのために

ヒト
人材育成のセオリー

モノ
セールスのセオリー

カネ
計数分析のセオリー

人材育成担当
セールス担当
経理担当

ビジネスに必要な知識・知恵をわかりやすく解説！

ビジネスナレッジシリーズ

内山 力 [著] ……………………… **全8巻**

ビジネスに必要な知識・知恵を幅広く網羅し、わかりやすく解説しました。
知っているようで知らなかったビジネス用語が正確に使いこなせるようになります。
新入社員も、若手も、中堅も、ベテランも！ 研修にも最適です！

ビジネスナレッジシリーズ 01
会社のナレッジ
四六判　定価1,050円（税込）

ビジネスナレッジシリーズ 02
経理のナレッジ
四六判　定価1,050円（税込）

ビジネスナレッジシリーズ 03
マーケティングのナレッジ
四六判　定価1,050円（税込）

ビジネスナレッジシリーズ 04
ITのナレッジ
四六判　定価1,050円（税込）

ビジネスナレッジシリーズ 05
生産のナレッジ
四六判　定価1,050円（税込）

ビジネスナレッジシリーズ 06
流通のナレッジ
四六判　定価1,050円（税込）

ビジネスナレッジシリーズ 07
経済のナレッジ
四六判　定価1,050円（税込）

ビジネスナレッジシリーズ 08
法律のナレッジ
四六判　定価1,050円（税込）

コンサルタントに最も必要なものは何か？

コンサルタント論
次世代コンサルタントのイノベーション

コンサルタントとコンサルタント志望者に贈る、
これからのコンサルティングビジネスを考える一冊！

序　　章	コンサルタントにイノベーションが起きている
第 1 章	コンサルタントのミッション
第 2 章	コンサルティング・イノベーション
第 3 章	ビジネスモデル・イノベーション
第 4 章	マーケティング・イノベーション
最 終 章	プロフェッショナルコンサルタントへの道

定価 2,100円（税込）

内山 力 著

同友館

新しいマネジャー像とは？

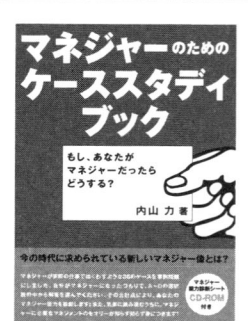

マネジャーのためのケーススタディブック

もし、あなたがマネジャーだったらどうする？

内山 力 著

自分がマネジャー（部課長）だったら、
この状況ではどうしたかを考える、
**マネジャーおよび
マネジャー予備軍のための
ケーススタディブック！**

定価 1,995円（税込）

内山 力 著

マネジャー能力診断シート CD-ROM 付き

シーン1	マネジャーになる	シーン5	部下を育成する
シーン2	マネジメントサイクルを実行する	シーン6	トラブルに対応する
シーン3	目標を達成する	シーン7	組織の一員として行動する
シーン4	部下をマネジメントする	エピローグ	マネジャー能力診断

同友館